우리가
선택한
가족

우리가 선택한 가족
CHILDFREE by CHOICE

가족의 재구성과 새로운 독립성의 시대

에이미 블랙스톤 지음

신소희 옮김

문학동네

내가 선택할 수 있는 길을 열어준 선구자들에게 바칩니다

차례

우린 아이 (안) 가져!

J의 돌잔치 날이었다. 케이크를 자를 순간이 오자 그날의 주빈인 동시에 누가 봐도 그 자리에서 가장 몸집이 작은 참석자는 당연하게도 가장 큰 조각을 골랐다. 케이크 조각은 J의 높다란 유아용 식탁 의자 위에 몇 초나마 멀쩡하게 놓여 있었다.

하지만 잠시 후 J와 식탁 의자, 방바닥, 그리고 (다소 과장되게 얘기하자면) 천장까지도 전부 케이크 범벅이 되었다. 대체 어쩌다 그런 건지 모르겠지만, 식탁 의자에 앉아 있던 J의 통통한 두 팔이 (훗날 걸음마를 시작하면서 집착하게 될) 장난감 크레인에 가닿았던 것이다.

사방이 엉망진창이었다. 우리의 웃음소리에 신이 난 J는 설탕 옷 입힌 케이크를 얼굴에 문댔다. 우리도 기꺼이 J를 부추겼다. J를 씻기고 방을 치우는 건 우리가 아니라 그애 엄마 아빠가 할 일이었으니까.

나는 조카 J가 태어나고 몇 달 동안 보모 역할을 하며 무척 많은 것을 배울 수 있었다. 열한 살에 베이비시터 실력을 검증받으면서 일찍부터 보모로 경력을 쌓았을 뿐만 아니라, 고등학생 때는 잠시나마 아마도 최연소로 교회 유아원장 노릇까지 했었다. 모든 면에서 엄마가 되는 일이야말로 내게 정해진 미래처럼 보였다. 내 남편 랜스도 그렇게 믿었다.

아이를 갖지 않기로 이미 서로 합의한 상황이었고, 게다가 랜스는 마음을 바꿀 생각이 없었는데도 말이다. 그는 언젠간 내 마음이 바뀔 거라고 확신했다. 내 생체시계는 빠르게 째깍거리고 있었으니까. 결국엔 내 모성 본능이 차고 올라올 테니까. 그때가 오면 랜스는 잃어버린 자유를 묵묵히 애도하며 현실을 받아들이고 인생의 새로운 단계로 나아갈 생각이었다.

내 마음이 바뀌기까지 남은 날들을 랜스가 헤아리던 동안, 나는 온 세상이 단순하고 명확한 진실을 받아들이기만을 기다렸다. 아이 갖지 않기를 선택해도 인생엔 아무런 문제도 생기지 않는다는 사실 말이다.

우리는 아이를 갖지 않겠다고 완전히 '공개 선언'하지는 않았지만 몇몇 사람에게 그런 계획을 얘기하긴 했다. 십중팔구는 "언젠간 너희도 마음이 바뀌겠지"라고 대답했다. 아무도 우리 말을 진지하게 받아들이지 않았다.

그러니 언니가 "그런데 너희 둘은 언제 J에게 사촌을 만들어줄 생각이야?"라고 말한 것도 딱히 놀랍지는 않았다. 하지만 나의 진지한 대구에 한순간 방 전체가 얼어붙어버렸다. "그럴 일 없어!"

J가 흔들어대던 손에 달라붙은 마지막 케이크 한 덩이가 툭 소리를 내며 방바닥에 떨어졌다. 이제 모두가 알게 되었다. 우리가 아이를 '안' 가진다는 걸!

랜스와 내가 아이를 갖지 않기로 결정한 것이 주변 사람들의 예상을 완전히 빗나갔다는 사실은 알았지만, 몇 년 뒤 우리가 케이티 커릭의 토크쇼에 출연해서 그 문제를 논의하게 되었을 때도 그렇게 결정한 시기가 정확히 언제였는지는 기억나지 않았다. 아이를 갖지 않은 남성 중에서는 드물게 공개적으로 목소리를 내고 있는 랜스는 관객석에 앉았고, 나는 케이티와 함께 무대에 올랐다. 메인대 사회학부 교수이자 아이 없는 삶의 권위자로 전 미국에 유명한 에이미 블랙스톤 박사로서 인터뷰를 하게 된 것이다. 인터뷰중에 모성 본능이라는 개념은 신화라고 말하자 케이티가 보인 반응("신성 모독이네요!")만 봐도 내가 도전해온 신념이 신성불가침적인 것임을 분명히 알 수 있다. 하지만 나는 단순히 뿌리깊은 고정관념에 도전한 게 아니었다. 많은 사람들에게, 심지어 나 자신에게도 아주 오랫동안 보이지 않고 은폐되어온 선택지를 드러내 보인 것이다.

보이지 않는 선택

젠더사회학자 주디스 로버는 이렇게 말했다. "사람들 대부분에게 성별에 관한 이야기는 물고기에게 물 이야기를 하는 것과 비슷하게 들리죠."[1] 아이를 가질지 선택하는 일에 관한 이야기 역시 그와 비슷할 수도 혹은 아닐 수도 있다. 아이를 갖는 일은 가족계획부터 텔레비전 방송과 잡지 내용, 교회에서의 가르침과 정치가들의 연설까지 일상생활의 너무도 많은 면에 긴밀히 침투해 있기에 우리는 이를 당연시한다. 누구나 최소 두 명의 생물학적 부모가 있어야 태어날 수 있으나(이제는 두 명 이상이 될 수도 있다. 2016년에 '세부모' 기술이 개발되어 사상 최초로 두 여성의 난자와 한 남성의 정자에서 추출한 DNA를 가진 아이가 태어났기 때문이다[2]), 모든 사람이 부모가 되는 것은 아니다.

아이를 갖지 않은 사람들에 대해 조사한 것은 과거의, 그리고 현재의 나와 같은 상황인 사람들의 경험을 더 깊이 이해하고 가시화하기 위해서였다. 이 주제를 연구해야겠다고 결정했던 무렵 나는 막 종신교수직에 지원한 참이었으며 분명히 임용될 거라고 확신했다. 내가 이처럼 직업상 중요한 지점에 이르는 동안 내 친구들 또한 인생의 중요한 지점에 다다르고 있었다. 흔히 하는 말로 '자리를 잡고 가정을 꾸린' 것이다. 나처럼 평생 아이를 갖지 않고 살아갈 것만 같았던 친구들조차 아이를 가졌다.

브라이덜샤워 때만 해도 (엄마와 할머니들이 유감스러워했음에도 아랑곳없이) 절대 아이를 갖지 않겠다고 선언했던 친구마저 전화로 임신 소식을 알려왔다. 남편과 함께 계획한 임신이며 아주 행복하다고 말이다. 얼마 지나지 않아 항상 아이에 대해 애매한 태도를 취했던 대학원 동기도 임신 소식을 전해왔다. 나는 미신을 믿는 성격은 아니지만, 친구들의 임신 소식은 항상 셋씩 짝지어 오는 것 같다. 일주일 뒤엔 아마 아이는 안 가질 것 같다던 직장 친구도 자기한테 기쁜 소식이 있다고 알려주었다. 나는 세 친구 모두를 위해 진심으로 기뻐했다. 그들이 예전엔 아이를 갖는 데 회의적이었어도 이제는 스스로 그러길 선택했단 걸 알았으니까. 하지만 모든 양육자가 항상 그런 것은 아니며, 이 문제에 대해서는 다음 장에서 더 자세히 살펴볼 것이다.

아이는 없지만 충분히 가정을 꾸렸다고 느끼는 사람으로서(주거지와 직업, 반려묘, 배우자를 갖춘 성인으로서 독립적인 생활을 영위하고 있으니까), 우리 가족이 제대로 인정받지 못하고 있으며 나와 랜스 같은 생활방식을 공유했던 친구들이 사라져간다는 사실에 크게 충격을 받았다. 나라는 사람은 대체 뭐가 잘못됐는지, 내 생체시계는 배터리가 빠지기라도 했는지 궁금해졌다. 내 주변 여자들 대부분은 모성에 이끌리는 것처럼 보이는데 왜 나는 그렇지 않을까?

그리하여 아이를 가진 친구들과 교류가 뜸해지고 이제 비교적 안정적인 일자리를 확보한 신참 종신교수로서, 연구 주제의 초점을 나 자신과도 연결된 문제에 맞춰보기로 결심했다. 아이를 갖지 않기로 선택한 사람들의 경험에 관련된 문제들로 말이다. 미국 가족관계협의회 페미니즘 및 가족 연구 분과에서 보조금을 받은 덕분에 내 연구는 십여 년간 계속될 수 있었다. 심적으로도 그렇지만 마침 전공도 젠더사회학 연구자인 나는 아이를 갖지 않는다는 선택과 성별 간의 연관성을 찾는 데 집중했다. 여성과 남성은 똑같은 경로로 그런 선택에 이르는가? 여성과 남성 모두 자신의 선택에 관해 비슷하게 생각하는가? 다른 사람들은 성별에 따라 어떻게 반응했는가? 선택의 결과는 성별과 관계없이 동일했는가?

연구과정에서 아이를 갖지 않은 여성 오십 명과 남성 이십 명을 정식으로 인터뷰하면서, 이들의 이야기에 성별 이상의 요소가 담겨 있음을 깨닫게 되었다. 물론 아이를 갖지 않은 이들의 경험과 그런 선택에 대한 남들의 반응을 보면 성별은 확실히 큰 영향을 미치지만 말이다. 그들은 가족 만들기에 관한 새롭고 놀라운 생각과 방식에 대해, 아이를 갖지 않은 사람이 직장에서 직면하는 난관에 관해서도 알려주었다. 자신이 낳지 않은 아이들과 긴밀한 관계를 유지하는 사람도 있었다. 각자 충만하고 보람 있게 생활하면서 소속된 공동체에 관여했고 자신의 선택에 만족했다.

나는 이 주제를 다룬 학생들의 연구에서도 많은 것을 배웠다. 아이를 갖지 않은 칠백 명 이상의 남녀를 조사한 결과, 그런 선택을 한 여성이 더 심한 사회적 낙인을 경험한다는 점을 확인할 수 있었다.[3]

물론 수십 년에 걸친 선행 연구자들의 사회과학 연구에서도 많은 깨달음을 얻었다. 20세기 초 레타 홀링스워스의 선구적 연구부터 시작해 1970년대 진 비버스와 샤론 하우스넥트, 나와 동년배인 크리스틴 파크, 타니아 코로페츠키콕스, 로즈메리 길레스피, 킴야 데니스, 그 밖에도 셸리 볼세, 브룩 롱, 질리언 에이어스, 브랠린 세틀, 앤드리아 로랑심프슨, 제나 힐리 등 (지면상 다 언급하지 못한) 신예 학자들의 새로운 연구를 통해서 말이다.[4]

학계 외부의 작가, 영화 제작자, 활동가 들에게도 연구에 필요한 정보를 얻었다. 로라 캐럴은 거의 이십 년 전에 첫 책을 펴낸 이후로 계속 아이 갖지 않고 살기에 관해 이야기해왔다.[5] 작가이자 영화 제작자인 로라 스콧은 아이를 갖지 않은 블로거의 일원으로 나와 랜스를 기꺼이 맞아주었다.[6] 아이 갖지 않고 살기의 선구자인 작가 마샤 드럿데이비스는 우리에게 많은 영감을 주었다.[7] 영화 제작자 막신 트럼프와 테레세 섹터는 동지애와 우정을 나누며, 아이 갖지 않고 살기를 널리 알리고 모성 의무를 비판하는 감동적이면서도 유머러스하며 창의적인 방식을 함께 모색했다.[8]

이 밖에도 여러 작가와 연구자, 영화 제작자, 활동가가 아이를 갖지 않는다는 선택의 가시화에 기여했으며 우리가 그 목표를 위해 노력하도록 격려해주었다.

우린 아이 (안) 가져!

여러 고무적인 역할모델들과 대화를 나누기도 했지만, 랜스와 내가 아이를 갖지 않는다는 선택지에 대해 직접 나서서 논의하게 된 다른 계기도 있었다. 신문에서 종종 볼 수 있듯 부모님에게 손주를 안겨주어야 한다는 압박감을 고백한 상담 편지들, 어디까지나 선의로 하는 말이라며 "그러다 나중에 후회해!"라고 외치는 친구들, 인터넷에서 익명 관찰자들이 퍼붓는 험담("이기적이야!" "멍청하군!" "편협해!"). 우리처럼 아이를 갖지 않은 사람들을 남들이 어떻게 생각하는지는 우리도 잘 알았다. 2013년 4월 1일에 '우린 아이 (안) 가져!'라는 이름으로 블로그를 시작한 것은 이런 상황에 대한 분노 때문이었지만, 그뒤로 블로그를 통해서 아이를 갖지 않은 사람들을 수없이 만나고 깨달음을 얻을 수 있었다. 맨 처음에는 다소 문제가 있었지만 말이다.

우리가 블로그를 열면서 올린 축하 문구는 보통 전혀 다른 상황에 쓰는 것이었다. "특급 배달입니다!"* 우리는 첫번째 포스팅을 이렇게 시작했다. "우리한테…… 블로그가 생겼어요!" 심지어 우리 둘이 꼭 달라붙어 소파에 앉아서 무릎 위에 놓인 노트북을 사랑스럽게 들여다보는 사진이 포함된 농담조의 '출산' 성명서도 올렸다.

---

* 흔히 출산 소식을 알릴 때 쓰는 문구다.

사진 속 노트북 화면에는 우리의 새 블로그가 떠 있었고, 사진 아래에는 결정적인 한마디가 적혀 있었다. "여러분의 앞날에 사랑과 희망이 함께하길 바라며, 우리가 아이를 (안) 가졌음을 당당히 선언합니다!"(생년월일: 2013년 4월 1일, 키: 불명, 체중: 불명.)

하필이면 만우절에, 그것도 그럴싸한 '출산' 성명서를 첨부해 아이를 갖지 않겠다고 선언한다는 게 어떤 의미인지 우리는 미처 생각하지 못했다. 몇몇 친구들이 결국 부모가 되기로 결심한 것을 축하한다며 전화를 걸어오기 전까지는 말이다. 너희도 농담한 거였구나? 지난번에 아이를 갖지 않겠다고 그런 건 그냥 해본 말이었겠지. 언젠간 너희도 생각을 바꿀 줄 알았어! 정말 잘됐다, 너희가 진짜로 아기를 가진다니! 잘못된 출발 신호라 해도 취소할 수는 없었기에 우리는 그대로 밀고 나가기로 했고, 오히려 이 실수를 기회 삼아 아이를 가질 생각이 정말 요만큼도 없다고 가족들과 친지들에게 분명히 전했다.

일단 최초의 혼란이 해소되자 사람들은 (아이를 갖지 않은 부부로서의 경험을 블로그에 기록하고 그런 선택에 관해 연구하면서 깨달은 내용을 공유한다는) 우리 계획에 엇갈린 반응을 보였다. 아주 좋은 생각이며 어떤 내용이 올라올지 무척 기대된다고 말해주는 사람도 있었다. 아이를 갖지 않은 친구 하나는 곧바로 SNS를 통해 지지와 함께 축하인사를 보내왔다. "멋져! 우리한테 정말로 필요했던 블로그야!" 하지만 회의적이거나 심지어 당황스러워하는 사람들도 있었다. 아직 엄마가 되진 않았지만 곧 아이를 가질 계획이던 친척 하나는 페이스북에서 이런 의견을 보내왔다. "맙소사. 너희가 아이를 원하지 않는 이유를 얘기하겠다고 블로그를 만들어? 그게 무슨 의미가 있는데?" 블로그에 대한 우리의 생각을 제대로 설명해주자 그 친척도 이내 생각을 바꾸긴 했지만, 왜 그런 게 필요하느냐며 의아해한 사람이 그 사람 하나만은 아니었다.

블로그를 만든 것은 우리의 선택을 제대로 알릴 공간이 필요했기 때문이다. 우리는 주변에 우리 같은 삶을 선택한 사람들이 있다는 걸 확인하고 그에 따른 동지애를 찾고자 했다. 우리 또래 대부분이 이미 아이를 키우는 소도시에서 살다보니 가상 공동체라도 만들면 좋을 것 같았다. 우리 블로그는 독자들에게도 각자의 사연을 공유할 기회를 주었고, 그리하여 우리와 다른 환경에서 같은 선택을 한 사람들에게 새로운 점을 배우는 공간이 되기도 했다. 우리 블로그를 찾는 사람들의 사연을 통해 다른 사람들은 어떤 식으로 아이를 갖지 않겠다고 선언하는지, 그들의 경험이 지역, 연령, 가정환경, 성별 등 다양한 요소에 따라 어떻게 달라지는지 알 수 있었다.

블로그가 유명해지는 동안 이 주제에 관한 내 연구도 진척되었고, 아이 갖지 않기에 대한 대중의 관심도 점점 더 커졌다. 기자들은 내게 전화를 걸어서 누가 어떤 이유로 아이 갖지 않기를 선택하는지 문의해왔다. 이 주제로 논문을 쓰려는 대학원생들이 내게 이메일로 조언을 구해왔다. 아이를 갖지 않은 사람이나 그런 사람의 친구들이 편지로 지원을 요청하기도 했다. 얼마 지나지 않아 이 문화적 순간이 단지 하나의 순간이 아님을 깨닫게 되었다. 이는 재생산 계획, 가족, 일, 여가시간에 대한 우리의 선택, 그리고 우리의 노년에 관련된 한층 광범위한 담론의 일부였다. 개인의 선택에 따른 사회적 결과를 우리가 어떻게 다루어야 할지, 누가 그런 선택을 조종하는지, 과학적 발견이 만들어낸 인간관계와 미래 계획의 새로운 선택지가 우리 삶을 어떻게 변화시키는지에 대한 문제였다. 나는 이 '순간'이 하나의 순간을 훌쩍 뛰어넘는 존재이며, 아기를 갖지 않겠다는 우리 두 사람의 선언보다 훨씬 거대한 무언가임을 깨달았다.

개인적인 것, 공적인 것, 정치적인 것

'개인적인 것이 정치적인 것이다'라는 2세대 페미니즘의 구호는 오늘날에도 여전히 유의미하다. 아이를 가질 것인가 말 것인가라는 일견 지극히 개인적인 문제가 이제는 공적 관심사이자 정치적 논쟁거리가 되었다. 정책 입안자, 언론 매체의 논객, 그리고 손주를 안아보는 즐거움을 누리지 못할까 두려워하는 부모까지 모두가 현재의 세태를 이해하고 싶어한다. 지금까지의 논의에는 수십 년간의 과학 연구에서 비롯된 역사적 근거를 갖춘 관점, 우리의 삶 그리고 공동체를 조직하는 방식과 관련된 정치적·문화적 화두를 광범위하게 고려한 전망이 빠져 있었다.

이 책에서 나는 아이를 갖지 않는다는 선택과 그런 선택을 한 사람들의 삶, 그리고 그들이 부모가 되지 않겠다고 선택한 이유를 조명하려고 시도했다. 또한 아이를 갖지 않는다는 선택이 그들의 삶에 어떤 여파를 미쳤는지도 고찰했다. 속설에 따르면 그들 대부분은 후회하기 마련이라지만 그보다는 남들이 좀처럼 가지 않는 길을 선택했다는 낙인에 대한 자각, 모든 이에게 이해받을 순 없다는 현실에 대한 수용, 자신이 가장 적절하다고 느끼는 방식으로 삶을 꾸려나간다는 기쁨을 보여준 사람이 더 많았다. 세계 인구는 계속 증가하는 반면 여러 서구 국가의 인구는 감소하는 상황에서, 지구상에 인간이 많아지는 것이 우리 모두에게 어떤 의미이며 일부 국가에서 인간이 줄어드는 것이 가족, 노년, 공동체에 대한 우리의 인식에 어떤 의미를 갖는지도 숙고했다. 두 가지 추세 모두 도시, 주, 국가, 나아가 세계의 정책과 입안에 큰 영향을 미친다.

더욱 많은 사람들이 아이를 갖지 않기로 선택함에 따라 새로운 시장이 생겨나기도 했다. 홍보 실무자 아드리아나 베빌라콰에 따르면 "마케팅에 쓰이는 언어는 대부분 모든 성인 여성이 엄마이거나 엄마가 되길 원한다고 상정"하고 있지만 말이다.[9] 라이프스타일 브랜드 '새비 앤티'*를 만든 커뮤니케이션 분야의 선구자 멜라니 놋킨,

---

* SavvyAuntie.com, 감각 있는 이모나 고모라는 뜻으로 아이 없는 여성들을 위해 아이에 대한 정보와 상품 등을 공유한다.

아이 없는 여성들의 국제 모임 낫맘서밋The NotMom Summit을 설립한 캐런 멀론 라이트 등은 이런 추세를 바꾸려고 애쓴다. 아이 없는 여성은 아이 엄마보다 식료품 구입에 35퍼센트, 여행에는 60퍼센트 더 많은 돈을 쓴다.[10] 또한 그들은 미용과 화장품 구입에 아이 엄마보다 두 배나 많은 돈을 쓴다. 라이트가 뉴욕타임스와의 인터뷰에서 말했듯, 아이 없는 여성은 "돈을 가지고 있는데도 다들 자신의 존재를 알아주지 않는다는 사실에 슬슬 화가 나려는 참이다".[11]

마케터들은 아직 아이 없는 사람의 존재를 인지하지 못했지만, 좀더 눈치 빠른 사람들도 분명히 존재한다. 보수적 학자들은 최대한 많은 여성이 공적 영역에 못 나오게 하여 집에 머물게 하려 작정한 듯 특별히 열성적으로 아이 없는 여성을 공격한다. 하지만 독설을 퍼붓는 사람들은 보수파만이 아니다. 2013년 뉴욕 시장 선거 당시 셜레인 매크레이는 남편 빌 더블라지오의 경쟁자였던 크리스틴 퀸이 아이 엄마가 아니라서 아동 복지 문제를 제대로 대변하지 못할 거라고 주장했다. 2016년 미국 대통령 선거 때 녹색당 후보였던 질 스타인은 차기 대통령이 "엄마 역할의 가치를 반영할 수 있는" 인물이길 바란다면서 그런 가치가 "우리 아이들을 위시하여 타인을 보살피며 공감할 줄 아는" 것이라고 정의했다.[12] 대서양 너머 영국에서는 2016년 총리 선거 당시 보수당 경선 후보였던 앤드리아 레드섬이 "엄마가 된다는 것은 이 나라의 미래에 실질적인 이해관계를 갖는다는 것"이라고 말해서 구설수에 올랐다.[13] 이는 명백히 아이 없는 여성들을 겨냥한 발언이었다.

1976년 미국 인구조사국은 여성의 생애에서 아이가 없는 기간을 추적하기 시작했다. 사상 최초로(그것도 공식 데이터를 통해서!) 여성의 사생활을, 엄마가 된다는 지극히 개인적인 결정의 여부와 그렇게 결정하는 시기를 알 수 있게 된 것이다. 같은 시기에 사상 최초로 모성을 완전히 거부한 여성 인구가 늘어났다. 오늘날에는 여성 중 육분의 일 정도가 가임기 내내 한 번도 출산을 하지 않는다. 밀레니얼 세대는 아직 태반이 아이를 갖지 않았지만, 그중에 끝까지 아이를 갖지 않는 사람이 얼마나 될지는 지켜봐야 할 문제다.

여성들은 아이와 관련해 어떤 선택을 하든 비난받았다. 아이를 너무 많이 낳으면 하나하나 제대로 돌볼 시간이 없으니 이기적이라고, 하나만 낳으면 아이에게는 형제자매가 필요한데 이기적이라고 비난받았다. 아이를 낳지 않으면 어째서 아이를 싫어하느냐며 이기적이라고 비난받았다. 어느 쪽을 택하든 여성이 질 수밖에 없는 게임이었다. 그리고 재생산에 대한 '자연적 본능'을 실천해야 한다는 압박은 여성에게 훨씬 더 거세게 가해진 것이 사실이다. 물론 남성도 그런 압박에서 완전히 자유롭지는 못했지만 말이다. 이 같은 상황은 우연이 아니다. 재생산, 가족, 의료, 성의 역사가 한데 뒤얽혀 이런 결과로 이어진 것이다. 다채로운 역사 연구를 통해 단순히 친구나 가족 혹은 언론의 논평에서 지금 이 순간이 나온 게 아님을 확인할 수 있다. 지금 이 순간은 인류의 과거에 뿌리내리고 있으며 우리 사회 전반에 새겨진 것으로, 문화적·지리적 경계에 따라 다양한 형태로 나타난다.

이 책은 아이가 있는 사람과 없는 사람 모두를 위한 책이다. 우리 모두의 인생을 좌우할 생식력 문제와 우리에게 주어진 재생산 선택지를 과연 누가 통제하는가? 우리 모두는 앞으로 어떻게 늙어갈 것이며 늙으면 누가 돌봐줄 것인가 하는 문제에 직면해 있다. 또한 워크라이프 밸런스를 어떻게 조정할 것이며 누가 그 균형을 보장해줄 것인지 고민하고 있다. 1960년대에 효과적인 피임 수단이 도입된 이후 아이 없는 인구의 수는 거의 두 배 증가했으나 우리의 문화 규범, 가치관, 신념은 아직 현실을 따라잡지 못했다. 오늘날 아이를 갖지 않은 사람들은 사회적 논쟁의 한가운데에 놓이지만, 이러한 문제는 아이가 있든 없든 우리 모두와 연관된다.

1장

가족계획은 어떻게 변해왔는가

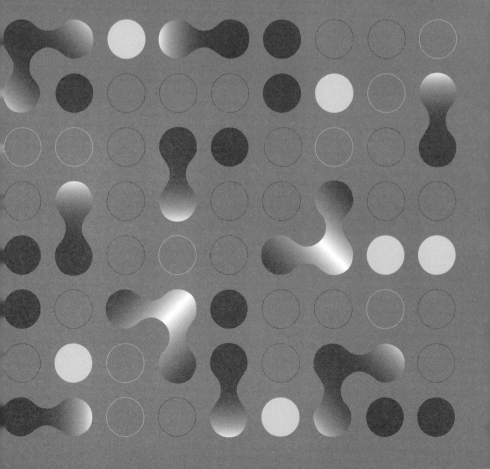

부고: 모성.
1970년대 초반의 상징이자 인생 역할이자
신성한 제도로서 수명을 다함.

사망 원인:
1) 인구 과잉에 대한 우려
2) 양육자가 아니라 자유로운 개인으로 살고 싶다는
많은 젊은이들의 욕구.

엘런 펙, 뉴욕타임스[1]

1972년 뉴욕타임스에 실린 엘런 펙의 사설은 모성의 사망을 선언했다. 오늘날 여러 서구 국가의 출생률이 1970년대보다 더 떨어지긴 했으나 전 세계 인구는 여전히 증가중이라는 사실로 보건대 이 선언은 섣불렀던 듯하다. 모성이라는 관념은 1970년대 이후로 여러 면에서 확실히 변화하긴 했지만, 여전히 활발하게 번성하고 있다. 미국비부모기구National Organization for Non-Parents의 공동 설립자였던 펙은 아이 갖기가 하나의 선택지일 뿐이며 '부모 되지 않기'가 성인이 고려해볼 만한(그리고 고려해야 할) 합리적이고 실용적인 대안임을 알리려는 새로운 흐름에 가담했다.

"1970년대 재생산 정치학의 이론적 영역에서" 부상한 아이 갖지 않기 운동은 "정체성 정치학과 환경보호 운동의 결합을 대변"했다.[2] 아이 갖지 않기 운동은 아이 없이는 삶의 목적도 없다는 사회적 편견에 의문을 제기했다. 피임 수단이 늘어나고 발전하면서 점점 더 많은 여성이 언제 어떻게 얼마나 많은 아이의 엄마가 될지를 (혹은 되지 않을지를) 자유로이 선택하게 되었다. 이런 새로운 자유는 부모 됨이 운명이 아니라 선택이라는 자각을 불러일으켰고, 이러한 새로운 자각하에 아이 갖지 않기 운동이 일어났다. 부모 되지 않기가 정당한 선택임을 대중에게 홍보하고 인구 과잉에 따른 문제를 널리 알리며 아이를 갖지 않기로 선택한 사람들을 변호하는 시민운동이었다.

1972년 미국에 미국비부모기구가 설립되었을 때『타임』의 한 필진은 거부감을 드러내며 이들을 "아이 없는 삶을 유치하게 옹호해 대는" "철없는" 목소리라고 일축했다.[3] 하지만 시간이 지나면서『타임』의 논조도 바뀌었고, 2013년에는 아이를 갖지 않은 사람들을 다룬「없이도 충분하다」라는 기사가 커버스토리로 실렸다. 이 기사에서 작가 로런 샌들러는 아이를 갖지 않은 여성들이 "아기를 낳지 않고서도 충만하게 살아가는 새로운 여성의 전형을 창조하고 있다"고 적었다.[4] 하지만 설사 그렇다 해도, 그리고 아이를 갖지 않는다는 선택이 예전보다는 좀더 수월히 받아들여진다 해도, 아이를 갖지 않은 사람은 여전히 철없고 미숙하게 여겨지기 십상이다. 특히 여성은 엄마가 되는 것이 그의 운명이자 가장 중요한 역할이라는 이야기를 듣곤 한다. 게다가 성별을 막론하고 모두가 양성 결합의 주된(심지어 일차적인) 목적은 재생산이라고 배운다. 엘런 펙이 모성에 사망 선고를 내린 것은 많은 사람들과 운동 단체들이 기존의 사회적 합의와 권력 구조에 의문을 던지던 시기였다. 하지만 모성에 의문을 제기하는 일은 세상에서 가장 귀중하고 축복받은 존재를 양육하고 보호하기 위해 생겨난 숭고한 관습에 대한 공격으로 여겨졌다.

아이는 축복받은 존재다

재생산이 인간의 목적이자 의무라는 신념을 퍼뜨리는 가장 강한 원동력은 종교다. 충실한 신도의 수가 늘어날수록 교회의 수명은 연장된다. 특히 가톨릭 신도는 결혼이란 "무엇보다도 재생산을 위한 것"이라고 배운다.[5] 하지만 신도들이 생식하고 번성해야 한다는 교리는 다른 여러 종교 전통과 신앙체계에서도 흔히 찾을 수 있다.[6] 사회학자 타니아 코로페츠키콕스와 그의 동료들은 성서를 보수적으로 받아들이는 사람, 특히 성서가 신의 말 그 자체라고 여기는 사람일수록 아이 없는 삶에 반감을 표할 가능성이 높음을 밝혀냈다. 코로페츠키콕스가 조사한 종파(침례교, 가톨릭교, 유대교, 근본주의 개신교, 무교, 기타 개신교) 중에서도 침례교와 유대교 신도들이 아이 없는 삶에 가장 큰 반감을 표했다.

가장 독실한 문화권에서는 피임과 임신 중단은 물론이고 사랑과 재생산을 목적으로 하지 않는 성교도 금기시한다.[7] 아이를 갖지 않기로 선택했음을 부끄러워하는 사람들 중에 종교를 중요시하는 이들이 비종교적인 이들보다 훨씬 많은 것은 이런 이유 때문이리라.[8] 미국 가톨릭주교회의의 성명에 따르면 "부부가 결혼과 아이 갖는 일을 별개의 선택지로 여기려는 것은 아이를 결혼에 필수적인 존재가 아닌 선택적인 존재로 간주하는 사고방식을 드러낸다".[9]

다른 종교 집단에서도 결혼은 아이를 갖기 위한 것이라고 단언하지만, 재생산을 목적으로 하지 않는 성교의 가능성에 대해서는 다양한 관용도를 보인다. 사회학자 메리 헌트의 관찰에 따르면 "신교도들은 이성애자 부부가 '사랑의 결과로 생길 수 있는 열매'를 받아들일 생각만 있다면 재생산이 아니라 쾌락을 목적으로 한 성교도 인정한다는 점에서 가톨릭 신도들과 차이를 보인다. 다시 말해 성교를 통해 아이가 '생긴다면 무조건 낳아야 한다'는 뜻이다".[10] 신학자 크리스티나 리치는 이런 가르침이 아우구스티누스의 성윤리에 뿌리를 두고 있음을 발견했다. 이 윤리에 따르면 결혼의 궁극적 목표는 아이이며, 재생산보다 쾌락에 목적을 둔 성교는 죄악이다.[11]

성교에 대한 종교 집단의 견해가 어떻든 간에(재생산만이 목적이든, 재생산과 쾌락 모두가 목적이든), 종교학자 돈 루엘린은 종교 전통 내의 '모성에 대한 요구' 때문에 개인의 출산 계획과 종교적 정체성이 상충하는 상황에서 여성이 혼란에 빠지고 침묵하게 되며 상처를 받는다고 서술했다.[12] 루엘린이 인터뷰한 어느 아이 없는 여성은 이렇게 말했다. "가끔은 제가 지금까지 독신인 게 아이를 원하지 않아서, 혹은 아이를 갖지 않겠다고 결심해서 벌을 받는 게 아닐까 싶어요. 신께서 이렇게 말씀하신 거죠. '그래, 네가 새 생명을 받아들이지 않겠다면 배우자도 주지 않겠다.'" 루엘린이 인터뷰한 또 다른 여성은 결혼했지만 아이는 없는 감리교 성직자였는데, 기독교의 가르침 때문에 "수치심과 엄청난 죄책감"을 느낀다고 고백했다. 이 여성에 따르면 "평생 접한 거의 모든 기독교적인 것이, 특히 가톨릭교와 관련해서는 그야말로 모든 것이 제가 부적절한 선택을 했다고 말했어요".

이성애자 커플이 재생산을 하라는 종교적 임무를 순순히 받아들인다면, 양성 결합을 통해 태어난 그 모든 결실은 어떻게 될까? 역사적으로 그 양상은 매우 다양했다. 오늘날 아이들은 (실제로는 그렇지 않다 해도 최소한 이론적으로는) 존중받는 위치에 있지만, 과거에도 항상 그랬던 것은 아니다. 역사학자 스티븐 민츠에 따르면 "어른과 같은 책임을 지지 않고 배움에 전념하는 유년기의 개념은 상당히 최근에 생겨났으며, 아이들 대다수는 제2차세계대전 이후에나 그럴 수 있었다".[13] 아이들이 귀중한 존재가 된 것은 그들의 경제적 가치가 사라진 바로 그 순간이었던 듯하다. 한때 아이들은 가족의 경제적 생존에 꼭 필요한 존재였다. 식민지 시대의 미국 아이들은 가족 농장이나 가내 공방에서 일했고 자기 집이나 다른 집의 가사도 돌보았다. 산업혁명이 시작되자 아이들은 공장노동자가 되었다. 1920년대 이전만 해도 아이들은 가부장의 재산으로 여겨졌기에 이혼한 아버지는 법적으로 양육비를 지원할 의무가 없었다. 아버지는 가정을 떠나면 그 즉시 아이가 버는 돈에 손댈 수 없게 되었기 때문이다.[14] 역사학자 스테퍼니 쿤츠의 글에 따르면, 숙련노동자는 물론이고 특히 비숙련노동자의 경우 "보통 십대 후반에 소득이 정점을 찍었기에 일찍 결혼해 아이를 빨리 낳을수록 이득이었다. 아이들은 부모에게 의존하는 짧은 시기가 지나면 바로 노동 시장에 투입돼 가내 총수입을 늘려주는 존재였다".[15] 그러다 마침내 아동노동이 학대로 간주되기 시작했다. 1938년에는 공정노동기준법이 생기면서 최소 노동 연령과 노동시간 규제가 처음으로 연방법에 명시되었다.

1940년대가 되자 아이들은 공장을 떠났고, 전장에 나간 남성들의 빈자리는 여성들이 채웠다. 가족 농장에서 일할 필요가 없어지고 가정 밖에서는 노동 규제로 보호받으면서 아이들은 점점 더 많은 시간을 학교에서 보내게 되었다. 19세기와 20세기의 아이들이 학교에서 보낸 시간을 비교해보면, 1870년에는 하루 중 11퍼센트의 시간을 보낸 반면 1988년에는 하루 중 43퍼센트로 네 배나 늘어났음을 확인할 수 있다.[16] 사회학자 도널드 J. 에르난데스는 아동노동의 쇠퇴와 공교육 증대의 공통 원인으로 "농업에서 공업으로의 전환으로 더 힘세고 숙련된 노동력이 필요해진 것, 아동노동과 의무교육 관련법 제정, 전반적인 부의 증대로 아동노동 없이도 가족이 먹고 살 수 있게 된 것"을 들었다. 여기에 더해 "높은 수익과 명성을 안겨주되 정규교육에서만 획득 가능한 고급 지식과 기술을 요구하는 직업이 점점" 늘어난 것도 중요한 원인이다.

제2차세계대전이 끝나면서 가족 내에서 아동의 역할에 대한 개념이 바뀐다. 아이들은 경제적 기여자가 아닌 소중한 축복, 양성 간에 생겨날 수 있는 최고의 사랑과 헌신을 상징하는 존재가 되었다. 1950년대가 되자 남성들은 전장을 떠나 공장과 가부장 역할로 복귀한 반면 여성들은 공장을 떠나 가정으로 돌아갔다. 이 시기에는 혼인율과 출생률이 급증하여 1940년에 미국 여성 천 명당 79.5명의 아이가 태어난 반면 1957년에는 그 수가 천 명당 123명으로 늘어났다.[17] 역사학자 스테퍼니 쿤츠는 1950년대가 광대한 인류사에서 그저 일부였을 뿐이라는 사실을 우리가 종종 잊는다고 적었다. 이성애자 부부와 (적어도) 둘이나 (많으면) 셋 정도인 아이들로 구성되며 남성은 밥벌이를 하고 여성은 가정에 머무는 '정상' 가족 개념은 1950년대를 장악했을 뿐만 아니라 우리의 문화적 기억 속에 '전통적인' 방식으로 자리잡았다. 역사학자들이 '기나긴 십 년'이라고 부르는 1950년대 내내 "모든 잡지, 모든 결혼 안내서, 모든 광고에서 가족이란 돈을 벌어오는 남성과 아이를 키우며 살림을 하는 여성 주부로 이루어진 것이었다".[18]

아동노동을 비롯해 그동안 아이들에게 지워졌던 막대한 부담이 사라진 것은 분명 바람직한 일이지만, 이제는 저울대가 과도하게 반대 방향으로 움직인 듯하다. 오늘날에는 헬리콥터 부모가 대세이며 양육자 역할을 삶의 중심에 놓지 않는 부모는 이기적이고 무신경하다고 비난을 받는다. 하지만 헬리콥터 부모는 진공상태에서 갑

자기 나타난 게 아니다. 다음장에서 이 현상을 더 자세히 파헤쳐보려고 한다. 한 가지 분명한 점이라면, 아이들에 대한 개념과 양육 책임이 누구에게 어떻게 전가되느냐 하는 문제는 고정된 것이 아니라 시대에 따라 변해왔다는 것이다.

'인종적 죽음'

아이들과 그들의 의미에 관한 생각이 달라지면서 누가 아이를 갖거나 갖지 말아야 할지에 대한 관점도 변화했다. 영국의 과학자 프랜시스 골턴 경은 1883년 사촌뻘인 찰스 다윈의 저서에 고무되어 '우생학'이라는 용어를 만들어냈다. '태생적으로 우수한'이라는 뜻의 그리스어 단어에서 나온 이 용어는 선별된 계층의 재생산을 증대해 "사회적으로 더 적합한 인종이나 혈통이 우세해질 가능성을 높여야 한다"는 사상을 표현한 것이었다.[19] 골턴이 주로 (가계에 '결함'이 없는 본토 출신 중상류층 백인의 출산을 독려하는) '적극적 우생학'을 옹호했다면 다른 우생학자들은 '소극적 우생학'을 지지했다. 이는 (동유럽과 남유럽 이민자를 포함한) 비백인처럼 '사회적으로 바람직하지 않은' 사람들과 '파괴적인 특성'을 지녔다고 여겨지는 사람들이 아이를 갖지 못하게 방지하려는 운동이었다.[20]

사회정의를 지지하는 연구자 도러시 로버츠는 인종주의 이데올로기가 골턴의 고국뿐만 아니라 해외에서도 "우생학 이론이 자리잡고 번성할 옥토를 제공했다"라고 적었다. 20세기 초 미국에서 우생학 운동은 체계적이고 대규모로 진행됐으며, 역사학자 일레인 타일러 메이에 따르면 "미국인 일부에게는 아이를 갖도록 독려하는 한편 나머지에게는 그러지 못하도록 막는 정치적, 제도적, 의료적, 법적 조치들이 만들어졌다".[21]

1900년대 초, 시카고대 생물학자 찰스 대븐포트는 카네기연구소와 철도 회사 상속인인 E. H. 해리먼에게 지원금을 받아 뉴욕주 콜드스프링하버연구소에서 진화 연구에 착수했다. 대븐포트는 각각의 지역에서 결함 있는 유전자를 옮긴다고 추측되는 가계도를 연구하는 팀을 이끌었다. 1911년 작성된 보고서에 따르면 대븐포트는 범죄, 정신지체, 저능, 음란, 빈곤 등의 행동 형질이 유전적으로 결정되며 특정한 형질이 각각 다른 민족에 귀속될 수 있다고 결론지었다. 예를 들어 이탈리아인은 사적으로 폭력을 휘두르는 경향이 있으며 폴란드인은 파벌주의가, 스웨덴인은 청결함이 두드러진다고 했다. 대븐포트는 국가 주도의 불임수술과 선별적 혼인 및 이민을 통해 '나쁜 혈통'의 재생산을 방지해야 한다고 권고했다.

시어도어 루스벨트 대통령은 1903년의 국회 연설로 우생학 운동을 부채질했다. "가족 간 유대가 느슨해지고 남녀가 바람직한 가정생활을 인생 최고의 가치로 여기지 않으면 미국에도 위기가 닥칠 것입니다. 의도적인 불임이 국가적 죽음과 인종적 죽음이라는 징벌을 가져올 속죄 불가능한 죄라는 사실은 국가의 관점에서뿐만 아니라 인류 전체의 관점에서 보더라도 두말할 나위가 없습니다. 그런 짓을 저지르는 남녀가 건강한 아이를 여럿 낳아 잘 양육하고 행복한 가정을 이룰 만한 인성, 체력, 정신력 등의 자질을 갖췄다면 이는 더더욱 끔찍한 죄가 됩니다. 그 어떤 남녀도 손쉽고 쾌락적인 삶을 추구하기 위해 인생에서 최우선적인 의무를 회피하면서 자존감을 지킬 수는 없습니다."[22]

많은 백인 미국인들이 루스벨트의 경고에 귀기울였다. 대븐포트의 연구에 힘입어 미국 우생학협회를 비롯한 여러 신생 단체들이 우생학을 홍보했다. 미국 내 대학들은 우생학 강의를 개설했다. 1921년 미국 자연사박물관에서 제2차 국제우생학회의가 열린 뒤 우생학자 헨리 페어필드 오즈번은 신나서 이렇게 기록했다. "모든 면에서 볼 때 우생학 프로파간다는 이 땅에 확고히 뿌리를 내렸다."[23] 실제로 그 시점에 미국 우생학협회는 "성직자들과의 협력, 설교 대회, 범죄 예방, 대중교육과 공교육, 선별적 이민 등에 주력하는 여러 위원회를 꾸려 대중문화와 정책 입안 양면에서 입지를 다졌다".[24] 게다가 "빈민가에서도 우생학이 먼저"라거나 "새 시대의 귀족은 순혈 인간일 것이다"라는 표제를 신문에서 흔히 볼 수 있었다.[25]

1908년 루이지애나주 박람회에서는 전직 교사 메리 디가르모가 우생학 원칙에 근거하여 최초의 '우량아' 선발대회를 주최했다.[26] 이 행사는 큰 인기를 끌었고, 1914년 『우먼스 홈 컴패니언』에 따르면 그해에 웨스트버지니아주, 뉴햄프셔주, 유타주 세 개 주만 제외하고 미국의 모든 주에서 우량아 선발대회가 열렸다.[27] 공공보건 활동의 일환으로 홍보된 이 행사에서 아기들은 정신적·신체적 발달 정도에 따라 평가받았다. 가족력도 아기의 윤리적 가능성과 발전도를 드러낸다고 여겨져 평가 기준에 포함되었다. 흑인 아기는 우량아 선발대회에 참여할 수 없었기에 "백인 아기만이 완벽할 수 있다는 사고방식이 전파되었다".[28] 당시 공공보건 간호사였던 아이다 윌리엄스에 따르면 "인종 개량을 요구하는 이 새로운 나팔 소리에 응하지 못할 만큼 외떨어졌거나 반동적인 지역은 미국에 존재하지 않는다".[29] 실무자들은 우량아 선발대회 결과물을 "아동과 그 부모의 우생학 정보를 보여주는 완성된 견본으로서" 찰스 대븐포트의 우생학기록보관소에 제출했다.[30]

우량아 선발대회는 얼마 지나지 않아 또다른 대회로 이어졌다. 이번에는 가족에 집중한 대회였다. 교육정책학자 스티븐 셀든에 따르면 1920년대의 우량가족 선발대회는 본래 아동 발달에 맞춰졌던 초점이 더욱 명확히 우생학 담론으로 옮겨갔음을 보여준다.[31] 우월한 유전적 특징을 가졌다고 판정된 가족들은 메달을 받았는데, 1928년 미시간주 배틀크리크에서 열린 제3회 인종개선경진대회에서 수여된 메달을 보면 「시편」 16장 6절 문구가 새겨져 있다. "참으로 나는 빛나는 유산을 물려받았습니다." 메리 디가르모가 루이지애나주에서 최초의 우량아 선발대회를 개최한 직후 아이오와주에 똑같은 대회를 도입한 사람으로 알려진 메리 와츠는 이후 캔자스주로 가서 우량가족 선발대회 개최를 진두지휘했다. 이 같은 새로운 대회에 관해 설명해달라는 요청에 와츠는 이렇게 대답했다. "가축 심사위원들이 우수 품종 대회장에서 홀스타인, 저지, 화이트페이스 소를 검사하듯 우리는 존스, 스미스, 존슨을 검사하는 거죠. 제 이야기를 들은 사람들은 거의 모두 이렇게 말한답니다. '그러고 보면 동물에게 기울이는 주의의 일부만이라도 인간에게 기울여야 할 때가 된 듯하네요.'"[32]

시어도어 루스벨트의 언급과 우생학 운동이 명확히 보여주듯이, 자국 내의 출생률 변동에 대한 공포는 전혀 새롭지 않다. 공포를 이루는 요소는 시대와 지역에 따라 다를지언정 그런 공포 자체는 항상 존재해왔다. 전 세계 인구가 칠십억 명에 달하고 매일 이십만 명씩 늘어나는 2011년에도 말이다.[33] 이런 현실은 출생률 변동에 관한 현대의 담론에서 잊히거나 묵살된다. 사실 출산장려 계획, 즉 아이 갖기를 권장하고 높은 국내 출생률을 유지하기 위한 정치적·사상적·종교적 제도는 오직 '우리'와 국적, 문화, 인종 정체성을 공유하는 사람들로 지구를 가득 채운다는 목적하에 고안되었다. 그래서 인류 전체의 영토인 지구에 이미 과도하게 많은 인구가 존재함에도 여전히 '자기네 사람들'이 '자기네 영역'에서 적절한 속도로 증식하지 않을까봐 우려하는 국가들이 많다.

물론 출산장려주의와 우생학 정책 및 사상이 모든 여성에게 똑같이 적용되지는 않는다. 역사를 통틀어 그랬던 적은 단 한 번도 없다. 백인 여성의 경우 설사 자발적 선택이 아니라 주변 상황 때문에 아이를 갖지 않았더라도 비난을 피할 수 없다. 아이가 없는 중상류층 백인 여성은 의무를 고의로 거부했거나 성병에 걸렸거나 남편을 잘못 골라서 불임이 되었다고 의심받는다. 일부러 아이를 갖지 않는 커플이 있다는 사실을 최초로 인식했던 우생학자 폴 포프노는 이들에 관해 "유아적이고 방종하며 신경증 환자이기 십상"이라고 언급했다.[34] 하지만 사회학자 로즈메리 길레스피의 설명에 따르면 "역설적이게도 '적자'인 백인 중산층 여성이 임신을 피하거나 중단하거나 제한할 권리를 획득하려고 싸우는 동안 아메리카 원주민과 아프리카계, 라틴계 여성의 엄마가 될 권리는 일방적이고 동의받지 않은 불임수술을 통해 지워졌다".[35] 우생학자들은 우선적으로 두 부류를 공격했다. 아이 없는 백인 여성은 애국의 의무를 기피한다는 비난을 받았고, 이민자와 유색인종 여성은 높은 출산율로 백인 미국인 인구를 압도할까봐 우려 대상이 되었다.

특히 아프리카계 여성의 신체에 가해진 제도적 폭력은 우생학의 전성기에만 국한되지 않는다. 미국에서는 1970년대, 심지어 1980년대까지도 많은 아프리카계 여성이 불임수술을 강요당했다.[36] 1971년의 사례를 들면, 앨라배마주 몽고메리에서 경제기회국*의 지원을 받

---

* Office of Economic Opportunity. 1956년 존슨 정권이 설치한 정부 후생 기관으로 빈곤 추방을 위한 기초 교육, 직업 훈련 등 연방계획 관리와 조정을 담당했다.

은 가족계획 기관 직원들은 14세 여성 케이티 렐프에게 동의를 구하지 않고 피임 주사인 데포 프로베라를 투여하는 임상시험을 진행했다. 당시 케이티는 공영주택에서 부모와 두 여동생과 함께 살고 있었다. 가족계획 기관 직원들은 케이티와 그 자매가 "가난하고 흑인이므로 피임 없는 성행위로 사생아를 여럿 출산하고 국가에 지원을 요구할 가능성이 크다"고 아무 근거도 없는 결론을 내렸다.[37] 식약청에서 데포 프로베라 임상시험을 마친 뒤 케이티의 두 여동생도 동의하지 않은 불임 시술을 받았다.

피임약을 옹호하고 가족계획연맹을 설립한 마거릿 생어조차도 "우생학적 근거를 차용"하여 산아 제한의 필요성을 주장했다. 엄마가 되기에 적합한 여성을 결정하는 것이 자신들의 역할이자 권리라고 믿었던 의사들의 지지를 얻기 위해서였다.[38] 재생산권 운동에서 생어가 한 역할은 모순적이었다. 생어는 "모성을 떠받들고 칭송했으며" 의료 수준을 높여서 산모 사망률을 낮춰야 한다고 호소했다. 그뿐만 아니라 재생산과 별개의 성적 쾌락을 옹호하는 목소리도 냈다.[39] 그러나 역사학자 리베카 클루친은 생어의 활동 때문에 피임 운동의 원동력이었던 페미니즘의 이상이 위태로워졌으며, 우생학자들과의 협력 때문에 궁극적으로 여성 스스로의 재생산 통제력이 훼손됐다고 말한다.

여성 피임약 임상시험의 구체적 역사를 살펴보면, 재생산 문제에 대한 정의의 투사로서 생어의 서사는 더욱 혼란스러워진다. 1950년대 푸에르토리코에서 시작된 피임약 임상시험은 본래 푸에르토리코 의대에 다니는 미국인 여학생들을 대상으로 진행됐다. 학생들은 임상시험 참여를 강요받았으며 절차를 제대로 수행하지 않으면 낙제 처리된다고 협박당했다. 하지만 이들을 대상으로 이뤄진 임상시험 결과는 결국 폐기되었다. 애초에 참여자 수가 너무 적었던데다 "저학력 여성도 피임약을 제대로 복용할지 확인하기에는 의대생들의 교육 수준이 지나치게 높다고 여겨졌기" 때문이었다.[40]

결국 연구자들은 푸에르토리코, 아이티, 멕시코의 가난한 여성들에게로 임상시험을 확대했다. 이들은 연구자들과 생어 같은 산아제한 지지자들이 보기에 인구 조절이 필요한 집단이었다. 연구자들은 "문맹 혹은 반문맹" 여성에게도 하루 한 알씩 피임약을 복용하도록 지도할 수 있다면 다른 지역에서 피임약이 시판되어 성공할 가능성도 높을 것이라고 추정했다.[41] 부작용을 호소하는 참여자도 있었으나 연구자들은 이를 깔끔하게 묵살했다. 이후 피임약과 순환 장애 간의 연관성이 밝혀졌지만, 울혈성 심부전과 급성 폐결핵으로 사망한 두 여성의 사례는 임상시험 참여와는 무관하다고 치부되었다. 작가이자 전직 유엔 컨설턴트 베시 하르트만에 따르면 당시 한 연구서에서는 "역겨움, 구토, 어지러움 등 가장 흔한 부작용을 순전히 정신적인 문제로 치부했다".[42]

게다가 푸에르토리코 전역에서는 강제 불임수술이 횡행했다. 다른 피임 수단은 구할 수 없거나 지나치게 비쌌던 상황에서, 급속도로 산업화된 노동 인구 중에서도 특히 요긴한 저임금 노동력이었던 여성들은 저렴하게 혹은 무료로 불임수술을 받을 수 있었다. 하지만 이 수술의 효과가 영구적이라는 사실은 제대로 알려지지 않았다. 1968년에는 가임기 푸에르토리코 여성 중 삼분의 일 정도가 불임수술을 받았는데, 이는 불임수술을 받은 가임기 미국 여성의 열 배에 이르는 수치였다.[43] 1982년 제작된 다큐멘터리 〈수술La Operación〉은 당시 불임수술을 받은 푸에르토리코 여성들의 이야기를 다루었다. 수술받은 것을 후회하는 여성, 선택의 여지가 없었다고 생각하는 여성, 자신이 정말로 수술을 받았는지 확신하지 못하는 여성도 등장한다.[44]

이처럼 혐오스러운 관행과 그 저변에 깔린 인종차별주의 사상은 먼 과거에만 존재했던 것이 아니다. 2013년 탐사보도센터의 조사 결과에 따르면, 2006년에서 2010년 사이 캘리포니아주 교도소에서 여성 수감자 148명이 불임수술을 당했다.[45] 이들은 임신한 상태에서 난관수술 동의서에 서명했다. 코리 G. 존슨 기자가 인터뷰한 여성 중 적어도 한 명은 수술을 받아 만족한다고 말했지만, 다른 여성들은 서명할 것을 강요받았다고 증언했다. 아프리카계 미국인 수감자 킴벌리 제프리는 의사들이 제왕절개수술을 준비하는 동안 수술대에 묶여서 마취된 상태로 난관수술에 동의할 것을 강요받았다고 말했다.

이제는 많은 국가에서 우생학적 수술을 금지하며 미국에서도

1978년 불임에 대한 연방 규제가 발표되었지만, 아직도 많은 여성들이 완전한 재생산의 자유를 획득하지 못하고 있다. 가족계획 예산, 피임법과 임신 중단에의 접근성, 임신 중단 허용 여부를 둘러싸고 이뤄지는 현재의 논란을 보면 아직도 이런저런 제도와 신념체계를 대변하는 자들이 여성 개인의 재생산 자유를 좌지우지할 권한이 있다고 주장한다는 것을 알게 된다. 하지만 여성이 재생산에 관련된 모든 선택지를 확보하고 그중에서 스스로 선택할 권리를 온전히 쟁취하지 못한다면, 결코 여성이 완전한 자유를 누린다고 말할 수는 없을 것이다. 아이를 갖든 안 갖든 간에 말이다.

풍요로운 자궁

일부 여성이 강제로 불임수술을 받는 동안 다른 여성들은 사실상 모성을 강요당했다. '긍정적 우생학'을 지지하는 사람들은 좋은 혈통을 가졌다고 간주되는 여성들의 수치심을 자극하면서 아이를 갖도록 종용했다. 하지만 우생학 열풍이 시들해진 이후에도 이런 여성들에 대한 모성 강요는 끝나지 않았다. 제2차세계대전이 시작되자 아이 갖기가 곧 애국이 되었다.[46] 백인 중산층 여성은 가족에게 집중하라는 요구를 받았다. 전시에 가정 밖에서 일자리를 구한 여성이 가정으로 복귀하지 않을 수도 있다는 우려가 일어나자 1956년에 연방수사국FBI의 J. 에드거 후버 국장은 미국인 주부야말로 '커리어우먼'이라고 언급하기도 했다. "주부이자 엄마로서의 역할보다 더 중요한 직업^{career}은 존재하지 않기 때문"이었다.[47]

여성들은 엄마 노릇이야말로 공산주의와의 싸움에 기여하는 최선의 방법이라고 배웠다. 국가는 출산을 강요하는 한편 불임과 그 해결책 마련에도 고심했다. (이전에는 미국 산아제한연맹이었던) 가족계획연맹은 초창기에는 피임 수단을 개발해 전파하는 데 집중했지만, 이제 양육자로 적합하다고 간주되는 부부에게 출산을 장려하고 불임과 맞서 싸우는 데까지 그 임무를 확장시켰다. 1944년 하버드대 의학 교수 존 록과 그의 실험실 연구자 미리엄 멘킨은 역사상 최초로 여성의 신체 외부에서 난자를 수정시키는 데 성공했다. 동료 과학자들과 언론인들은 이 업적에 엇갈린 반응을 보였으며, 혹자는 록과 멘킨을 가축번식업자에 비교하기도 했다.[48] 두 사람의 실험이 "궁극적으로 현대 재생산 의료의 기반을 뒤흔들고 심대한 윤리적·도덕적 문제를 야기할 것"이라는 이유에서였다.[49]

그럼에도 제2차세계대전 이후 베이비붐과 기술 혁신에 대한 대중의 관심에 힘입어 불임 치료와 연구는 꾸준히 이어졌다. 1978년에는 체외수정으로 임신된 최초의 '시험관 아기' 루이즈 조이 브라운이 태어났다. 하지만 그보다 겨우 몇 년 앞선 1974년에는 노벨상을 받은 분자생물학자 제임스 왓슨이 국회 분과위원회에서 배아 이식[*]이

＊발달 초기의 배아를 외과적 수단을 통해 자궁에 옮기는 것.

허용된다면 "정치적·윤리적 지옥이 세계 도처에 활짝 열릴 것"이라며 목소리를 높이기도 했다.[50] 1978년 당시 루이즈 조이 브라운의 탄생 소식을 들은 수백만 명의 사람들이 윤리적 공황상태에 빠졌다고 전해지지만, 오늘날 체외수정은 세계 곳곳에서 시행되고 있다. 1984년에 불임 치료 상담을 받은 사람들의 수는 1964년에 비해 거의 세 배나 증가했다.[51] 지금까지 육백만 명 이상의 아기가 체외수정을 통해 태어났으며, 2018년에는 영국 과학박물관에서 이를 기념하는 전시회가 열리기도 했다.[52]

오늘날에는 소위 '맞춤 아기'* 문제가 유전학자와 윤리학자를 위시한 대중의 관심을 사로잡고 있다. 낭포성섬유증, 테이색스병, 다운증후군처럼 심각한 질환을 예방할 수 있다는 점은 대체로 긍정적인 면이지만, 일부 의사들은 아기의 성별이나 심지어 눈 색깔까지 선택하길 원하는 사람들을 부추긴다. 그중에는 '실험실의 벤저민 무어'**라는 별명으로 불리며 "서른 가지 색조의 푸른 눈 중에서 선택할 수 있다"고 홍보하는 의사도 있다고 한다.[53] 우생학의 시대인 20세기 초가 떠오를 만큼 위태롭게 역행한 논의 중에서도, 지능지수가 높은 여성일수록 아이를 가질 가능성이 낮다는 진화생물학자

* 체외수정으로 얻은 여러 배아 중 희귀병 치료 등 특수한 목적에 따라 선별하여 탄생시킨 아기.
** 미국의 유명 페인트 회사로 사천여 개 이상의 색 중에서 원하는 색을 선택할 수 있다.

가나자와 사토시의 논쟁적 주장과 이를 다룬 최근의 언론 보도를 보면 우리가 여전히 우량아와 우량가족 개념에서 벗어나지 못했음을 알 수 있다.[54]

당신은 혁명을 원한다고 말하지*

멈춰라. 아기를 가질 엄두를 내기 전에 일단 이 책부터 읽어라. 그러면 인생 최대의 실수를 막을 수 있을 테니!

1971년 출간된 『아기라는 덫』의 표지 문구는 매우 직설적이다.[55] 이 책의 저자 엘런 펙은 세상이 당연시하는 방식에 도전하는 기질이 있었으며, 모성을 둘러싸고 만들어진 신화가 "히스테리에 가까울 지경"이라고 말했다. 펙은 『아기라는 덫』을 이러한 선언으로 시작했다. "아기의 존재가 강조되는 만큼 어른의 존재는 흐려진다. 여성이 (종의 재생산을 위한) 수단으로 여겨지는 만큼 여성의 아름다움, 생명력, 가치는 내외적으로 지워진다. 남성이 단순한 부양자로 간주되는 만큼 개인으로서 그의 존재는 축소된다." 펙의 비평은 통렬하고 과격하며 당시로서는 지극히 페미니즘적인 듯하다. 양육과 섹스, 인간관계, 그리고 "창의적이고 충만하며 자유로운 삶"의 담

---

* 비틀스의 노래 <혁명Revolution>의 가사.

론에 있어서 펙은 엄청나게 시대를 앞서간 인물이었다.

하지만 부모 되기의 강제성을 비판했다고 알려진 인물에게 기대하게 되는 바와 달리, 펙은 여성성의 압박을 거부하거나 양성의 권력관계에 도전하지는 않았다. 펙은 어느 단락에서는 여성이 자신의 섹슈얼리티를 즐겨야 한다며 상당히 페미니즘적인 입장을 취하나, 그다음 단락에서는 아이 없는 여성이 아이 엄마보다 더 아름답고 남편을 즐겁게 해준다고 단언한다. 역사학자 제나 힐리는 2016년 미국비부모기구의 역사를 정리하면서 이렇게 적었다. "아이 갖지 않기에 관한 초기 저작물은 페미니즘이 아니라 성혁명에서 영향을 받았다. 활동가들은 부모 되기의 강제성을 비판했지만 이성애, 일부일처제, 결혼 등 그 외의 가부장제 구조는 거의 건드리지 않았다."[56] 게다가 펙은 역사학자 리베카 클루친이 신新우생학이라고 부른 흐름에 찬동하여, 가난한 엄마들이 정부 보조금을 받기 위해 아이를 낳으며 복지 및 주택 정책은 가난한 여성의 재생산을 부추긴다고 비난했다.[57]

역사적 맥락을 고려하여 관대하게 해석한다고 해도, 펙이 다양한 층위의 사람들을 설득할 생각이 없었음은 분명하다. 〈투나잇쇼〉 진행자 자니 카슨은 1971년 펙이 출연했던 날을 이렇게 회상했다. "방청객들이 그 사람에게 린치를 가할 줄 알았어요. 모성뿐만 아니라 성조기도 거부하는 것 같더군요. 케이트 스미스*에 양치기 개를 더한 인물이랄까요."[58] 펙은 부모 되기의 관습을 비판하면서 실제 부모들의 흥미나 관심사는 고려하지 못했던 듯하다. 그중에 분명

펙의 대의명분에 공감하는 사람들도 있었을 텐데 말이다. 하지만 펙은『아기라는 덫』이 출간된 바로 다음해에 아이 엄마이자 환경 운동가인 셜리 래들과 함께 미국비부모기구를 설립했다. 펙의 활동은 분명 아이를 갖지 않는다는 선택이 개인의 문제에서 사회 운동으로 옮겨가는 계기가 되었다. 처음에는 풀뿌리 운동에 불과했지만, 활동가들의 뛰어난 조직력 덕에 결국 미국비부모기구는 이 문제를 대변하는 '전문 조직'으로 자리잡았다.[59]

아이 갖지 않기 운동을 탄생시킨 여성과 마찬가지로 그 운동 자체도 매우 모순적이다. 그중 일부는 다양한 지지자를 확보한다는 유익한 목적에 기여하지만, 운동 전체를 위기에 빠뜨릴 만한 행보를 보이는 사람들도 있다. 생각해보면 부모 되기의 강제성과 집약적 육아문화를 공격하는 사람과 그저 모두가 아이를 가질 필요는 없다고 생각하는 사람은 한 집단으로 묶기에 서로 너무 다르다. 수녀, 목사, 무신론자, 환경론자, 너무 잦은 학부모회 모임에 진저리가 난 엄마들이 한자리에 모인다고 상상해보라. 그런 한편 인터넷 커뮤니티 레딧Reddit에서 '아이 갖지 않기' 페이지를 훑어보거나 펙의 책을 정독하다보면 최악의 사례를 목격하게 된다. 개인적으로 인터넷 커뮤니티에서 종종 보이는 인신공격에는 결코 찬성하지 않지만,

---

* 1930~40년대에 인기를 누린 미국의 라디오 디제이. 인종주의 발언으로 악명을 남겼다.

그런 독설(그리고 아이를 갖지 않은 사람들이 종종 똑같이 던지는 신랄한 응수)에는 어떤 이유가 있으며 왜 이러한 언쟁이 후련한지 가끔은 이해할 것도 같다. 똑같이 맞받아치는 것이 장기적으로 볼 때 항상 유효한 방법은 아니지만, 비판에 맞서면서 자신감을 얻는 사람들도 있기 때문이다.

오늘날 아이 갖지 않기 운동의 가장 큰 화두는 포용력이다. 활동가들 사이에서뿐만 아니라, 인종과 사회경제적 지위를 떠나서 모든 여성이 아이를 갖든 안 갖든 자신의 선택을 지지받아야 한다는 더욱 큰 목표로서 말이다. 하지만 그런 지지가 항상 되돌아오는 것은 아니다. 언젠가 친구의 생일 파티에서 한 여성과 이야기를 나눈 적이 있다. 죽이 잘 맞아서 '새로운 친구가 하나 생겼구나' 싶던 차에 상대가 '그' 질문을 던졌다. "그래서 자기는 아이가 몇이나 돼요?"

"하나도 없어요." 나는 최대한 담담하게 대답했다. 너무 신나게 대답하면 이상한 사람처럼 보일지도 모르고, 변명조나 슬픈 어조로 대답하면 상대가 내 상황을 오해하거나 괜히 물어봤다고 자책할 수도 있기 때문이었다. "나랑 랜스 둘뿐이에요. 십오 년 동안 키운 말썽꾸러기 고양이도 있었는데 이젠 우리 곁을 떠났죠." 이렇게 말하면 까다롭고 요구 많은 고양이에 관한 농담으로 무사히 대화가 이어질 때도 있었다. 물론 "당신은 아이가 몇인가요?" 하고 그대로 되물을 수도 있었겠지만, 나는 이미 답을 알았다. 상대가 방금 전까지 "우리집 귀여운 세 악동" 이야기를 늘어놓았으니까. 하지만 그날은 고양이 이야기가 먹히지 않았다. 상대는 "아" 하더니 뒤돌아 자리를 떠났고, 그날 저녁 내내 나를 피해 다녔다.

물론 이 여성이 모든 엄마는 고사하고 다수의 엄마를 대변하는 경우라고도 말할 수는 없겠지만, "아이가 몇이나 돼요?"라고 질문받는 일이 너무나 흔하긴 하다. 2017년에 참여한 낫맘서밋 워크숍의 주제 하나가 그런 질문에 어떻게 대답하느냐였을 정도로 말이다. 자의로 엄마 되기를 거부한 여성뿐만 아니라 아이를 원했지만 못 가진 여성도 이 행사에 참여했기에, 전자라면 그런 질문을 단순히 지겨워하겠지만 후자라면 귀찮은 정도가 아니라 무척 고통스러워할 수 있다는 사실을 배웠다. 이처럼 무례한 질문이 그렇게도 자주 대화의 첫마디로 쓰인다는 사실만 봐도, 특정 연령의 여성은 무조건 엄마일 거라는 선입견이 얼마나 지배적인지 알 수 있다. 모성과 여성성이 이처럼 불가분하게 연결된 경위와 이유는 다음 장에서 다룰 것이다.

또 한 가지 사례를 살펴보자. 내 친구는 아이 엄마인데, 전 직원이 서로 휴가 일정을 조율해야 하는 직장에 다닌다. 친구는 휴가를 요청할 때 아이가 있는 사람에게 우선권을 줘야 한다고 생각하는데 "아이가 없는 사람은 휴가를 언제 가든 상관없을 것"이기 때문이다. 나는 나뿐 아니라 교직에 있는 사람은 학생들과 똑같이 휴가 일정에 제한이 있고, 아이 없는 사람에게도 직장 동료들과 휴가 일정을 서로 조정해야 하는 파트너가 있을지 모른다고 지적했다. 하지만 친구는 내 말을 납득하지 못했다. 이런 경험을 한 사람은 나뿐이 아니다. 내가 인터뷰한 사람들도 비슷한 이야기를 들려주었다. 이 같은 워라밸 문제도 다음 장에서 다룰 것이다.

아이를 갖지 않은 사람들은 피임법을 상담하려고 의사나 의료 전문가를 찾았다가 반발에 부딪히기도 한다. 나는 삼십대 내내 해마다 건강검진을 받을 때면 "혹시라도 임신을 했거나 임신을 원하게 될 수도 있으니" 출산을 대비해 비타민제를 추가로 복용하라는 조언을 들었다. 그때마다 엄마가 될 계획은 없으며 앞으로도 없을 거라고 대답했지만, 의사는 "그래도 혹시 모르잖아요" "마음이 바뀔 수도 있죠"라고 말할 뿐이었다. 이런 일을 몇 년이나 계속 겪고서 결국 마흔 살 되는 해에 난관수술을 요청했다. 엄마가 되지 않겠다는 입장을 십 년 동안 완강히 고수했음에도, 나 역시 인터뷰 참여자들을 비롯해 아이를 갖지 않은 여성들이 경험한 것처럼 이런저런 질문의 벽을 넘어야만 했다. 그토록 오랫동안 무시당하고 자기 마음도 모르는 아이처럼 취급받는데다가 당신을 지지해야 할 사람들에게 의심받다보면 사기가 꺾이고 지치게 마련이다. 이 또한 다음 장에서 더욱 깊이 살펴볼 전형적인 사례다.

이런 경험 때문에 아이를 갖지 않은 사람들은 한층 더 거리낌없이 공개적으로 목소리를 내게 되었다. 하지만 아이를 갖지 않는다는 선택이 새롭게 등장한 현상은 아니다. 그런 선택이 사회에서 어느 정도 용납되는지는 시대와 장소에 따라 달랐지만 말이다. 사회학자 로즈메리 길레스피는 이렇게 말한다. "어느 시대건 독신녀, 과부, 수녀, 유모처럼 아이를 갖지 않아도 된다고 사회적으로 허가받은 일부 집단이 존재했다. 피임 수단을 찾아다니고 원치 않은 아이를 낙태하고 신생아를 유기하거나 죽이는 여성도 항상 존재했다. 오늘날 새롭게 등장한 것이라면 엄마 되기를 거부하는 여성들의 증가, 그리고 그들이 과거에는 여성 대부분에게 불가능했던 방식으로 자신의 선택을 공공연히 표현하게 되었다는 점 정도다."[60]

20세기 초의 '새로운 독신녀들'은 남편과 아이 없는 삶이 당시 여성들 대부분은 선택할 수 없었던 사회적·경제적 독립을 의미한다는 사실을 알았다.[61] 1세대 페미니즘 운동을 통해 자신의 상황에 관해 집단의식을 형성하면서 더욱 많은 여성이 엄마 되기를 거부하고 나섰다. 오늘날 자칭 독신녀들은 백 년 전의 아이 없는 자발적 독신녀들과 마찬가지로 구속받지 않는 삶의 자유를 인식하며, 비슷한 이유에서 그런 삶을 선택한다.[62]

아이 갖기를 피하는 방법 중에서도 성직자가 되거나 수도원에 들어가는 것은 오랫동안 사회적으로 허용되어왔다. 반면 임신 중단, 피임 도구 사용, 이성 간 성행위 거부 등에 대한 문화적 관용도는 시대와 장소에 따라 다양했다. 인류가 생겨난 이후로 아이 없는 사람은 항상 존재했겠지만, 아이 갖지 않기가 하나의 선택으로 인정받을 가능성은 지난 반세기 동안 그 어느 때보다도 크게 늘었다.

사회과학자들은 지난 오십 년간 출생률이 변화한 이유로 다양한 거시적·문화적 사건을 든다. 1960년대에는 인구의 제로 성장 운동과 폴 에얼릭의 책『인구 폭발』의 출간으로 인구 과잉이 환경에 미치는 영향이 널리 알려졌다. 게다가 1960년대와 1970년대에 일어난 2세대 페미니즘 운동은 성인 여성의 인생 경로에 더 다양한 선택지를 제공해주었다.[63] 1963년 출간과 동시에 획기적 전환점이 된 베티 프리단의『여성성의 신화』는 다음과 같은 정확한 통찰을 보여준다. "모성의 선택이야말로 진정한 해방이다. 아이를 가질지 스스로 선택한다는 것은 엄마가 되는 경험을 완전히 변화시킨다. 마침내 여성이 재생산에 관한 선택을 할 수 있게 되었으며, 이제는 많은 여성이 죄책감 없이 그런 선택을 한다."[64] 하지만 2세대 페미니즘 운동 때문에 여성이 아이 갖지 않기를 선택하게 되었다고 칭송(혹은 관점에 따라서 비난)하긴 해도, 1970년대의 어느 연구에 따르면 당시 아이를 갖지 않은 여성 대부분은 그런 선택을 한 뒤에야 페미니즘 운동을 접했다고 한다.[65]

지난 반세기 동안 여성은 자신의 생식력에 대해 전례없는 통제권을 행사해왔는데, 이는 대체로 1963년 연방법상 최초였던 구강피임약의 승인과 1973년 임신 중단을 합법화한 로 대 웨이드Roe vs. Wade 대법원 재판 덕분이었다. 이 시기에 여성의 대학 진학률은 상당히 증가해서 1960년에는 고등학교를 졸업한 여학생 중 38퍼센트가 대학에 간 반면 1975년에는 그 비율이 거의 50퍼센트에 이르렀다.[66] 이에 더해 여성은 직장에서도 더 넓은 접근성과 기회를 쟁취했다.

국정에서 대표자로 선출된 여성의 수는 이십 년 전과 크게 다르지 않았지만, 1955년부터 1976년까지 서른아홉 명의 '3세대' 여성 정치가가 국회의원으로 당선되었다(그중에는 1968년 당선된 최초의 아프리카계 여성 국회의원 셜리 치점도 있었다). 이 시기에 당선된 여성 의원들은 남성 의원들의 기대에 부합해야 한다는 관념을 거부하고 성별에 따른 불평등에 도전하며 선임자들과 선을 그으려 했다.[67] 의료계, 문화계, 정계의 이 같은 변화를 따라가다보면 이전까지는 볼 수 없었던 새로운 역사적 순간에 도달하게 된다. 여성은 스스로 원하는 삶에 가장 적합한 길을 선택했지만, 이를 탐탁지 않아한 이들도 있었다.

이 같은 변화의 흐름을 고려하면, 1980년대 들어 페미니즘이 백래시에 시달린 것은 당연한 일이었다.[68] 1960년대와 1970년대의 변화를 지켜본 보수주의 논객들과 정책 입안자들은 이런 변화가 그들이 애호하는 1950년대식 가족 관념에 어떤 영향을 미칠지 알아차렸다. 1980년에는 임신 중단 반대론자들이 공화당 정강위원회에서 주도권을 잡고 "태아에게는 살아갈 기본권이 있다"는 입장을 당의 공식 정강에 덧붙였다.[69] 1986년 『뉴스위크』에는 마흔 살 독신 여성이 남편을 구할 확률보다 테러리스트에게 죽을 확률이 더 높다고 경고하는 표제 기사가 실렸다(학자들에 따르면 이 기사는 '사실'과 거리가 멀었으며 결국 잡지사에서도 이 기사를 내리긴 했지만 말이다).[70] 그럼에도 1980년대에는 아이를 갖는 여성이 점점 줄어들어

마흔 살까지 출산을 하지 않은 여성의 비율은 1980년에는 10퍼센트였으나 1990년에는 16퍼센트로 증가했다.[71]

지난 수십 년 동안 보수주의자들은 여성을 가정에 머물게 하여 아이를 갖게 하려고 노력했지만, 이는 고조된 페미니즘 의식뿐만 아니라 경제 침체 때문에 실패했다. 가장 최근의, 즉 2007년에서 2009년까지의 경제 침체에 따른 출생률 폭락은 많은 이들의 주목을 받았다. 국립보건통계센터의 자료에 따르면, 실업률이 165퍼센트나 증가한 애리조나주처럼 경제 침체로 가장 큰 타격을 받은 주에서 출생률이 가장 크게 감소했다. 반면 석유와 가스 산업이 흥하여 많은 주민이 경제 침체를 피해 갔던 노스다코타주와 알래스카주의 출생률은 크게 줄지 않았다.[72] 내 고향 메인주나 상황이 비슷한 다른 주에서는 대침체* 이후로 십 년간 계속 출생률이 감소중이다. 어느 정도는 십대 출생률의 폭락 때문이지만(다행히도 청소년이 전보다 섹스를 덜 하고 더욱 효과적인 피임 도구를 사용하는데다가 더 많은 피임 정보를 얻게 된 덕분이다),[73] 인구통계학자들은 메인주의 높은 실업률도 중요한 원인이라고 지적한다. 저숙련 저임금 일자리밖에 얻지 못하는 고숙련 노동자와 상근직을 선호하지만 시간제 근무로 만족해야 하는 노동자들은 아이를 가질 마음이 안 생기거나

---

* 2009년 9월 서브프라임 사태 이후 미국에 나타난 경제 침체 현상을 1920년대 대공황에 빗대는 말.

그럴 상황이 아니라고 여기는 듯하다.

페미니스트의 증가와 경제적 손실 때문에 자의로 아이를 갖지 않은 사람만큼이나 아이를 원했지만 못 가진 사람도 늘어났다. 직업적으로 더 나은 기회를 좇으며 아이 갖기가 아닌 방식으로 성취감을 추구하는 여성이 있는가 하면, 직업 때문에 아이 갖기를 미뤘지만 완전히 포기하지는 않은 여성도 있다. 여성의 직업적 선택이 자발적인 아이 없는 삶의 '원인'이라는 이야기는 여성이 집에 머물길 바라는 논객들 때문에 과장된 면이 있지만, 가정 밖에서 더 많은 기회를 누리면서 아이 갖지 않기를 선택한 여성들이 존재하는 것은 사실이다. 게다가 경제적으로 어려운 시기에 출생률이 떨어진다는 사실은 잘 알려져 있으니, 대침체 기간에 출생률의 폭락은 적어도 어느 정도는 경제적인 이유에서 여성들이 아이 갖기를 미룬 결과일 것이다. 그중 일부는 결국 그럴 계획이 아니었음에도 아이 없이 살아갈 것이다. 이런 결과에 실망하거나 심지어 가슴 아파하는 사람도 있겠지만, 그렇게 되기를 바랐거나 그 정도까지는 아니라도 은근히 반기는 사람도 있을 것이다.

삶의 진정한 의미

이것은 그저 나만의 이야기가 아니다. 어른이 되면 어떻게 살아갈지, 누구와 함께 살고 싶은지, 어떤 가족을 이룰지, 죽고 나서 무엇을 남길지 잠시라도 생각해봤다면 누구에게나 해당되는 이야기다. 우리가 지금까지 살아온 과정만큼 지금 이 순간에 관한 이야기이며, 어디서 어떻게 의미와 목적의식을 찾을지에 관한 이야기다. 또한 무엇이든 옳고 진실한 방식으로 우리 삶을 의미 있게 만드는 이야기이기도 하다.

요즘은 거의 모두가 우리처럼 아이 없는 사람에 관해 한마디씩 의견을 말하는 것처럼 보인다. 아이 갖지 않기를 선택한 사람들은 유례없는 속도로 증가중이며, 점점 더 많은 사람들이 자신의 선택을 터놓고 이야기한다. 〈케이티쇼〉 제작자가 우리 부부에게 출연을 요청하면서 설명한 바에 따르면, 케이티는 아이 없는 삶을 다룬 로런 샌들러의 2013년 『타임』지 표제 기사를 그해 여름 가판대에서 접한 뒤 어째서 사람들이 그런 선택을 하는지, 남들은 그런 선택에 어떻게 반응하는지 궁금해졌다고 한다.

『타임』에 실린 샌들러의 기사에 사람들이 다양하게 반응했다는 점은 의미심장하다. 쿠릭은(그리고 다른 많은 사람들은) 공감과 호기심을 표하며 양식 있는 태도를 보여준 반면, 어떤 사람들은 훨씬 비딱하고 편향적이었다. 〈폭스 앤드 프렌즈〉*의 일요일 아침 방송에 출연한 패널은 공격적인 자세로 샌들러의 글이 "잘못된 메시지를 전달하는" 게 아니냐고 따져 묻기도 했다. 같은 프로그램에서 마이

---

* 폭스 채널의 일일 아침 뉴스 및 토크쇼 프로그램.

크 허커비*는 "『타임』에 그 글을 쓴 작가한테 아이가 없다는 게 다행이죠"라고 논평하기도 했다(사실 샌들러에게는 아이가 있다). 터커 칼슨의 대꾸는 특히 악의적이었다. "뭐, 하지만 아이를 가지면 휴가를 떠나거나 스피닝 강습을 받을 시간이 줄어들 테니까요. 진정한 삶의 의미가 바로 그런 데 있다는 얘기 아니겠습니까? 정말이지 이렇게 이기적이고 제멋대로이며 어리석은 소리를 들어본 적 있나요?" 아이를 갖지 않는 것에 대한 폭스뉴스의 입장은 명백했다. 다른 언론 매체는 그만큼 독설을 퍼붓진 않았지만, 아이를 갖지 않겠다고 선택하는 사람이 있다는 사실에 경악하기는 마찬가지였다.

조너선 라스트는 보수 성향 주간지 『위클리 스탠더드』의 필진이자 일찍이 2013년에 『아무도 아이를 기대하지 않는 시대에 무엇을 기대할 것인가: 미국에 다가오는 인구통계의 재난』이라는 책을 출간한 작가이기도 하다. 그는 『타임』에서 로런 샌들러가 자신의 책을 논평한 대목이 "읽기 괴로울" 뿐만 아니라 "완전히 틀렸다"고 주장했다.[74] 샌들러는 라스트가 아이를 갖지 않은 사람들을 "꾸짖으며" "미국의 여러 문제를 그들의 이기심 탓으로 돌린다"고 비판했는데 라스트는 특히 이 점에 강하게 반발했다. 샌들러가 아이를 갖지 않은 사람들에 대한 라스트의 입장을 그의 구미에 맞게 요약하지 않았는지도 모르지만, 만약 샌들러가 라스트의 입장을 오해했다면 저

---

* 미국 공화당원이자 전 아칸소주 주지사.

명한 인구통계학자 데이비드 콜먼 또한 그랬다고 봐야 한다. 콜먼은 『아무도 아이를 기대하지 않는 시대에 무엇을 기대할 것인가』를 읽고 라스트의 결론이 "비뚤어졌으며" 이 책이 "미국에서 인기 있는 '재난 인구통계학'의 훈계적·묵시록적 전통을 이어받은" 장르에 속한다고 서평을 남겼다.[75] 누구 말이 옳든 간에, 세상 모두가 이 문제에 나름대로 의견을 가진 듯하며 작가, 학자, 그 외 여러 공인들도 한마디씩 말을 얹고 있다는 사실은 분명하다.

'재난 인구통계학'이라는 콜먼의 표현은 출생률 동향과 그 여파, 그리고 아이 갖지 않기에 관한 온갖 신화를 꿰뚫는다. 조너선 라스트는 『아무도 아이를 기대하지 않는 시대에 무엇을 기대할 것인가』에서 "인구 과잉이라는 무시무시한 위기"에 관한 우려가 "전부 헛소리"라고 주장했다(데이비드 콜먼은 이 결론을 "부적절하다"고 일축했다). 라스트의 열띤 주장을 정독하다보면, 그가 보기에 미국에 다가오는 인구통계학적 위기란 외동아이를 둔 가족의 증가와 "그런 수고조차 하지 않고 아이 대신 개를 키우는 부유한 전문직 종사자가 놀랍도록 많다"는 점임을 알게 된다. 라스트는 전 세계 출생률이나 계속 증가하는 세계 인구보다도 중산층과 "부유한 전문직 종사자"라는 특정 집단이 곧(혹은 이미) 수적으로 열세가 되리라는 점을 더 염려하는 듯하다.

정말로 부유한 전문직 종사자들이 모두 아이 대신 개를 키우느냐는 점은 제쳐두더라도, 아이를 갖지 않은 사람들의 정체나 실생활,

그런 선택의 이유를 다룬 도발적인 주장은 차고 넘친다. 작가 메건 다움이 엮은 유명 선집의 제목을 인용하자면, 아이 없는 사람들은 "이기적이고 천박하며 자기 탐닉적"*이라고 간주된다. 더구나 여성은 선천적으로 모성애를 느끼게 마련이라고 여겨지므로 엄마가 되기를 거부한 여성은 연민 혹은 매도의 대상이 된다.

심지어 유명인도 엄마 되기를 거부하면 비난받는다. 현실에서 아이를 갖지 않은 유명 배우들은 선정적인 신문기자들의 표적이 된다. 배우 겸 영화 제작자, 감독인 제니퍼 애니스턴은 자신의 자궁상태에 관한 온갖 소문과 예측에 질린 나머지 2016년 허핑턴포스트에 직접 「분명히 말하지만For the Record」이라는 글을 기고했다.[76] "분명히 말하지만 나는 임신하지 않았다. 다만 진저리가 났을 뿐이다." 애니스턴은 여성이란 엄마가 되지 않으면, 혹은 엄마가 되기 전까지는 여성이 아니라는 신화에 이의를 제기했다. "우리는 결혼하거나 엄마가 되지 않아도 온전할 수 있다. 우리가 '그후로도 행복하게 살았'는지는 우리 스스로가 결정할 문제다."

아이를 갖지 않은 사람, 아이를 갖지 않겠다고 분명하게 의도적으로 선택한 사람은 불완전하거나 실패한 것이 아니다. 무엇이든 간에 관심 없는 일을 하지 않기로 결정한 사람이 불완전한 실패자가 아닌 것처럼 말이다. 아이를 갖는 것은 새로운 음식을 먹어보거

---

*한국에는 『나는 아이 없이 살기로 했다』라는 제목으로 출간되었다.

나 파트너를 위해서 두 시간 반 동안 함께 〈스타워즈〉를 보기로 합의하는 것과는 다른 문제다. 아이를 갖는 일에 있어서 일단 해보면 좋을지도 모르니까(심지어 그렇지 않을 거라고 거의 확신하면서도) 위험을 무릅쓴다면 엄청난 후폭풍을 감수해야 할 수도 있다. 우리 블로그에 사연을 공유해준 레이철에 따르면, "내일 아침에 일어나도 저는 엄마가 되길 바라진 않을 거예요. 내일 아침 일어났을 때 우주비행사가 되길 바라지 않을 것처럼 말이죠. 둘 다 제게는 일종의 직업 같아요. 제게 어울리지 않으며 저를 불행하게 만들 직업, 지금까지 알아온 모든 것을 포기할 수 있어야 하는 직업 말예요".

터커 칼슨의 말과 달리 아이를 갖지 않은 사람은 남들보다 더(혹은 덜) 이기적이지도, 퇴폐적이지도, 어리석지도 않다. 부모가 되지 않는 것은 하나의 범주일 뿐이며, 그 때문에 우리의 이기심 같은 변수가 특별히 증가하는 건 아니다. 사실 우리는 아이를 둔 부모들과 어쩌면 생각보다 더 많은 공통점을 가졌을지도 모른다. 다음 장에서는 이런 공통점뿐만 아니라 차이점도 살펴볼 것이며, 서로의 경험과 관점이 갈리는 이유를 분석하기보다는 아이를 갖든 아니든 각자에게 알맞은 길을 따르도록 서로의 선택을 지지하고 격려하려면 이 대화를 어떤 식으로 바꾸어야 할지 숙고할 것이다.

2장

여성은 반드시 엄마가 되어야 할까?

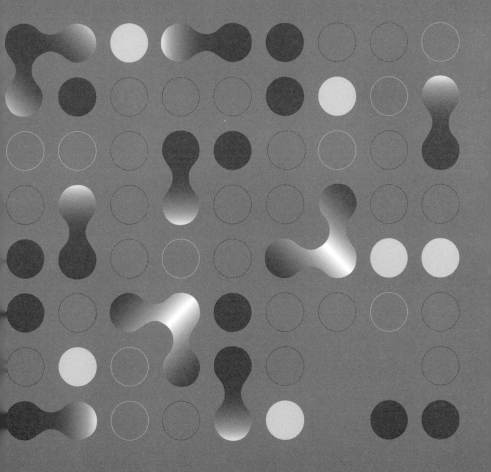

점점 더 많은 미국인이 자의로 아이를 갖지 않고 있습니다.
하지만 개인에게 합리적인 선택이 국가 전체에는
재앙일지도 모릅니다.

해리 시걸, 『뉴스위크』

2013년 해리 시걸은 『뉴스위크』 독자들에게 아이를 갖지 않는다는 선택이 미국에 해롭다고 발언했다.[1] 시걸의 말이 사실이라면, 1세대 페미니스트들이 산아 제한 의료와 여성 투표권을 쟁취하고 2세대 페미니스트들이 임신 중단과 일터에서의 더 나은 기회를 법제화한 이후로 여성들이 맹렬히 싸우며 얻어낸 자유의 대가를 지불할 때가 온 셈이다. 이 두 차례의 여성주의 흐름 덕분에 점점 더 많은 여성이 가정이라는 사적 공간을 벗어나 공적 영역에 들어섰고, 결혼 혹은 적극적 성생활의 궁극적 결말은 엄마가 되는 것이라는 생각을 버리게 되었다. 하지만 재생산으로 귀결되지 않는 섹스에도 모종의 귀결이 있게 마련이며, 시걸을 비롯한 성인 남성 논객 대부분은 여성의 선택에 대한 대가를 결국 국가가 감당해야 한다고 주장했다.

아이 갖지 않기를 선택한 여성은 금세 미국에서 가장 비난받는 희생양으로 부상했다. 출생률 감소는 전통적 가족관의 쇠퇴, 노동인구의 노쇠, 국가 경쟁력 저하, 국가에 대한 국민의 과도한 의존, 이기적인 청년들과 우울하고 외로운 노인들의 시대를 초래한 원인으로 여겨졌다. 재생산의 자율성이나 남성과 동일하게 교육받고 노동할 권리를 요구하는 여성은 자신뿐만 아니라 동료 미국인 모두에게 해롭다고 여겨졌다. 시걸의 표현에 따르면 "생산적인 섹스screwing의 부족은 이미 망한screwed 이 세대를 더 망칠screwing 수도" 있다.

가족계획연맹 설립자 마거릿 생어가 "자기 몸을 직접 소유하고 통제하지 못하는 여성은 절대 자유로울 수 없다"고 말한 것은 분명 이런 의미에서가 아니었다. 여성 재생산의 자유와 공적 영역에의 접근은 여성의 삶, 나아가 미국의 운명을 개선하기 위함이었다. 이런 조치는 여러 면에서 기대한 효과를 불러왔으나 종교 지도자들의 연설과 정치가들의 외침, 보수 방송인들의 탄식을 들어보면 반드시 그런 것 같지는 않다.

이는 아이 갖기를 포기하여 경멸받는 사람들만의 문제가 아니다. 누가 그런 선택을 하며 그런 선택이 기존의 사회 구조와 생활방식에 어떤 의미를 갖는지가 중요하다. 오늘날과 과거에 아이 갖지 않기를 선택한 사람들은 누구이며, 그런 선택이 가족과 경제, 공동체, 나이듦과 생활방식에 어떤 의미를 갖는가?

우리 사회의 유니콘

작가인 리애논 루시 코슬릿과 홀리 백스터는 아이 없이 행복한 여성이 "사회의 유니콘"이라고 말했는데,[2] 정말 그렇다면 이제는 유니콘이 다람쥐만큼이나 흔해진 모양이다. 우리 같은 여성이 미국 어디에나 흔해졌으니 말이다. 2014년 인구 통계에 따르면 그해 15~44세 여성 중 47.6퍼센트는 아이가 없었다. 인구조사관이 여성 생애에서 아이가 없는 기간을 추적하기 시작한 1976년 이래 가장 높은 수치였다.

현재 아이가 없는 여성 중에도 일부는 엄마가 될 것이다. 그들이 굳이 서두르지 않는 것처럼 보일 뿐이다. 2017년 여름, 질병 통제 및 예방 센터는 공식 추산을 시작한 지 사십 년 만에 처음으로 삼십 대 여성의 출산율이 십대 여성과 이십대 여성보다 더 높아졌다는 보도 자료를 내놓았다.[3] 30~34세 여성의 출산율은 2015년에는 여성 천 명당 아기 101.5명이었지만 2016년에는 102.6명으로 늘었다. 반면 25~29세 여성의 출산율은 2015년에는 104.3명이었으나 2016년에는 101.9명으로 떨어졌다.

이런 변화는 사소해 보일 수도 있으나 사실 엄청난 문화적·경제적 변동을 반영한다. 이런 현상에 기뻐하는 양육자만큼 슬퍼하는 양육자도 있겠지만, 점점 더 많은 젊은이들이 성인기로의 이행을 미루고 있다.[4] 퀸스대 의학사 교수인 제나 힐리는 이렇게 말한다.

"제2차세계대전 이후 아이를 일찍 갖는 경향이 나타났다. 지금은 이를 생물학적 필연성 때문으로 여기지만, 사실은 문화적 일탈 현상에 가까웠다."[5] 과거에 여성은 훨씬 일찍 결혼했으나(예를 들어 여성의 평균 혼인 연령은 1890년에 스물두 살이었고 1960년에는 스무 살이었다) 현재 여성의 평균 혼인 연령은 스물일곱 살이다.[6] 아이를 갖기 위해 반드시 결혼을 해야 하는 것은 아니지만, 결혼 기간과 가임기가 오래 겹칠수록 아이를 더 많이 낳는 건 사실이다. 더구나 1880년부터 2014년까지 18~34세 성인의 가장 흔한 생활방식은 배우자나 파트너와 동거하는 것이었다.[7] 1960년대에는 성인 중 62퍼센트가 그렇게 살았지만 오늘날에는 31.6퍼센트만이 이에 해당된다. 이보다 조금 더 많은 32.1퍼센트의 성인은 이제 부모 집에서 살고 있다.

이런 흐름은 어느 정도 양육방식의 변화에 기인한다. 부모가 예전보다 한층 깊이 자식의 삶에 관여하기 때문이다. 하지만 경제적 변화도 빼놓을 수 없는 원인이다.[8] 예를 들어 2008년의 경제 대침체는 앞 장에서 언급했듯 출생률 폭락을 불러왔는데, 많은 이들이 이 현상에 주목했고 심지어 경악에 가까운 반응을 보였다.[9] 경제적 불안정 때문에 출생률이 폭락했다고 분석하는 사람들도 있었지만, 칼럼니스트 로스 다우댓 같은 이들은 "미래보다 현재를 중시하는 퇴폐적 경향" 때문이라고 주장했다.[10]

일부 논객이나 언론 매체의 공포 전략과 달리, 여러 연구에 따르면 늦게 출산하는 쪽이 아이에게(그리고 아마 엄마에게도) 더 낫다고 한다. 덴마크에서 나이들어 출산한 엄마들을 연구한 결과, 7~11세 아이는 (여타 인구 통계 및 사회경제 조건과 관계없이) 엄마의 나이가 많은 경우 행동이나 사회관계, 감정적인 문제를 겪을 확률이 더 낮았다.[11] 덴마크와 미국의 551개 가족을 대상으로 한 또다른 연구에 따르면, 29세에 마지막 출산을 한 여성보다 33세 이후에 마지막 출산을 한 여성이 초고령까지 장수할 확률이 확연히 높았다.[12]

출산이 늦어지는 최근의 경향은 여러 바람직한 문화적 변화를 반영하는 현상일 수도 있다. 밀레니얼 세대 중 절반이 아직 아이를 갖지 않았으며 충분히 준비가 되기 전에는 아이를 갖지 않겠다고 말한다. 아이를 진정으로 위하는 사람이라면 누구나 찬성할 사고방식이다.[13] 지난 십 년 동안 십대 출생률 또한 급감했는데[14] 2007년부터 2015년까지 무려 46퍼센트나 감소했다. 여론조사 전문 기관인 퓨 리서치센터는 이런 변화가 다양한 원인 때문이라고 지적한다.[15] 일단 성경험이 있는 여성 청소년의 비율이 1980년대와 비교하여 확연히 줄었다. 1988년에는 51퍼센트였던 것이 2011년부터 2013년에는 44퍼센트로 떨어졌다. 또한 피임 도구를 쓰는 청소년의 비율은 엇비슷하지만(여성 청소년의 79퍼센트, 남성 청소년의 84퍼센트가 첫 섹스에서 피임 도구를 썼다고 응답했다) 요즘 쓰이는 피임 도구가 예전보다 훨씬 효과적이다. 2002년에는 성경험이 있는 여성 청소년 중 8퍼센트만이 응급 피임약을 사용했지만 2011년부터 2013년에는 그 비율이 22퍼센트까지 증가했다. 자궁 내 장치나 임플란트처럼 효과가 오래가고 제거 가능한 피임 도구를 사용하는 비율도 늘어나서, 2005년에는 0.4퍼센트에 지나지 않았으나 2013년에는 7.1퍼센트가 되었다. 게다가 이는 모든 가임기 여성에게 해당되는 이유겠지만, 지난 십 년 동안 미국을 휩쓴 경제적 난관도 십대 출생률을 낮추는 데 한몫했다.[16]

십대 출생률을 낮춘 원인 중에서도 가장 놀라운 것은 티브이 리얼리티쇼 프로그램이다. MTV의 〈16세, 임신〉이나 〈십대 엄마〉에 관해 사람들이 뭐라고 말하든, 2015년 브루킹스 연구소의 멀리사 키어니와 필립 러바인이 발표한 보고서에 따르면 십대 출생률이 감소한 원인 중 삼분의 일 정도는 이런 프로그램 덕분이다. 연구자들은 해당 프로그램들이 "십대에 임신해서 엄마가 되면 무척 힘들고 친구, 부모, 아이 아빠와의 관계가 무너지며 몸의 불편이나 잠재적인 건강 문제, 수면장애 등을 겪는다고 알려주는" 듯하다고 언급한다.[17] 게다가 십대 임신 중단이 증가한다는 우파 기독교도들의 주장과 달리 실제로는 15~19세 여성의 임신 중단 비율도 감소했다. 1988년에는 여성 천 명당 43.5명이었던 것이 2009년에는 16.3명으로 줄어든 것이다.[18]

우리 여성들은 십대 출생률의 감소를 기쁘게 여기는 반면, 신문과 논객들은 아이 갖기를 너무 오래 미루면 여성 자신뿐만 아니라 (사실 비평가들은 이쪽을 더 걱정하는 듯하지만) 조국에도 해롭다고 경고한다. 2018년 뉴욕타임스에 실린 칼럼은 이렇게 선언했다. "밀레니얼 여성의 상당수는 그들이 바라는 가족 규모를 실현하지 못할 것으로 예상된다."[19] 이 글을 쓴 라이먼 스톤은 우파 성향인 가족학연구소Institute for Family Studies 블로그에 종종 기고하는 자칭 켄터키주 출신 루터교도 남편인데, 해당 칼럼에 "지난 사십 년간 여성이 원하는 아이의 수(2.7명)와 실제 가질 것으로 예상되는 아이의 수(1.8명)가 이렇게 크게 차이난 적이 없다"고 적었다. 스톤은 이런 간극이 만혼, 늦어진 초산 연령, 그리고 휴대전화와 포르노 탓이라고 했다(마지막 두 가지 때문에 실제 섹스가 줄어든다는 것이다).

라이먼이 제시한 '여성이 원하는 아이의 수'가 어디서 나온 자료인지도 의문이지만(내 생각에는 출산장려주의 진영일 것이다), 애초에 왜 청년이 준비가 되고 능력과 의지를 갖추었다고 확신하기 전에 아이를 원해야 하는지 라이먼은 간과한 듯하다. 게다가 개인이 생애 초기에 이상적으로 여기는 가족 규모는 살아가면서 계속 변하게 마련이다. 어린 시절에 품었던 인생 계획이 실현되었다면 나는 스무 살에 엄마가 되었으리라. 어릴 때 나는 스무 살이 '내 가족을 만들기' 이상적인 나이라고 결론을 내렸는데, 친구 엄마 중에 가장 젊은 분들이 가장 멋져 보였기 때문이었다. 그 젊은 엄마들이 우리 부모님보다 훨씬 힘들게 생계를 꾸려나갔으며 그분들도 인간관계나 직업이 안정되고 나서 아이를 갖길 원했으리라는 점은 한참

후에야 깨달았다. 그분들이 잘해내지 못했다는 게 아니다. 다만 그분들의 삶을 보면서 상상의 나래를 펼쳤던 내 시야가 나이들고 보니 무척 협소했다는 것이다. 내가 어린 시절 계획했던 것처럼 일찌감치 정착하지 않은 게 다행이다.

　현재 우리는 모든 출생코호트*에서 아이 없는 사람이 증가중인 특정한 역사적 순간에 있다. 하지만 이는 그저 하나의 순간이며, 인간이 줄어들다가 사라질지도 모른다고 염려하기에 앞서 고려해야 할 더욱 광범위한 하나의 흐름일 뿐이다. 아이 없는 사람의 비율이 지금보다 높았던 시기도 있었고 더 낮았던 시기도 있었다. 19세기 중반 미국에서 45세 생일까지 아이를 낳지 않은 여성은 전체 여성의 15퍼센트 정도였다.[20] 이 비율은 20세기 직후 급증하여 1920년에는 25퍼센트에 이르렀다. 그러다 다시 출생률이 증가하고 제2차세계대전 이후 베이비붐이 일어나면서 아이 없는 사람의 비율은 수십 년 만에 최저점을 찍었다. 1944년에는 45세 생일까지 아이를 낳지 않은 여성이 전체 여성의 8퍼센트에 불과했다.

　아이 없는 사람의 비율은 계속 변해왔지만, 확실히 최근 사회에서는(적어도 일부 집단에서는) 모두가 아이를 갖는 건 아니고 그럴 필요도 없다는 사실을 인식하고 받아들이기 시작했다. 아이 없이 사는 사람들은 언제나 꾸준히 존재했으나 이제는 우리 사이에 동지

＊특정한 해나 기간에 출생한 집단.

의식이 생긴 것이다. 『CIA 월드 팩트북』* 2015년판에 따르면 오늘날 전 세계 여성의 평균 출산율은 1인당 2.42명이다. 여기서 출산율이란 모든 여성이 가임기가 끝날 때까지 생존한다는 전제하에 평균적으로 낳는 아이의 수를 말한다. 출산율이 가장 낮은 국가는 싱가포르로 여성 1인당 0.81명, 가장 높은 국가는 니제르로 1인당 6.76명이다.

2015년 미국의 출산율은 여성 1인당 1.87명으로 추정되며 224개 국가 중에서 하위 여든세번째다. 사실 미국의 출산율은 1972년 이후로 줄곧 현재 인구를 유지하는 데 필요한 출산율인 인구대체수준 (여성 1인당 2.1명) 이하에 머물렀다.[21] 2013년의 경우 백인 여성은 1.75명, 아프리카계 여성은 1.88명, 히스패닉계나 라틴계 여성은 2.15명으로 인종에 따라 출산율이 다르긴 했으나, 이런 차이는 꾸준히 줄어들고 있다.[22] 국외에서 태어나 미국 국적을 얻은 여성의 출산율이 가장 높은데, 이는 국수주의자들이 허구한 날 한탄하는 현상이다.

아이 없는 사람과 관련하여 최근 언론 매체에서 가장 자주 언급하는 화제는 마흔 살 생일까지 출산 경험이 없는 여성의 비율이다. 입양, 의붓엄마 되기, 마흔 살 이후의 출산 등 예외적인 경우도 있지만 이런 여성 중 대다수는 남은 인생을 아이 없이 지내게 되는 게 사

---

* 미국 중앙정보국에서 발간하는 전 세계 국가 정치·경제·사회 정보 연감.

실이다. 게다가 입양으로 부모가 되기를 선택하는 사람들은 여성의 1퍼센트, 남성의 2퍼센트 정도에 지나지 않는다.[23] 의붓부모 되기는 아이의 삶에 관여하는 또다른 방법이다. 퓨 리서치센터의 분석에 따르면 미국에서는 성인 중 13퍼센트가 의붓자식을 두고 있다.[24] 물론 그중에는 이미 친자식을 둔 상황에서 추가로 의붓자식을 갖는 경우도 있으며, 우리 블로그 방문자들만 봐도 알 수 있듯 의붓부모라고 해서 반드시 자신을 양육자로 여기는 것은 아니다.

최근 진행된 유익한 연구에 따르면, 자신을 파트너 아이의 양육자로 여기지 않는 경우는 특히 레즈비언 커플에 흔하다. 심리학자 빅토리아 클라크와 동료들은 아이 없는 레즈비언 다섯 명을 인터뷰한 뒤 그들이 파트너 아이의 삶에 관여해야 한다는 압박을 이성애자 의붓엄마보다 덜 느낀다고 결론 내렸다.[25] 클라크와 동료들에 따르면 이런 결과는 레즈비언 관계 특유의 "'상호 독립' 원칙" 때문이다. 한 인터뷰 참여자는 "아이와 관계를 진전시켜야 한다거나 아이를 가족으로 받아들여야 한다는 압박 혹은 기대를 전혀 느끼지 못했다"고 말했다.

미국에서 아이 없는 사람의 비율은 1970년대 이후로 꾸준히 증가했다. 2006년에는 40~45세까지 한 번도 아이를 가진 적이 없는 여성이 20퍼센트에 달했다.[26] 삼십 년 전에는 같은 연령대에서 아이를 가진 적 없는 여성이 10퍼센트뿐이었다.[27] 이 시기에는 더 젊은 여성과 남성 중에서도 아이 없는 사람의 비율이 증가했다.[28]

다만 아이 없는 사람에 관한 연구가 자의로 아이를 갖지 않은 경우와 아이를 원했지만 못 가진 경우를 구분하지 않았다는 점에 유의해야 한다.[29] 그러나 지금까지의 연구로 미뤄볼 때 아이 없는 사람들이 아이를 가진 사람보다 전문직·관리직에 집중되어 있으며 평균 학력도 더 높다는 사실은 확실하다.[30] 또한 아이 없는 사람은 ('리덕트리스'*에 실린 「보도 위로 걷고 싶으면 나처럼 아기를 둘 낳아!」라는 글처럼 유아차를 겨냥한 풍자적 비난 여론과 달리) 도심지에 살 확률이 높다.[31]

자의로 아이를 갖지 않은 사람은 아이를 못 가진 사람이나 아이를 가진 사람보다는 성별에 더 진보적 관점을 가지며 비종교적인 경우가 많다.[32] 메리 헌트는 미국 전역에서 자의로 아이를 갖지 않은 사람 708명을 조사했는데, 그 결과 조사 참여자 중 6퍼센트만이 자신을 종교적이라 생각했으며 23퍼센트는 불가지론자, 38퍼센트는 무신론자였다.[33] 아이 없는 사람이 프란치스코 교황을 비롯하여 여러 종교 지도자와 추종자의 표적이 되는 것은 이 때문인지도 모른다. 참고로 미국 전체 인구 중 불가지론자는 4퍼센트, 무신론자는 3퍼센트에 불과하다.[34] 게다가 무신론자는 지금까지도 미국 내 온갖 종교 집단 중에 가장 미움받는 부류다. 퓨 리서치센터가 0점에서 100점까지 점수를 매기는 방식으로 조사한 결과 무신론자에 대한

---

* Reductress, 여성잡지 등 여성 대상 매체를 패러디하는 미국의 웹사이트.

호감도는 중간인 50으로, 최하 점수를 기록한 무슬림보다 딱 2점 위였다.[35]

아이를 갖지 않은 사람들이 말하는 선택의 이유는 다양하다. 이에 관해서는 뒤에서 더 자세히 다루겠지만, 가장 많이 언급되는 이유는 자율성 유지, 파트너와의 관계를 최우선으로 하고 싶다는 바람, 환경에 대한 우려다. 아이를 키우는 데 드는 경제적 비용 또한 주요 근거로 제시되는데, 충분히 그럴 만하다. 미국 농무부가 추산한 결과 2013년에 태어난 아이 하나를 18세까지 키우는 데 평균 24만 5340달러가 들 것이라고 한다.[36] 대학 교육비나 사랑하는 엄마 아빠가 추가로 감당하기 일쑤인 성년 초기의 생활비를 빼고도 그 정도의 비용이 든다는 이야기다.

내가 조사한 바에 따르면 양육비 때문에 아이를 갖지 않는다고 응답한 것은 대체로 여성보다 남성 쪽이었다.[37] 가족에 아이가 추가되면 생기는 경제적 부담을 원치 않는다고 말하는 남성도 있었다. 아이 없는 남성만을 대상으로 한 퍼트리샤 룬보그의 기존 연구에 따르면 인터뷰 참여자 중에서 돈 때문에 아이를 갖지 않았다는 사람은 아무도 없었지만, 직업 선택의 자유와 빨리 은퇴하고 싶다는 바람은 아이를 갖지 않은 이유 10위 안에 들었다.[38] 역사적 선례와 문화적으로 구조화된 성역할을 고려하면 여성보다는 남성이 생계비를 벌어야 한다는 압박을 더 강하게 느끼기에, 경제적 이유로 아이 갖지 않기를 선택하는 남성이 같은 경우의 여성보다 더 흔하다고 추측할 수 있다.

이런 생각은 남성이 아이를 갖기로 선택하는 동기에 관한 연구와도 부합한다. 사회학자 캐슬린 거슨은 남성이 아빠가 되려고 결심하는 계기를 연구한 결과, 양육에 유난히 헌신적인 아빠들은 자기 직업에 환멸을 느껴 그런 역할을 택한다는 사실을 발견했다. 이런 남성들은 헌신적인 아빠가 되기 위해 가장으로서의 역할을 뒤로 밀쳐두었지만 그럼에도 생계비를 벌어야 한다는 압박을 강하게 받았다.[39] 남성이 아빠가 되기를 선택하든 혹은 포기하든, 그런 결정에는 항상 가족을 경제적으로 부양해야 한다는 압박이 크게 작용한다. 여성의 경우 흔히 유의미한 경력을 쌓고 싶다는 바람 때문에 아이를 갖지 않겠다고 선택하지만, 남성의 경우 높은 양육비와 경제적 유연성에 대한 선호 등 경제적인 변수들이 더욱 분명하게 관련된다.

좀더 단순한 이유로 아이를 갖지 않은 사람들도 있다. 그저 아이를 원하지 않고 딱히 아이를 가져야 할 필요성을 못 느끼기 때문이다. 아이를 갖지 않은 삼십대 후반의 기혼남 밥은 인터뷰에서 이렇게 말했다. "전 아이를 갖지 않기로 결심한 게 아닙니다. 그냥 아이를 갖겠다는 결심을 안 한 거죠. 딱히 아이를 가져야 할 이유가 없었거든요. 물론 아이를 가졌다면 저희 부모님은 기뻐하셨겠죠. 저나 제 파트너도 아이를 가지라는 압력을 받은 적이 있고요. 그런 이유로 아이를 갖는 상황도 충분히 가능하죠. 그런데 왜 아이를 갖기로 결심하지 않았느냐고요? 그 정도로는 제가 결단을 내리도록 밀어붙일 수가 없었거든요. 반드시 아이를 가져야만 할 이유가 하나도 생각나지 않았어요. 저도 딱히 아이를 원하진 않았고요." 2017년 '팝슈거'*에 올라와 호응을 얻은 글 하나도 이런 관점을 분명히 보여준다. 필자인 메리 화이트는 아이를 갖지 않기로 한 "단순한 한 가지 이유"를 제시한다. "전 그냥 아이를 원하지 않았어요."

언론 매체가 아이 없는 사람들을 다루면서 종종 간과하는 사실이 하나 있다. 아이 없이 마흔 살을 맞는 여성의 비율이 지난 몇 년 동안 오히려 감소했다는 것이다. 2000년부터 2010년까지는 이런 여성의 비율이 거의 20퍼센트에 이르며 정점을 찍었지만, 현재 출산 경험 없이 마흔 살 생일을 맞는 여성은 15퍼센트 정도다.[40] 아이 없이 마흔 살을 맞는 여성이 감소한 주된 이유는 미국에서 가장 고학력인 여성들의 출산율이 상승했기 때문이다. 의사 혹은 박사 학위를 가진 여성 집단이 가장 큰 변화를 보였다. 1994년에는 이런 여성들 중 35퍼센트가 마흔 살까지 아이를 갖지 않았지만, 이십 년 후 그 비율은 20퍼센트로 급감했다. 고학력 여성의 출산율이 다소 증가하긴 했지만, 조사 결과에 따르면 아이 없는 여성과 남성의 학력은 서로 다른 양상을 보인다. 여성은 고등교육을 받으면 아이를 갖지 않을 가능성이 증가하지만 남성의 경우는 딱히 그렇지 않다.

---

* POPSUGAR. 2006년 슈거 부부의 블로그로 시작된 대중문화 웹사이트.

최근 미국에서 가장 고학력인 여성들의 출산율이 증가한 데는 직장에서 책임자 자리에 오른 여성이 증가했다는 이유도 있을 것이다. 1968년에는 관리직이나 전문직 여성이 30.6퍼센트에 지나지 않았으나 2013년에는 그 비율이 50퍼센트를 훌쩍 뛰어넘었다. 야후닷컴의 최고경영자 머리사 메이어는 2012년에 아들을 낳고 겨우 이주일 휴가를 낸 것으로 악명 높았지만, 여성 책임자들은 대체로 고용주가 워라밸 정책의 중요성을 인식하게 만들고 여성이 커리어와 아이를 모두 지킬 기회를 확장해주는 것으로 보인다. 단순히 직장에 다니는 여성이 늘어난 게 아니라, 직장에서 일과 육아의 균형이 실현되도록 정책에 영향력을 행사하는 여성이 더 많아진 것이다.

엄마 되기의 의무

모든 여성이 언젠가는 엄마가 되어야 한다, 적어도 그러길 바라야 한다는 생각은 우리 집단의식에 깊이 배어 있다. 그와 반대되는 의견은 받아들여지기는커녕 씨도 안 먹히는 것처럼 보인다. 심리학자 낸시 펠리페 루소는 이처럼 엄마 되기를 중심으로 성인 여성의 삶을 정의하려는 관념을 '엄마 되기의 의무'라고 부른다.[41] 루소가 말하는 엄마 되기의 의무란 여성이 아이를 양육해야 한다는 것(그것도 훌륭하게)뿐만이 아니라 적어도 둘 이상을 키워야 한다는 것이다. 로런 샌들러가 『유일무이한: 하나 낳아 잘 키울 자유와 외동아이가 되는 기쁨』*에서 보여주었듯, 아이를 하나만 낳는다는 건 아예 낳지 않는 것과 비슷하게 나쁜 일로 여겨진다.[42] 외동아이를 둔 엄마는 아이를 갖지 않은 여성과 똑같거나 거의 비슷한 방식으로 낙인찍힐 뿐만 아니라 여러 면에서 유사한 경험을 한다. '이상적인 여성'은 반드시 엄마여야 하며 가급적이면 두 아이의 엄마여야 한다. 아이가 더 적으면 이기적인 여자, 더 많으면 정신 나간 여자가 된다. 하지만 이런 이상에 맞게 아이가 둘 있는 엄마는 미국 여성 중에서 약 삼분의 일에 지나지 않는다.[43] 우리를 포함한 나머지 삼분의 이는 아이가 있든 없든 기대에 부합하지 못한 실패자일 뿐이다.

역사적으로 보면 모성이란 비교적 새로운 발명품이다.[44] "엄마라는 단어는 전 세계 어떤 언어를 살펴보든 가장 초기에 생겨난 단어지만" 정체성이자 역할로서의 '모성'은 1597년판 『옥스퍼드 영어 사전』 이전까지는 기록에 나타나지 않았다.[45] 사백여 년은 긴 시간 같지만 인류 역사를 통틀어보면 상대적으로 짧은 기간이다. 아이가 죽지 않도록 돌보는 일은 시대와 지역을 막론하고 공통된 관심사였겠지만, 아이를 낳은 개인이 오로지 그리고 우선적으로 그 아이의 생존과 사회화를 책임져야 한다는 관념은 보편적이지도 필수적이지도 않았다. 실제로 섹스가 금지된 독신자 공동체를 이루고 살았던 셰이

---

* 한국에는 『똑똑한 부모는 하나만 낳는다』라는 제목으로 출간되었다.

커교도*들은 아이들을 외부에서 입양해왔다.[46] 11세기와 12세기에는 유모들이 고용주의 신생아를 자기 집에 데려가서 젖을 먹이고 돌보는 관습이 흔했으며 유럽 귀족 사회에서도 이를 최선의 육아법으로 여겼다.[47]

최근의 새로운 조사 결과는 미국 정부가 막대한 예산을 투입한 '모유가 최고' 캠페인의 유효성에 의문을 제기한다. 이 캠페인은 생모가 언제든 아이에게 모유를 먹일 수 있는 상태로 대기하기 위해서 직장, 가정, 우정 등 모든 사회관계를 중단해야 한다고 촉구한다.[48] 엄마라면 무조건 자기 아이를 가장 잘 돌보게 마련이라는 신념하에 수립된 캠페인들은 모든 여성이 선천적으로 모성을 느끼며 모성과 여성성은 동의어라는 관념을 퍼뜨린다. 20세기에 우리의 페미니스트 선조들이 많은 진보를 이루어냈음에도, 여성이라면 반드시 엄마가 되어야 하며 엄마가 아니면 진정한 여성이 아니라는 편견은 아직도 사라지지 않은 듯하다.[49] 이런 편견이 반드시 '모유가 최고' 따위의 정부 캠페인 탓만은 아니다. 심리학자 질라 셔피로가 언급했듯이 "모성으로서의 여성성은 사회적·정치적·의학적·종교적 제도를 통해 구축된다".[50] 이러한 셔피로의 설명이야말로 출산장려주의의 목표다.[51]

출산장려주의란 여성은 아이를 낳아야 한다거나 아이를 키우는

---

* 18세기 중반 미국에서 번성했던 기독교 교파로 공산주의와 독신주의를 표방했다.

데 여성이 최적임자라는 뜻만이 아니다. 여성이 아이를 충분히 많이 낳아야 한다는 뜻이기도 하다. 로런 샌들러는 『유일무이한』에서 심리학자 세라 홀턴과 그 동료들의 주장을 인용한다. "여성과 모성에 대한 태도는 단지 엄마가 되느냐가 아니라 여성 개인이 아이를 몇 명이나 원하고 실제로 낳는지에 따라 결정된다."[52] 여성이 아이를 하나만 원한다고 하면 사람들은 눈썹을 치켜세우겠지만, 하나도 원하지 않는다고 하면 죽창을 치켜들 것이다. 국수주의자들은 이런 여성들에 맞서 국민의 상당수가 감소할 위기에서 국가를 구하기 위한 정책을 수립했다. 그들은 이런 위기가 (일부) 여성에게 아이를 낳을 시기와 방식, 그리고 출산 여부를 스스로 결정하게 했기 때문이라고 봤다. 2009년에는 43개국에서 국민의 출생률을 높이기 위한 정책을 수립했다.[53] 이런 정책은 출생률이 인구대체수준에 훨씬 못 미칠 만큼 급감한 유럽 국가들에 집중되었다. 미국에는 아직 이런 정책이 없지만, 여러 언론 매체가 (일부) 미국 여성의 출산율 감소에 관한 과장된 뉴스와 기사를 보도하고 있다.[54]

EU 가입국 중에서도 출생률이 최저인 이탈리아에서는 2016년 보건부 장관이 나서서 출생률 증대 캠페인을 진행했다. 이 캠페인은 화제가 되긴 했지만, 보건부 관료들이 바랐던 방향으로는 아니었다. 캠페인 홍보 포스터 하나를 보면 젊고 아름다운 여성이 모래시계를 든 팔을 우리 면전에 들이대듯 쭉 뻗고 있으며, 그 옆에 "아름다움에는 나이가 없습니다. 하지만 생식력에는 나이가 있습니다"라고 쓰여 있다. 이런 무시무시한 경고 문구에 더해 #생식의날#fertilityday 이라는 해시태그도 적혀 있다. 여성의 생식력은 여성의 소유물이 아님을 상기시키려는 듯 수도꼭지에서 물이 뚝뚝 떨어지는 이미지 옆에 "생식력은 공공재입니다"라는 문구를 넣은 포스터도 있었다. 당연한 일이겠지만 이 포스터들은 곧바로 맹비난을 받았고, 캠페인 자체도 며칠 지나지 않아 취소되었다. 하지만 애초에 이런 포스터가 제작됐다는 사실이야말로 여성의 신체가 임신에 쓰일지 말지와 그 방식에 관한 발언권을 과연 누가 갖는지 더욱 솔직하게 논의해야 한다는 증거다.

2014년 덴마크 여행사 스피스라이제르가 시작한 '덴마크를 위한 섹스' 캠페인은 좀더 나은 반응을 얻었다. 이 여행사는 커플들에게 낭만적인 휴가 여행을 떠나서 국가 인구 증대에 힘쓰자고 촉구했다. 심지어 '배란기 할인' 프로그램을 내놓거나, 여행중에 임신했음을 증명할 수 있는 커플에게 삼 년 치 아기용품과 '아기 친화적' 휴가 여행을 무료로 제공하겠다고 제안하기도 했다. 이 년 뒤 같은 여행사에서는 '엄마를 위한 섹스' 캠페인을 선보였다. 이 캠페인의 텔레비전 광고는 2분 30초 분량의 코미디 단편영화로, 성인 아들을 둔 두 엄마가 영원히 손주를 못 볼까봐 걱정하는 내용이다. 광고 영상은 덴마크의 낮은 출생률 때문에 복지제도가 흔들린다는 무시무시한 선언으로 시작한다. 그런 다음 두 예비 할머니에게 낭만적 휴가 여행이 섹스를 촉진한다는 통계 자료를 보여주면서 아들들을 위해 스피스라이제르의 여행 상품을 구입하라고 권한다. 그리고 마지막으로 여성들에게 이렇게 요청한다. "이 세상에 더욱 많은 손주가 태어나도록 스피스와 함께해주세요. 아이들이 국가를 위해 섹스하진 않더라도 엄마를 위해서는 할 테니까요."

덴마크 여행사의 캠페인이 보여주듯이, 현대의 출산장려주의 운동은 20세기 초의 우생학 운동이나 20세기 중반 히틀러의 끔찍한 국가주의 출산장려 정책과는 다른 전략을 취한다.[55] 이 광고들은 재미나지만 그 행간에 결국 이런 내용을 담고 있다. 덴마크에는 덴마크 국민이 낳은 아기가 필요하며 아이를 가져야 할지, 가진다면 언제가 좋을지를 여성이 직접 결정하게 내버려둘 순 없다는 것이다. 이 캠페인들은 과거의 더욱 노골적인 인종주의 운동과는 다른 방향을 취했지만, 적어도 어떤 면에서는 사회학자 레슬리 킹이 말하는 "국가 민족주의 이데올로기"를 반영한다. 여성의 역할이 국민 공통의 인종/민족, 언어, 종교와 "국가를 생물학적으로 재생산"하는 것이라고 강조하는 사상 말이다. 사회학자 리타 홍 핀처도 중국의 출산 정책에 관해 같은 말을 했다.[56] 중국은 2015년 지난 수십 년간 고수해온 한 아이 정책을 완화했으며 이러한 조치는 재생산권의 승리로 찬양받았지만, 홍 핀처에 따르면 중국에서 재생산이 권장되는 대상은 "적절한 부류의" 여성 즉 기혼 여성뿐이다.

킹에 따르면 오늘날 더욱 흔한 것은 프랑스, 루마니아, 싱가포르, 이스라엘 등에서 시행되는 "시민/문화 국가주의 관점"의 캠페인이다. 예를 들어 싱가포르에서는 1980년대에 시행했던 국가 민족주의적인 '대학원생 엄마 프로그램' 대신 인종, 민족, 학력을 구분하지 않는 출산장려 정책을 진행중이다. 기존 프로그램은 싱가포르에서 가장 고학력층인 중국계 국민이 출산하는 경우 세금 우대나 아이가 다닐 학교 선택권 등의 혜택을 제공했지만, 저학력층인 말레이계나 인도계 국민에게는 불임수술을 하면 현금을 주는 식으로 억제 조치를 취했다. 하지만 이제는 인종이나 민족과 상관없이 모든 싱가포르 국민에게 세금 우대, 양육 보조금, 모성 휴가, 세 자녀 이상을 둔 가구에 대한 주거 혜택, 심지어 데이트 서비스까지 제공하며 출산을 권장한다. 또한 여성을 생물학적 재생산자로 상정하기보다 '워킹맘'의 역할을 강조하는 출산장려 정책을 펼친다.

킹은 이런 정책이 특정 인종이나 민족 집단에 한정되지 않으면서 여성의 목표와 역할을 비교적 덜 협소하게 바라보는 사례라고 말한다. 하지만 이런 정책에도 좀처럼 눈에 띄지 않는 다른 문제가 존재한다. 이런 정책은 폭발하는 세계 인구와 그에 따른 사회적·경제적·환경적 여파는 전혀 고려하지 않는다. 담수를 비롯한 자연자원의 고갈, 집단 멸종, 건강과 관련된 다양한 위기, 생계비 상승은 인구 과잉에 따른 문제의 일부일 뿐이다. 게다가 캐나다 같은 일부 국가를 제외하면 (일방적 흡수나 동화와 반대되는) 이민이나 다문화 정책 등의 방안에 관해서도 충분히 논의되지 않고 있다. 인구 감소를 염려하는 국가라면 이런 방안을 통해 새로운 국민을 영입할 수도 있을 텐데 말이다. 물론 출산장려 정책에 여성이 정말로 아이를 원하는지 아닌지가 전혀 고려되지 않는다는 점은 말할 것도 없다.

사려 깊은 선택

아이를 갖는다는 건 저녁식사로 피자를 먹을지 인도음식을 먹을지 결정하는 일보다는 훨씬 더 깊이 생각해봐야 할 문제다. 하지만 연구 결과에 따르면 아이를 갖지 않은 커플 셋 중 하나 이상은 겨우 한 번 대화하고서 그런 결정을 내렸다고 한다.

언론인 도미닉 예이트먼

많은 커플이 겨우 한 번 대화하고서 아이를 갖지 않겠다고 결정한다는 연구 결과가 2014년 발표되자 기자들은 신바람이 났다.[57] 그들은 경악하며 "성급한 선택"을 운운했고, 커플들이 이 문제를 충분히 의논하지 않다니 "기이하다"고 말했다.

랜스와 나 역시 깜짝 놀랐다. 이 연구 결과가 아이를 갖지 않은 부부로서 우리의 경험뿐만 아니라 내가 인터뷰했던 아이를 갖지 않은 커플들의 이야기와도 영 딴판이었기 때문이다. 보도 기사를 정독해보니, 연구자가 SNS와 입소문으로 모은 여성 예순세 명에게 던진 단 한 가지 질문에 대한 응답 때문에 이 난리가 난 거였다. 이중 삼분의 일 조금 넘는 여성들이, 그러니까 참여자 예순세 명 중 스물세 명이 파트너와 딱 한 번 대화한 뒤 부모가 되지 않기로 결정했다고 응답했다. 이 스물세 명의 응답을 근거로 언론에서는 아이를 갖지 않는 커플이 경솔하고 편협하다고 단정했다.

해당 기사를 주의깊게 읽어본 사람이라면 문제의 연구가 통계적으로 아이를 갖지 않은 여성 전반을 대변할 수 없다는 점을 알아차렸을 것이다.[58] 연구자도 이러한 부분을 직접 세심하게 밝혀두었지만, 그런 유의 사항은 결과물을 보도하는 과정에서 지워졌다. 더구나 언론 매체는 문제의 여성 스물세 명이 어쩌면 파트너를 만나기 전부터, 아마도 엄청난 자아성찰 끝에 아이를 갖지 않기로 결심했을지도 모른다는 사실은 전혀 고려하지 않았다. 당신이 농장을 경영하거나 보금자리가 필요한 개를 돌보거나 전업 뮤지션으로 일하기 위해 기존의 생활방식을 바꾸고 싶지는 않다고 확신한다면, 일단 그리 결심한 이상 길게 의논할 이유는 없을 것이다.

내가 예로 든 목표들은 육아와는 많이 다르지만, 특정한 일련의 활동과 생활방식을 요구한다는 점에서는 비슷하다. 앞으로의 인생 경로를 확실히 결정한 사람이라면 아마도 같은 사고방식을 가진 파트너를 우선적으로 찾을 것이다. 그렇다면 아이를 원하지 않는 두 사람이 결국 커플이 되어도 전혀 놀랍지 않다. 각자 그런 결정을 내린 두 개인이 만나서 연애를 한다면, 이미 서로가 충분히 숙고한 문제를 굳이 길게 의논할 필요가 있겠는가?

사람들이 부모가 되기에 앞서 얼마나 고민하는지(고민을 한다면 말이지만)에 대한 오해는 아이 없는 삶을 선택한 사람과 어쩌다보니 아이를 못 가진 사람 간의 차이에 대한 오해 때문이기도 하다. 둘 중 어느 쪽에 속하든 기이하거나 경솔하다고 치부해서는 안 될 것이며, 이들 양쪽에는 많은 공통점이 있지만 중요한 차이점도 존재한다.

부모 되기가 점점 더 운명이 아닌 선택으로 여겨지면서, 부모 되지 않기를 선택한 사람과 아이를 원했지만 못 가진 사람을 구분하기 위해 '아이를 갖지 않은childfree'이라는 용어를 쓰기 시작했다. 1970년대 초 사회과학자들은 아이 갖지 않기를 선택한 사람들을 연구하면서 주로 '아이가 없는childless'이라는 용어를 썼다. 하지만 시간이 지나면서 이들도 '자의로 아이가 없는voluntary childless' 사람과 '어쩌다보니 아이가 없는involuntary childless' 사람을 구분하고 각각의 집단을 따로 지칭하게 되었다. '자의로 아이가 없는'과 '어쩌다보니 아이가 없는'이라는 말은 두 집단의 차이를 더 잘 보여주긴 했지만 너무 길고 거추장스러웠다. 게다가 '자의로 아이가 없는' 사람 중에는 '없는less'이라는 말이 자신의 정체성을 대변하지 못한다고 느끼는 경우도 있었다. 자의로 아이가 없는 배우인 킴 캐트럴은 BBC와의 인터뷰에서 이렇게 언급한 바 있다. "그 '없는'이라는 말이 모욕적이라고요." 그리하여 부모가 되지 않기를 선택한 사람과 어쩌다보니 그렇게 된 사람을 구분 짓기 위해 '아이를 갖지 않은'이라는 말이 도입되었다.[59]

'아이를 갖지 않은childfree'이란 용어를 비판하는 목소리도 있다. 사회 복지사 캐럴린 모렐은 '아이 없이 살려는intentional childless' 여성에 관한 연구에서 이렇게 적었다. "내 생각에 '아이를 갖지 않은'이란 말은 다소 염치없게 보인다. 자기 아이를 갖지 않은 여성이라면 다른 아이들도 치워버리고 싶어할 거라는 암시가 느껴진다. 마치 '노조 금지union-free'나 '흡연 금지smoke-free' 홍보 문구처럼 말이다."[60] 최근에는 내가 생각하는 최고의 작가이자 문화비평가인 (그리고 아이 갖지 않기를 선택한 여성인) 메건 다움도 이 용어에 이의를 제기했다. 다움에 따르면 "어째서 아이들이 흡연이나 글루텐과 같은 맥락에서 취급되어야 하는가?"[61] 타당한 의견이다. 하지만 우리처럼 아이 갖지 않기를 선택한 사람을 애초에 바라지도 않았던 것이 결여된 존재로 규정하는 명칭을 쓸 순 없다는 것도 분명하다.

내 경우 '아이를 갖지 않은'이라는 용어를 비판하는 목소리에 동의하지 않는다. 나는 세상을 아이들에게서 해방시켜야free 한다는 의미로 그런 말을 쓰는 게 아니다. 내가 굳이 이렇게 말해야 한다는 사실이야말로 부모 노릇이 자신에게 맞지 않는다고 여기는 사람에게 사회가 어떤 선입견을 갖는지를 보여준다. 내 생각에 '아이를 갖지 않은'이라는 말은 긍정적 관점에서 받아들여져야 하며 그 말에 담긴 의도처럼 악의 없는 반응을 이끌어내야 마땅하다. 그 말은 사회에서 비난받는 정체성을 유쾌하게 표현한다. 다소 노골적이라고 느낄 수도 있겠지만, 그 말이 거슬린다는 사람에게는 그저 최대한 상냥하게 당신과는 상관없는 문제라고 말해주겠다. '아이를 갖지 않은'이라는 말은 우리가 택한 삶을 즐겁게 선언하고 부모되기를 거부한다는 의식적·의도적 선택을 포용하는 말이다. 그 이상의 의미를 읽어내려는 과도한 억측이야말로 내가 이 책을 쓰게 된 이유다.

이 같은 설명이 헛된 의미론적 궤변에 불과해 보일 수도 있겠지만, 어떤 용어를 쓰느냐는 중요한 문제다. 다양한 조건에 맞는 다양한 용어가 존재해야 개별적인 경험의 특성을 더욱 잘 이해할 수 있기 때문이다. 개인이 스스로 선택한 삶을 살아가는 경우와 그렇지 못한 경우는 크게 다르다. 실제로 연구 결과에 따르면 아이를 못 가진 여성은 아이를 안 가진 여성보다 엄마가 아니라는 점을 훨씬 더 괴로워한다.[62] 양쪽 집단에 대한 문화적 선입견이 크게 다르다는 점도 사실이다. "아이를 갖지 않은 사람"을 다룬 2013년의 『타임』 표지 이미지처럼, 우리는 하나같이 '전부 다 가진' 백인 이성애자 유한계급이며 바닷가에서 휴가나 즐기는 사람처럼 묘사된다.[63] 어쩌다보니 내 경우는 대체로 이 묘사에 부합하긴 하지만, 아이를 갖지 않은 사람 모두가 그렇진 않다는 것 또한 분명한 사실이다.

아이 없는 사람에 대한 선입견도 딱히 나을 것은 없다. 사진 공유 웹사이트 플리커Flickr에서 '아이 없는'이라는 말로 무료 사용 가능한 이미지를 검색해보면, 한 여성이 카펫만 깔린 텅 빈 방에서 진공

청소기 옆에 홀로 앉아 양손으로 머리를 감싸고 아래를 내려다보는 흑백사진이 나온다. 엄마든 아니든, 자신의 상황에 만족하든 아니든 간에 진공청소기 옆에 홀로 앉아 있는 모습이 자기 인생을 정확하게 묘사했다고 생각할 여성은 내가 알기로는 한 명도 없다. 물론 자신이 그렇게 묘사되기를 선택할 여성도 없을 것이다.

다음 장에서 살펴볼 연구 중에는 아이를 못 가진 사람과 아이를 안 가진 사람을 구분하지 않고 유자녀와 무자녀만을 구분한 경우도 있다. 이런 연구 결과를 논의할 경우에는 두 집단 모두를 '무자녀 nonparents'라고 지칭할 것이다. 반면 아이 갖지 않기를 선택한 사람과 여의치 않게 아이를 못 가진 사람을 구분하고 두 집단을 별개로 조사한 연구도 있는데, 이런 연구를 논의할 때는 그 결과물이 어느 집단에 관한 것인지를 분명히 밝히고자 한다. 나는 칠십 명을 인터뷰하고 칠백 명 이상을 설문조사하면서, 아이를 갖지 않기로 확실히 선택한 사람만을 연구 대상으로 삼았다. 따라서 내 연구의 참여자가 말한 내용이나 연구에서 나타난 경향에 대한 언급은 아이를 갖지 않은 사람에게만 해당된다.

아이를 못 가진 사람과 아이를 안 가진 사람 간의 차이점은 (각자의 경험에 있어서든 문화적 선입견에 있어서든) 사소하지 않다. 하지만 양쪽 모두 아이를 갖는 게 당연한 문화 속에서 살아간다. 조니와 수지를 학교에서 데려오거나 축구 연습에 데려다주고, 학부모회 모임에 참석하고, 소아과 검진 일정을 짜는 일은 우리의 일상에 포함되지 않는다. 그리고 우리에게 아이가 없다는 사실을 알게 된 이방인의 호기심어린 질문이나 딱하다는 표정을 서로 다르게 느낄지는 몰라도, 어쨌든 그런 심문에 시달려야 한다.

낫맘닷컴의 설립자로 이 년마다 낫맘서밋을 주최하는 캐런 멀론 라이트에 따르면 아이를 못 가진 사람과 아이를 안 가진 사람 간에는 차이점보다 공통점이 더 많다. 라이트의 말은 여러모로 타당하다. 일레인 타일러 메이는 양쪽의 가치관이 "놀라울 만큼 비슷하다"고 하며 양쪽 모두 궁극적으로 "친밀함, 행복, 사생활에서의 성취감"을 바란다고 언급했다.[64] 물론 아이를 가진 사람도 똑같은 것을 바라겠지만 말이다. 누구나 자신이 선택한 삶을 추구하고 자신이 원하는 방식으로 시간을 보내며 각자에게 가장 적합한 재생산방식을 선택할 자율성을 원한다.

아이를 가진 사람, 못 가진 사람, 안 가진 사람 모두가 아이 갖지 않기 운동 초창기부터 꾸준히 협동하여 무자녀와 유자녀, 그리고 선택에 대한 편견에 도전해왔다. 미국비부모기구는 설립 직후부터 부모들을 회원으로 받아들였다. 엘런 펙의 『아기라는 덫』이 어떤 비난을 받든 간에, 이 단체의 초대 간부와 이사진 절반이 부모였다는 점을 주목할 필요가 있다. 이들의 의견이 항상 일치하진 않았지만, 이들은 어떻게든 공통분모를 찾아내고(인구 과잉에 대한 우려, 부모 되기를 자발적으로 선택한 사람이 가장 좋은 부모가 된다는 확신) 그런 공유 가치를 중심으로 단체를 구축했다. 부모가 되는 것만

이 가장 의미 있는 인생 경험으로 간주되는 세상에서 아이 없는 사람들이 어떻게 의미를 찾는지 깊이 이해할 수 있다면 우리 모두는 한층 더 행복해질 것이며, 우리가 발견한 것에 스스로도 놀라게 될 것이다.

3장

나를 위한 선택

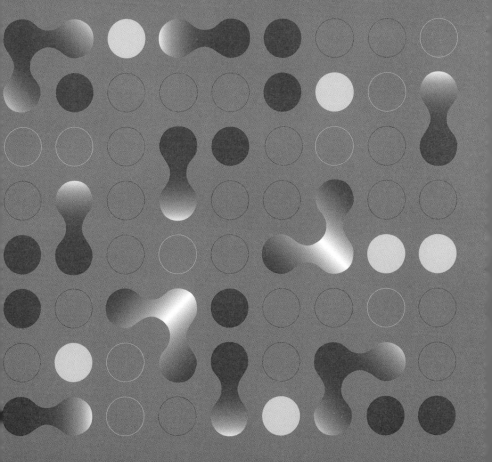

육아를 기피하는 현상은 어떤 면에서
후기 근대의 피폐함을 드러낸다.
본래 서구에서 시작되었지만 이제는
전 세계의 유복한 집단을 휩쓴 퇴폐의 산물 말이다.
이 시대의 정신은 미래보다 현재를 우선시하고
혁신보다 정체를 선택하며, 이미 존재하는 것을
마땅히 있어야 할 것보다 선호한다.
근대의 편의와 쾌락은 기꺼이 받아들이면서
애초에 우리 문명의 토대가 된 기본적인 희생은 거부하려고 한다.

로스 다우댓, 뉴욕타임스

칼럼니스트 로스 다우댓은 자신이 아는 대로 말했다. 그리고 그가 알기로 최근까지 미국의 강점은 "경쟁국보다 아기를 더 많이 낳는 것"이었다.[1] 다우댓에 따르면 대침체에 이어진 출생률 급감은 상당 부분 "아이를 중심으로 연애와 결혼을 이해하던" 문화가 변했기 때문이다. 또한 다우댓은 이런 변화가 퇴폐, 쉬운 방식, 현재를 선호하게 된 것과 연관된다고 주장한다. 그야말로 아이를 갖지 않은 사람에게 "당신은 이기적이야!"라고 은근히 선포하는 말이 아니겠는가.

이렇게 생각하는 사람은 다우댓만이 아니다. 아이를 갖지 않은 사람에 관한 연구 결과를 요약한 2012년의 내 사설에 어느 독자가 이런 댓글을 달았다. "자아도취적이고 나만 중요하다는 사고방식을 합리화하려고 애쓰셨네."[2] 아이를 갖지 않은 사람 몇몇은 내 연구 결과가 자신의 경험과 부합한다고 적었으며 심지어 지지를 표명한 아이 엄마도 있었지만, 그 밖의 독자들은 어떻게 아이 갖지 않기를 선택할 수 있느냐며 혼란스러워하거나 그런 선택을 하는 사람에게 노골적인 적대감을 드러내는 등 다양하게 반응했다. 다양성을 환영하고 그간 가톨릭교회가 단호히 배제해왔던 안건에 개방적 태도를 독려한다고 알려진 프란치스코 교황도 아이를 갖지 않은 사람에게는 적대적이다. 교황은 2015년에 바티칸시국에서 다음과 같은 의견을 표명했다. "아이들과 어울리기 싫어하고 아이들보다 자신을 우선시하며 아이들을 성가신 위험 부담으로 여기는 탐욕스러운 사람들로 이루어진 사회는 절망적입니다. 아이를 갖지 않겠다는 선택은 이기적입니다."

아이를 갖지 않은 사람은 이런 규탄에 익숙하다. 심리학자 레슬리 애슈번나르도가 2017년에 진행한 연구를 보면, 아이를 갖지 않겠다는 결정에 대한 사람들의 도덕적 분노를 알 수 있다.[3] 197명이 참여한 설문조사에서, 아이를 원한다고 응답한 학부생들은 부모가 되는 건 도덕적 임무이며 부모가 되지 않겠다는 사람은 도덕적으로 타락했다고 주장했다. 내 사설에 달린 댓글이 암시하듯, 우리가 아이를 갖지 않기로 한 이유들이란 어찌 보면 이 같은 적대감에 대한 합리화일지도 모른다. 하지만 아이를 갖지 않은 사람들이 말하는 이유는 대부분 비난받을 만한 것이 아니다. 오히려 그 반대다. 그들은 부모 역할이 아닌 다른 방식으로 세상에 기여하고 싶다거나, 인구 과잉에 한몫하기 싫다거나, 현재 맺고 있는 친밀한 관계에 집중하고 싶다거나, 좋은 부모가 되지 못할 게 확실하다고 말한다.

인생의 모든 선택은 엄밀히 살펴보면 이기적인 구석이 있다. 아이가 있는 사람에게 왜 아이를 갖기로 결심했는지 물어보면, 아마 최소한 일부라도 자신의 인생 계획과 연관된 이유를 들 것이다. 흥겹고 북적거리는 가정을 꾸리고 싶어서일 수도 있다. 아니면 작은 (인간의) 발들이 이리저리 내달리는 소리가 들리지 않는 크리스마스 아침을 상상할 수 없는지도 모른다. 아니면 늙으면 자식이 보살펴줄 거라고 기대하는지도 모른다. 마찬가지로 아이를 갖지 않은 사람도 그 나름의 충만한 인생 계획에 근거하여 부모가 되지 않기로 결정한 것이다. 그들은 육아에는 부적합하지만 성취감 있는 인생을 살아갈 자유를 원한다. 혹은 즉흥적인 삶을 원한다. 조용하고 고독한 생활을 즐기는 사람이 있는가 하면, 흥겹고 북적거리되 인간이 아니라 털북숭이 동물의 발소리로 가득한 가정을 원하는 사람도 있다. 부모가 되든 아니든 누구나 자신의 흥미와 필요와 바람에 따라 인생 경로를 선택하고 만들어간다.

어째서 아이를 갖(지 않)나요?

여러 연구를 통해 확인할 수 있듯, 사람들이 아이를 갖지 않기로 선택하는 이유는 아이를 갖는 이유만큼이나 다양하다. 내가 인터뷰한 사람들과 마찬가지로 나 역시 인간은(특히 여성은) 인류의 존속과 세상의 발전을 위해 아이를 가져야 할 운명이라고 믿으며(또한 주변 사람들에게 그렇게 배우며) 자랐다. 우리가 낳은 아이들이 언젠가 암을 치료할 수도 있으며, 우리가 믿는 신도 아이를 낳으라고 명했으니까. 사실 사람들이 아이를 갖는 이유는 그보다 훨씬 더 다양하다. 젊은 미혼 대학생들에게 왜 부모가 되고 싶은지 조사한 결과, "참여자 대부분은 대체로 자기 자신을 위해서 그러고 싶은 듯했다".[4] 참여자들은 직접적인 성취감을 느낄 수 있을 것 같아서, 나와 닮은 작은 인간이 있었으면 해서, 나에게도 좋을 것 같아서, 사랑할 상대가 필요해서, 뭔가 할일이 생길 것 같아서 등의 이유를 들었다.

어느 조사에 참여한 여성들은 고달픈 개인적 상황이나 가정환경을 벗어나기 위해, 혹은 엄마가 되면 감정적 유대와 친밀감을 느낄 수 있으리라 기대해 아이를 가졌다고 말했다.[5] 또다른 조사에서 남성들은 직장생활에 환멸을 느끼자 진짜 보람을 얻기 위해서 아이를 가졌다고 말했다.[6] 퓨 리서치센터의 분석가들이 밝힌 바에 따르면, 사람들은 첫아이를 가진 이유로 "아이가 생긴다는 순수한 기쁨"을 가장 많이 꼽았다.[7] 참여자 중 87퍼센트가 이렇게 응답했으며 여성과 남성의 비율도 비슷했다. 아직은 부모가 아니지만 부모 되기를 계획하는 사람들에게 "아이를 갖는다는 기쁨"은 더욱 중요한 동기였다. 아이가 없지만 언젠가는 부모가 되겠다는 사람 중 95퍼센트가 이를 결심의 이유로 꼽았다. 요약하자면 어떤 사람은 개인적 성취감, 아이와의 감정적 유대에 대한 기대, 현재의 가정환경에 변화를 주고 싶다는 생각 등 개인적인 동기로 부모 되기를 택하지만 어떤 사람은 경제적 여건 변화, 직업상 전망의 축소 등 개인적이라기보다는 외부적인 원인 때문에 부모가 된다는 것이다.

부모가 되는 이유에 개인적인 요소와 외부적인 요소가 혼재하듯이 부모가 되지 않는 이유도 마찬가지다.[8] 연구자들에 따르면 부모가 되지 않는 외적 원인은 주로 환경과 세계정세, 이미 세상에 태어난 아이들에 대한 우려다. 아이를 갖지 않은 마흔세 살 엔지니어 잰은 이렇게 말한다. "결국 환경 문제 때문이죠. 아시다시피 인구 측면에서 말이에요. 지금 세상에 존재하는 사람들에게 익숙한 생활방식을 유지할 만큼 자원이 충분한지 묻는다면 아니라고 대답할 수밖에 없어요. 그런데 우리 같은 선진국 국민들이 가진 것을 포기할 준비가 되어 있을까요? 아닐걸요. 반면 개도국에서는 이미 태어나긴 했지만 어린 나이에 죽어가는 아이가 너무 많아요. 이건 아니라고요. 우리 환경은 현재 인구를 부양할 수 없어요."

지금까지 밝혀진 바에 따르면 잰의 주장은 분명 일리가 있다. 많은 연구를 통해 인구 증가가 질병 확산, 영양실조, 기상 이변, 흉작과 연관됨을 알 수 있다.[9] 한마디로 "현재의 인구와 생활방식은 화석연료 같은 재생 불가능한 자원을 고갈시키고 담수, 어장, 산림 등 재생 가능한 자원조차 부족하게 만들며 유해 폐기물을 비롯한 공해의 누적을 유발한다".[10] 잰이 말했듯 단순히 인구가 너무 많다는 게 문제가 아니다. 북반구 거주자들은 지구의 자원을 훨씬 더 많이 소비하면서 적어도 지금까진 생태발자국을 줄이려고 노력도 하지 않았다. 어느 통계에 따르면 우리는 빈곤국 사람들보다 두 배에서 서른 배나 더 많은 생물자원을 소비한다.[11] 그러니까 생화학자이자 SF 소설가 아이작 아시모프가 인구 과잉에 관련해 선언했듯 "아기들이 인류의 적"이라는 게 아니라, 우리의 생활방식이 지구의 자원을 불공평하게 과점하도록 부추긴다는 의미다.

아이를 갖지 않은 사람 중에는 환경 문제뿐만 아니라 더 넓은 관점에서 이 세상을 걱정하는 경우도 있다. 잰보다 한 세대 아래인 스물다섯 살 제시카는 잰과 비슷한 점을 우려하지만 좀더 포괄적인 표현을 썼다. "저는 좀더 정치적이고도 사회적인 이유 때문에 아이를 갖지 않기로 결심했어요. 정말이지 이 세상이 걱정돼요. 사회 문제들을 깊이 파헤쳐보면 지금 세상이 아이들에게 부적합하다는 생각이 들어요. 현재의 사회 구조로는 아이들을 건강하게 길러낼 수가 없어요."

잰과 제시카가 언급한 전 지구적 문제 외에도, 아이를 갖지 않은 사람들은 각자 나름대로 개인적이거나 외부적인 이유 때문에 그런 선택을 한다. 개인적인 이유로는 자율성을 지키기 위해서, 즉흥적인 생활이 매력적이라서, 파트너나 다른 성인들과의 관계에 집중하고 싶어서 등을 흔히 언급한다. 삼십대 초반의 엔지니어 스티브는 이렇게 말했다. "저는 여행을 떠날 수 있으면 좋겠어요. 아이를 가진다면 할 수 없을 일들을 계속하고 싶어요." 오래된 파트너가 있는 삼십대 후반의 케이트는 이렇게 말했다. "저는 성격이 자유분방해요. 아이를 가질까도 생각해봤지만 정착하고 싶은지 확신이 안 선다는 결론을 내렸어요." 파트너가 있고 부동산 업계에서 일하는 서른한 살 재닛은 간단히 이렇게 말했다. "전 왕성한 성생활을 포기하기 싫어요."

아이 부모든 아이를 갖지 않은 사람이든 간에, 인생 경로를 선택하는 데 가장 중요한 것은 개인적 성취감과 의미 있는 관계를 지키려는 마음이다. 아이를 갖지 않은 사람의 선택이 이기적이라면 아이 부모의 선택도 마찬가지임을 인정하거나, 아니면 양쪽 모두 이기적이지 않다고 결론 내려야 할 것이다. 양쪽 모두가 비슷한 근거에 따라 선택했음에도 어느 한쪽만 이기적이라고 탓한다면 말이 되지 않으니까. 어느 쪽이든 자신에게 알맞은 선택을 했다는 게 중요하다.

이기주의 이야기가 나왔으니 말인데, 삼십대 중반의 정신과 의사 세라는 내게 이런 말을 했다. "아이를 갖고 나면 그뒤로는 자유를 누릴 수 있는 범위가 계속 한정될 거예요. 그래서 저는 (아이를 갖지 않는다는) 이기적인 결정을 내렸어요. 하지만 아이를 갖는 이유도 어느 정도는 이기적이라고 생각해요. 늙어서 곁에 있어줄 사람이 필요하거나 아이를 자신의 연장으로 여기기 때문이죠." 교수이며 삼십대 중반 기혼남인 밥은 양쪽 모두 "순전히 이기적인 동기와 두려움 때문에" 그런 결정을 내린다고 주장했다. "만일 제가 아이를 원한다면 아이가 자라서 저나 제 파트너를 닮을지 지켜보고 싶어서일 거예요. 은퇴했을 때 젊은이를 곁에 두고 싶어서이기도 하겠지요. 하지만 결국 아이를 갖지 않기로 한 건 자유시간이 줄어들고 돈과 에너지가 많이 들까봐 걱정되어서예요. 어느 쪽이든 꽤나 이기적인 이유라고 생각해요."

이기적인 행동을 해야 이기주의자다

무슨 이유로 그런 선택을 했든 간에, 아이가 없는 사람이 아이 부모보다 일상생활이나 행동에 있어 훨씬 이기적이라고 주장하는 이들도 있다. 하지만 아이가 없는 사람이 이기적이라는 흔한 편견과 달리, 사회학자 로버트 리드는 2012년 이 문제를 검토한 논문 서두에 이렇게 지적했다. "유자녀/무자녀 인구의 이기심을 실증적으로 비교한 연구는 지금까지 한 번도 없었다."[12] 리드가 유자녀/무자녀 개인에게 스스로 얼마나 이기적인지를 평가하게 했더니 그 결과는 비슷했다. 리드는 설문조사 참여자들에게 자신이 어느 정도나 '이기적인 사람'이라고 생각하는지 5점 만점 기준으로 점수를 매겨보라고 요청했다. 무자녀 참여자 중 42퍼센트는 그 말이 자신에게 맞지 않는다고 응답했으며, 유자녀 참여자 중에는 44퍼센트가 그렇게 응답했다. 한편 반대로 응답한 사람들의 비율은 아이가 있든 없든 똑같았다. 양쪽 모두 3퍼센트만이 스스로 상당히 이기적이거나 매우 이기적이라고 응답했다.

언론 매체에 따르면 아이를 갖지 않은 사람 중에는 자기가 이기적인 편이라고 주저 없이 말하는 경우도 있다지만,[13] 사람들이 부정적으로 여기는 특성을 측정하는 수단으로서 자체 평가는 신뢰성이 떨어질 수 있다. 특정 집단의 행동이 얼마나 이기적인지를 측정하려면 그들이 여가시간을 어떻게 보내는지 확인해도 좋을 것이다. 내가 인터뷰한 사람 중 상당수는 여가시간을 지역사회 활동에 참여하며 보내기 위해서 아이를 갖지 않았다고 말했다. 45세 교사 미셸의 말을 인용하자면 "자원봉사에 참여할 충분한 시간 여유"를 원했기 때문에 결국 아이를 갖지 않았다는 것이다.

내가 지도하는 한 학생은 아이를 갖지 않은 사람 칠백 명 이상을 대상으로 설문조사를 시행했는데, 그중 삼분의 일이 적극적으로 시민 활동에 관여하고 있었다.[14] 이들은 동물 복지 단체, 인권 및 환경 기구, 자원봉사 및 자선 단체, 취미나 스포츠 동호회, 정치나 종교 모임 등 다양한 활동에 참여했다. 물론 아이가 없는 사람만 이런 활동에 참여하는 것은 아니다. 아이 부모 역시 자원봉사 단체, 동호회, 지역사회 조직에 기여한다. 2015년 미국 노동부의 조사에 따르면 18세 미만 아이를 둔 부모 가운데 31.3퍼센트가 스포츠 지도나 심판, 개인 교습 등 주로 아이들과 관련된 분야에서 자원봉사 활동을 했다.[15] 이처럼 유자녀/무자녀 인구의 시민 활동 참여율이 비슷하다는 것은 개인이 부모인지 아닌지와 지역사회에 참여할 가능성은 거의 상관관계가 없음을 암시한다.

　내가 인터뷰한 아이가 없는 사람 중에도 여럿이 지역사회에 참여하고 있었다. 동물 복지 비영리 단체에서 일하는 서른세 살 바브는 그런 활동의 결과로 아이를 갖지 않겠다고 결정한 경우다. 바브는 이십대 시절 동물권 운동에 투신한 일을 이렇게 설명한다. "제 삶에서 정말로 중요한 순간이었어요. 소명을 찾았다고 생각했죠. 신앙이 생긴 거나 다름없었어요. 저를 필요로 하고 온몸으로 공감할 수 있는 대의명분이 생겼으니까요." 바브는 이렇게 말을 이었다. "동물권 운동가 중에는 일부러 아이를 갖지 않기로 결심한 사람들이 많아요. 저 역시 그런 경우고요. 일종의 철학적, 정치적 결정이죠. 오늘날 세계 인구는 육십억 명이고 2050년이면 팔십억 명이 된다고 해요. 게다가 지금은 집단 멸종의 시대이기도 하죠. 생물종이 놀라운 속도로 사라져가요. 현재 지구에는 참고래가 삼백여 마리밖에 없고 르완다에 사는 마운틴고릴라도 이제 수백 마리뿐이래요. 인도호랑이도 천 마리나 남았을까요. 그런 생각을 하다보면 그냥 슬퍼져요. 너무 슬퍼요. 인간은 이렇게 자꾸 번식하고 또 번식하는데 말이죠. 우리 인간이 너무 많아서 멸종이 일어나는 거예요."

　서른한 살 로런은 여가시간 대부분을 지역사회의 노숙자나 이민자를 돕는 자원봉사 활동을 하면서 보낸다. "가족이 없는 사람을 돕는 게 제 천직 같아요. 배우자나 부모를 잃은 사람이든, 노숙자든, 소외 계층이든, 난민이든 말이죠. 그렇게 갈 곳 없고 잊히고 버림받은 이들을 돌보는 게 제 의무라고 확신해요. 제 소명은 그런 사람을 돌보는 거예요. 자원봉사는 제 심장이자 열정이죠."

노년의 참여자들도 다른 사람을 돌본다는 소명에 대해 언급했다. 쉰세 살 수전은 이렇게 말했다. "저는 자선 단체에 기부해요. 조카들에게도 다른 친척보다 훨씬 관대하게 베풀죠. 친구들을 돕는 것도 좋아하고요. 그래서 무척 뿌듯하답니다." 예순두 살인 테리 세인트클레어는 뱅고어데일리뉴스와의 인터뷰에서 자신과 남편이 아이를 갖지 않았기에 지역사회의 예술 및 자선 단체 후원에 전념할 수 있다고 말했다.[16]

사십대 중반 커플의 입장에서 말하자면, 랜스와 나도 다양한 조직 운영에 관여하고 지역사회 행사에서 자원봉사를 한다. 이런 활동에 우리뿐만 아니라 아이 부모도 여럿 참여한다. 이런 활동을 하면서 우리는 삶의 의미, 목적의식, 소속감을 찾는다. 함께하는 아이 부모들도 분명 그렇게 느낄 것이다. 하지만 노인들을 대상으로 한 연구에 따르면, 아이가 있든 없든 자원봉사에 참여할 가능성은 비슷하지만 아이가 없는 쪽이 더욱 왕성하게 활동한다고 한다.[17] 충분히 그럴 만하다. 지역사회에 관여하는 부모들은 자식을 위해서도 시간을 따로 내야 할 테니까.

아이를 갖지 않은 사람 대부분이 순수한 기쁨이나 개인적 성취감만을 위해 지역사회에 관여하진 않겠지만, 지역사회에 대한 봉사가 아무래도 자식에 대한 헌신만큼의 '투자 수익'을 가져다주진 않으리라는 사실은 짐작할 수 있다. 우리가 지역사회를 위해 시간과 에너지, 금전을 쏟아도 그만큼 보답을 받거나 늙었을 때 필요한 만큼 지역사회에 의지할 수 있으리라는 보장은 없다. 실제로 무자녀 노인에 관해 조사해보니, 그들이 의지할 수 있는 사회 지원망은 유자녀 노인보다 미약한 반면 그들이 지역사회에 기여하는 정도는 더 컸다. 하지만 6장에서 살펴볼 내용에 따르면, 기대와 달리 부모가 늙었을 때 아이들이 반드시 곁에 머물진 않는 듯하다. 유자녀와 무자녀 중 어느 쪽을 선택하든 미래가 확실히 보장되지는 않는다. 그리고 양쪽 모두 나중에 보답을 받으리라는 기대를 드러내면 이기적이라고 비난받을 가능성이 크다.

아이를 갖지 않은 사람이 더욱 왕성하게 시민 활동에 참여함으로써 받는 보답이라면, 나이들어서도 아이 부모보다 활발한 사회생활을 즐긴다는 점을 꼽을 수 있다.[18] 젊은 부모가 어린아이 양육에 매달리느라 사회 활동을 적게 한다는 사실은 납득되지만, 그런 경향이 노년기까지 이어진다니 놀랍다. 사회생활을 계속하는 것은 정서적 평안뿐만 아니라 장기적인 건강 유지를 위해서도 중요하다. 친구와 가족 방문, 자원봉사, 동호회나 취미 활동 참여를 규칙적으로 해온 노인들이 신체 및 인지 건강 관련 문제를 덜 겪는다는 연구 결과도 있다.[19] 하지만 아이를 갖지 않은 사람이 아이 부모보다 왕성하게 사회생활을 한다고 해서 반드시 가까운 친구도 더 많은 것은 아니다. 연구 결과에 따르면 아이가 있든 없든 나이들어서 친구들

과 우정을 유지하는 비율은 큰 차이가 없다고 한다.[20]

이기적인 사람은 지역사회 활동에 소극적이며 가까운 친구도 없다고 상정한다면, 아이를 갖지 않은 사람을 그런 범주에 넣을 수 없다는 것은 확실하다. 설사 이기주의를 아동 복지에 관심이 부족하다는 지극히 협소한 관점에서 규정하더라도, 아이를 갖지 않은 사람 대부분은 이에 포함되지 않는다. 멜라니 놋킨의 회고록『비모성』에 영향을 받아서 아이 없는 여성 천 명을 대상으로 설문조사를 진행한 결과, 이들 중 80퍼센트는 자기 삶에서 아이들이 중요한 역할을 한다고 응답했다.[21] 아이 없이 일하면서 조카들에게 돈을 쓰는 고모나 이모, 그러니까 팽크족PANK에 관한 놋킨과 웨버 샌드윅의 공동조사에 따르면 이런 여성들은 흔히 친척 아이에게 돈을 쓰거나 그 부모를 경제적으로 지원한다.[22] 내가 만난 아이를 갖지 않은 사람들도 (성별을 떠나) 아이들의 멘토나 친구 노릇을 하며 교사, 사회 복지사, 의사, 상담자로서 아이들과 관계를 맺었다. 메건 다움이 엮은 수필집『이기적이고 천박하며 자기 탐닉적인』을 보면 한 걸음 더 나아가 아이를 갖지 않은 사람들이 상당한 감정적·물질적 자원을 아동 복지를 대변하는 데 쏟는다는 걸 알 수 있다.[23]

다움 자신도 2014년『뉴요커』에「차이를 만드는 사람」을 기고해 빅 브라더스 빅 시스터스 오브 아메리카*에서 '빅 시스터'로 역할을

---

* 성인이 청소년과 일대일 멘토관계를 맺고 지원하는 비영리 단체.

하고 이후에는 위탁가정 아동을 담당하는 법원 지정 변호사로 활동하는 등 열성적으로 아이들을 대변해온 사연을 전했다.[24] 다음이 엮은 수필집에서 그를 포함해 아이를 갖지 않은 작가들이 아이를 좋아한다고 구구절절 밝혀야 했다는 점은 의미심장하다. 그들의 말은 물론 사실이겠지만, 자신은 아이를 싫어하지 않는다고 너무 열심히 주장하는 것이 아이를 갖지 않은 독자에게는 다소 불편할 수도 있다. 이 문제에 대해서는 5장에서 자세히 살펴보겠지만, 일단 여기서는 아이들을 세상의 중심에 두지 않으면(적어도 아이들이 세상의 중심에 있어야 한다고 말하지 않으면) 비난받는 것이 요즘 추세라는 점만 말해두겠다. 그런 사람은 자기가 강아지를 걷어찬다고 말하는 사람만큼, 어쩌면 그보다 더 나쁘게 여겨진다. 심지어 아이 부모라 해도 그런 비난을 피할 수는 없다.

아이를 위한 헌신

부모들 역시 항상 매사에 아이들만을 위하지 않으면 이기적이라고 비난받을 위험을 감수해야 한다. 내가 만난 스티브의 말을 들어보자. "아이 부모가 '아이를 가진 게 인생에서 가장 좋은 일은 아니었다'고 말하는 상황은 절대 허용되지 않는 것 같아요. 아이가 생겨서 인생이 더 힘들어졌음을 인정한다는 게 아이를 아예 갖지 않았으면 좋았을 거라는 뜻은 아니잖아요. 부모들은 꼼짝달싹할 여유도 없을 만큼 힘들게 사는데 말이에요. 가끔씩 같은 처지의 부모들과 유쾌하게 대화를 나누다가 '이럴 줄 알았다면 다시 생각해봤을 거예요, 댁도 알겠지만요'라고 말할 수 있을 뿐이죠."

2014년에는 미국의 카드 제조 업체인 아메리칸 그리팅스에서 올린 영상 하나가 입소문을 타고 인터넷에 퍼져나갔다.[25] '세계에서 가장 힘든 일자리' 지원자들을 면접하는 내용이라고 했는데 자격요건은 다음과 같았다. "주당 135시간에서 무한대에 이르는 노동, 중간 휴식시간이나 휴가 없음, 의학과 경제학 및 요리 관련 학위 우대." 반전은 알고 보니 그들이 지원한 일자리가 엄마였다는 점이다. 문제의 영상은 어머닛날 카드 판촉을 위해 제작된 것이었지만 이로써 엄마의 역할에 대한 사회적 기대가 우리 모두에게 어떤 영향을 미치는지 많은 사람들이 숙고해볼 수 있었다. 엄마에 대한 사회의 비현실적인 기대는 모두에게 해롭다. 집중적인 '헬리콥터 육아'를 이상적으로 여기는 사회에서는 엄마 자신뿐만 아니라 아빠, 아이, 심지어 아이를 갖지 않은 사람도 손해를 보게 마련이다.

사회학자 샤론 헤이즈가 1990년대 후반 조사한 바에 따르면, 육아란 "아이를 중심에 두고 전문가의 지시에 따르며 감정적 몰입, 집약적 노동, 많은 돈이 투입되는" 것이어야 한다고 여기는 사람이 많다.[26] 또한 육아는 일차적으로 엄마의 책임이라 여겨진다. 다시 말해 '좋은' 엄마로 보이고 싶다면 감정적으로, 정신적으로, 그리고 신체적으로도 항상 아이들 곁에 있어야 한다는 것이다. 엄마는 꼬마 수지와 조니를 방과후 축구 연습장이나 스카우트 모임에 데려다 주어야 한다. 항상 밝게 웃어주고 운전사 노릇을 하며 유제품과 항생제와 유전자 변형 농산물을 넣지 않은 무설탕 글루텐프리 간식을 직접 만들어야 한다. 헤이즈의 말처럼 "좋은 엄마가 되려면 반드시 철두철미해야 한다".

아이를 갖지 않은 케이트는 철저한 엄마 역할의 압박 때문에 친구를 잃었는데도(케이트의 표현에 따르면 친구도 자기 자신을 잃어버렸다) 그런 친구를 무력하게 지켜볼 수밖에 없었다. "제 친구에게는 열 살과 열두 살 난 두 아이가 있었어요. 친구는 말 그대로 인생 전체를 아이들에게 바쳤죠. 모든 게 아이들 중심으로 돌아가요. 항상 아이들이 먼저지만, 그래도 친구 인생에는 분명 그애가 포기할 수 없는 다른 일들이 존재하거든요. 하지만 아이들이 항상 최우선이니 그 외의 일들은 그저 무더기로 쌓여만 가죠. 저는 친구의 일상을 지켜보기만 해도 넋이 나갈 것 같아요. 몇 주 전에 친구와 솔직하게 얘기를 해봤는데, 요즘 항우울제를 먹는다더군요. 자기 삶의 이런저런 일 중에서 하나도 포기할 수는 없으니 차라리 약을 먹겠다더라고요. 이런 혼란 속에 친구의 행복은 존재하지 않아요. 친구는 자기 아이들이 최대한 행복해지도록 노력하는 거라지만, '그럼 넌 어쩌고?' 싶은 거죠."

엄마가 받는 압박은 줄어들기는커녕 오히려 아빠에게까지 번져갔다. 요즘 부모는 과거 어느 때보다도 아이에게 많은 시간을 쏟는다. 1965년에서 2003년까지 남성이 자녀와 보내는 시간은 세 배로 늘었으며, 여성의 경우 두 배로 늘어났다.[27] 헬리콥터 육아는 종종 자식이 다 큰 뒤까지 이어진다. 2014년 18세부터 20세까지의 청년을 대상으로 시행한 설문조사 결과, 이들의 부모는 자식의 구직 활동에 점점 더 적극적으로 나서는 추세로 일부는 면접에 따라가거나 면접 이후 담당자에게 감사 편지까지 보낸다고 한다.[28] 기업 간부를 대상으로 한 또다른 설문조사에 따르면 부모가 성인 자식의 연봉 협상을 대신하거나, 이전 고용자로 위장하여 취직에 참고가 될 내용을 캐내거나, 심지어 자기 아이를 뽑아달라며 고용주에게 케이크를 보내는 경우도 있었다.[29]

집중적 육아, 헬리콥터 육아의 압력과 부담은 그 누구에게도 도움이 되지 않는다. 집중적 육아문화는 엄마에게 비현실적이고 불건전한 기대라는 부담을 지운다. 2013년 메리워싱턴대 소속 심리학자들은 "여성이 철저한 엄마가 되려다보면 정신 건강에 손상을 입을 수밖에 없다"고 보고했다.[30] 집중적 육아의 압박은 커플관계에도 해롭다. 심리학자 조슈아 콜먼의 언급에 따르면 "많은 커플이 아이와 함께하는 시간을 확보하려고 로맨스에 들이는 시간을 없애거나 대폭 감축하기 때문에, 육아시간 증가는 두 사람의 관계를 위협하게 마련이다".[31] 반면 커플이 밤에 데이트를 하는 등 둘만의 시간을 보내면 육아에도 유익하며 이혼율도 낮아진다.

외동아이 부모는 아이를 여럿 둔 부모보다는 서로를 위한 시간을

낼 수 있지만, 아이를 갖지 않은 사람과 마찬가지로 이기적이라는 비난을 피할 수 없다. 이런 경우를 보면 아이가 있다고 해서 이기적이라는 비난에서 자유로운 건 아니라는 사실을 알 수 있다. 로런 샌들러가 『유일무이한』에 적은 바에 따르면, 외동아이 부모들은 아이 하나만 키우기를 선택한 사람에게 따라붙는 편견을 잘 안다. "그들은 이기적이고 자기도취적인 사회 부적응자이며 가족에게 진심으로 헌신하지 않는다."[32] 어디서 들어본 듯한 말들이다.

랜스와 나는 아이를 갖지 않은 사람들을 다룬 케이티 커릭의 토크쇼에 출연하면서 샌들러를 알게 됐다. 샌들러는 아이 갖지 않기에 관해 『타임』에 쓴 기사를 논의하려고 출연한 것이었지만,[33] 샌들러와 대화를 나누면서 외동아이 부모와 아이를 갖지 않은 사람의 경험이 얼마나 비슷한지를 깨닫고 경악할 수밖에 없었다. 우리 블로그에 올린 샌들러와의 인터뷰에서 랜스가 언급한 것처럼 말이다. "(아이를 갖지 않은 사람과 외동아이 부모에게는) 수많은 유사점이 있다. 양쪽 다 '이기적인' 사람들이고 자신에 관해 변명해야 한다. 우리는 아이를 사랑하지 않는다고, 언제나 자신의 필요가 우선이라고, 지독한 일중독자이거나 피상적 욕망만 좇는 사람이라고 여겨진다. 아이를 갖지 않은 여성에 관한 편견처럼, 외동아이 부모에 관한 신화도 전혀 근거가 없지만 결코 사라지지 않을 듯하다."[34]

따라서 중요한 것은 아이들에게 얼마나 헌신하느냐만이 아니다. '적당한 수의' 아이들이 관건인 것이다. 예전에는 이상적인 자녀 수가 지금보다 많았지만(1930년대에는 3.6명이었다), 오늘날 미국인의 절반은 이상적인 자녀 수가 두 명이라고 말한다.[35] 게다가 아이를 갖지 않은 사람과 외동아이 부모만 이기적이라고 비난받는 것도 아니다. 누구나 적당한 수의 아이들을 양육해야 하며 아이가 너무 많아서도 안 된다. 1999년에 카를라 뮬러와 재니스 요더는 아이를 갖지 않은 여성과 외동아이 엄마뿐만 아니라 아이를 넷 이상 둔 "비정상적 엄마"도 두세 명이라는 "정상 기준"을 벗어났기 때문에 낯선 이들에게 비난이나 압박을 받는다는 사실을 밝혔다.[36]

딸 아홉과 아들 열을 낳은 더거 부부의 생활을 다룬 리얼리티쇼 〈나인틴 키즈 앤드 카운팅〉처럼 극단적인 사례는 기삿거리가 되기도 하지만, 현실에서는 아이를 두셋 이상만 낳아도 눈총을 받는다. 내 경우 최근 새로운 직장 동료와 대화를 나누다가 이 점을 새삼 인식했다. 아이가 몇이나 있느냐는 질문에 대답을 해주고 똑같이 물었더니 동료가 부끄러운 듯 나를 바라보며 "다섯이에요"라고 대답했던 것이다. 그는 곧바로 이렇게 덧붙였다. "전부 계획해서 낳은 애들이에요! 모두 똑같이 사랑해주고요! 정말이에요!" 동료가 자기 아이들을 계획해서 낳았는지, 사랑하는지 나는 전혀 궁금하지 않았다. 하지만 계속 대화를 나누다보니 아이가 다섯이라고 말하는 것은 아이를 갖지 않았다고 말하는 것만큼 불안한 일임을 알게 되었다. 동료는 자기가 반페미니즘적이고 제대로 교육받지 못했으며 아이들을 잘 보살피지 못하는 사람으로 보일까봐 두렵다고 말했다.

내가 아이를 갖지 않았다고 말할 때 걱정하는 점과는 달랐지만, 다음 순간 동료가 덧붙였다. "게다가 사람들은 제가 이기적이라고 생각하거든요." 그 말에 나는 격하게 공감했다.

동료가 집중적 육아를 해야 한다는 압박을 얼마나 심하게 받을지, 다섯 아이 모두에게 뭐든 해줄 수 있도록 항상 대기해야 한다는 게 어떤 일일지 상상해보려고 했다. 그런 생각을 하다보니 내가 아이를 갖지 않기로 선택했음이 다행스러웠고, 모든 부모가 헬리콥터 육아를 지향해야 한다는 관념에 도전하는 일이 얼마나 중요한지도 실감할 수 있었다. 집중적 육아를 당연시할 때 상처를 입는 것은 부모만이 아니다(아이가 하나든 열이든 말이다). 헬리콥터 육아의 영향을 연구한 결과, 부모가 항상 곁을 맴도는 아이는 그렇지 않은 아이보다 우울증 약을 복용하거나 기분 전환을 위해 진통제를 오남용할 확률이 높으며 감정적으로도 더 취약하다고 한다.[37] 집중적 육아문화는 아이를 갖지 않은 사람에게도 유해하다. 어른이라면 자기 아이에게 집중해야 한다고 전제하면 아이를 갖지 않은 사람도 다양한 방식으로 삶의 의미를 찾으며 지역사회에 기여한다는 사실이 간과당하기 쉽다. 역사학자이자 저널리스트이며 『베이비 분Baby Boon: 가족중심적인 미국에서 기만당하는 아이 없는 사람들』의 저자인 엘리너 버킷은 아이를 갖지 않은 사람의 시간을 부모의 시간보다 덜 중요시하는 문화 또한 지적한다.[38] 이런 문제로 부모 개개인을 비난해서는 안 된다. 비판해야 할 대상이 있다면 집중적 육아문화 전반일 것이다. 우리 모두에게는 이런 문화를 거부해야 할 책임이 있다.

모든 것은 균형의 문제

워라밸에 관한 논란과 개탄이야말로 부모가 아이만을 위해 살아야 한다는 관념이 가장 명백해지는 지점일 것이다. 이 문제는 소위 아이를 갖지 않은 사람의 이기주의가 공격받는 지점이기도 하다. 아이를 갖지 않은 사람이 일과 사생활의 적절한 균형을 요구하면 (가끔은 기대만 해도) 이기적이라고 비난받는다. 하지만 아이 부모도 이런 관념이 자신들에게 전혀 이롭지 않다고 말하며, 워라밸 논란에서 가장 큰 피해자는 다름 아닌 아이 엄마다.

아빠가 된 남성은 종종 임금이 인상되지만[39] 엄마가 된 여성은 오히려 낮은 임금[40]과 불공평한 가사 분배라는 벌칙을 받는다.[41] 코넬대 연구에 따르면 직장에서 아이 엄마는 아이 없는 여성보다 경쟁력이 떨어진다고 여겨지며 구직시에도 더 낮은 초봉을 제시받는다.[42] 엄마들도 이런 경향에 책임이 있다는 식으로 생각하기 전에 여성의 실제 노동시간, 경력, 학력, 게다가 파트너의 수입까지 고려해도 똑같은 추세가 나타난다는 점에 유의해야 한다. 게다가 매니지먼트 컨설팅 회사 그레이트 플레이스 투 워크Great Place to Work가 진행한 최근 조사를 보면 엄마들이 직장에서 덜 열성적이라는 편견과 정반대에 가까운 결과가 나왔다.[43]

실제로 그렇게 명시하는 경우는 드물지만, 워라밸을 둘러싼 논의에서 이 방정식의 '라이프' 부분은 아이들을 의미한다고 전제하기 마련이다. 워라밸은 사람에 따라 다른 의미일 수 있지만, 궁극적으로는 개인이 일상에서의 관심사(건강, 웰빙, 가족, 쾌락, 취미 등)와 직업상 목표(경력, 전문 분야에서의 발전, 업무시간과 기대치)에 투입하는 시간과 노력의 이상적인 균형상태를 가리킨다.

대부분 인정하는 사실이겠지만, 누구나 일과 일 외의 생활에 균형을 맞춰야 한다. 하지만 아이를 갖지 않은 사람의 개인적 시간이 아이 부모인 동료의 '개인적' 시간보다 더 많고 따라서 덜 중요하다는 사고방식은 직장에서 흔히 나타난다. 삼십대 중반의 미디어 전략가 어맨다는 함께 일하는 아이 부모들보다 자기에게 더 시간이 많을 거라는 편견이 얼마나 심했는지 회상한다. 어맨다의 말을 들어보자. "제가 개인적인 일 때문에 일찍 퇴근하겠다고 말하면 아이가 있는 윗사람들이 안 된다고 해요. 자기네 일이 더 급하다는 거죠. 저희 개를 동물병원에 데려가야 한다는 게 자기네 애가 아픈 것과는 다르다는 얘기죠. 그런 점에서 저는 더 많이 비난받았어요."

어맨다는 이렇게 말을 잇는다. "아이 부모는 다섯시 정각에 퇴근해도 전혀 문제가 없었지만, 저에게는 더 늦게까지 남아서 일을 도와줄 거라고 기대했어요. 저는 아이가 없으니까요. (⋯) 아이를 가진 사람이라면 안 그래도 되었을 방식으로 제 개인시간을 지켜내야 했어요. 아이를 가진 사람들은 항상 아기가 자길 필요로 한다거나 모유 수유한다는 카드가 있거든요. 그런 이유를 대면 아무도 따져 묻지 않지만, 제가 '데이트 약속이 있어요'라고 말하면 받아들여지지 않아요. 각자 개인시간을 어떻게 보내든 똑같이 받아들여져야 할 텐데 말이죠. 목요일에 약혼자와 주말 스키 여행을 떠나야 하니 일찍 퇴근하겠다는 말도 '저희 애들 봄방학 준비를 하려고요'라든지 '교사 면담이 있어서 일찍 가봐야겠어요'라는 말과 똑같이 받아들여야 해요. 직장에서 아이 부모는 아이를 갖지 않은 사람에겐 허용되지 않는 어느 정도의 유연성을 누리는 것 같아요. 개인적인 시간은 개인적인 시간이고, 고용주는 그 시간에 제가 뭘 하며 보내든 존중해야 한다는 게 제 신념이에요. (…) 고용주들은 제게 휴가 계획을 취소하라든지, 몸이 아픈데도 출근하라든지, 가족에게 급한 일이 생겼는데도 재택근무를 하라고 요구하곤 했어요. 아이 부모에게는 안 그럴걸요."

이십대 후반의 교사 매트 역시 아이를 가진 동료보다 그에게 시간이 더 많고 덜 중요할 거라는 편견과 싸워야 했다. 매트는 그런 편견이 직장에서 일상적인 대화중에, 특히 마감 일정이 가까워지면 불쑥 튀어나온다고 말했다. 매트의 말을 인용해보자. "많은 사람들이 무심코 이런 식으로 말해요. '아, 자네라면 금요일 전까지 이걸 손봐줄 시간이 있겠군!'" 매트에 따르면 직장 동료들은 아이를 키우는 고용자의 여유시간에 관해서는 그런 식으로 생각하지 않는다.

아이를 갖지 않은 사람이 워라밸을 맞추려고 자유시간을 내면 동료들의 눈총을 받기 쉽다. 내 경우 운동을 하다가 다쳐서 가족의료휴가법상의 편의를 활용하려 했을 때 이를 실감했다. 뇌진탕 때문에 월 근무시간을 크게 단축할 수밖에 없게 되자 사람들은 내가 부상의 원인인 운동을 그만두리라고 기대했다. 아이를 가진 동료 하나는 내 이야기를 듣더니 "근무시간을 그렇게 많이 줄여야 해? 그럼 이제 롤러더비*는 그만두겠네"라고 말했다. 물론 동료는 선의에서 그렇게 물었겠지만, 나로서는 그가 과거 두 차례 출산을 했을 때 근무시간을 얼마나 단축했었는지 생각할 수밖에 없었다. 이런 식으로 그렇게 위험한 운동을 한 내가 어리석었으며 다시는 그 운동을 하지 말아야 마땅하다는 식의 질문들이 계속 이어졌다.

물론 롤러더비와 출산은 전혀 다른 문제다. 하지만 남들이 필요할 때 정당하게 의지하는 편의를 나도 활용한다고 해서 내가 왜 그 상황을 유발한 운동을 그만둘 거라고 예상하는지 이해할 수가 없었다. 나는 직장 밖에서 완벽하게 합법적인 활동에 참여하기로 결정했고 그로 인해 업무 능력에 손상을 입었다. 롤러더비는 위험한 활동인가? 당연히 그렇다. 하지만 임신과 출산에도 위험이 따른다. 미국의 산모 사망률은 십만 명당 12.7명에서 24명에 이른다.[44] 임신중독의 일종인 자간전증에 걸린 산모는 가족의료휴가법에 의지할 가능성이 큰데, 전체 산모 중 2~8퍼센트가 이 증세를 겪는다고 한

* 양팀이 롤러스케이트를 신고 트랙을 달리며 싸우는 격투 스포츠.

다.[45] 마찬가지로 롤러더비에도 위험은 존재한다. 어느 연구에 따르면 롤러더비를 하다가 부상당하는 일은 흔하지만, 그 대부분은 장기 휴가가 필요 없는 무릎, 발, 발목의 가벼운 손상이다.[46] 위험하다는 이유만으로 출산이나 롤러더비를 그만둘 수는 없다. 양쪽 모두 누구나 추구하는 성배인 워라밸의 '라이프' 부분을 향상시켜주기 때문이다.

'인생'을 '아이들'과 동일시하고 나머지는 전부 외면하려는 사고방식은 아이 부모에게도 만족스럽지 못하다. 이 점을 인식하는 데 특별한 관찰력은 필요 없겠지만, 여러 연구를 통해 누구에게나 부모 노릇과는 상관없고 가끔은 업무와도 상충하는 역할이 있음을 확인할 수 있다.[47] 삶의 이런 부분(자원봉사, 동호회나 단체 활동, 친구나 부모 보살피기, 자기관리와 취미생활 등)도 일과 균형을 이루어야 한다. 일이 사생활과 충돌하면 모두가 손해를 보게 되며 고용자들은 물론 그 친구와 가족, 심지어 고용주도 고통을 받는다. 한 연구에 따르면 워라밸 문제로 갈등하는 노동자들은 정신적 부담과 우울증, 불안 때문에 취약하며 직장에도 덜 헌신적이라고 한다.[48] 불행한 노동력에는 추가 비용이 들게 마련이다. 갤럽 조사 결과, 노동자의 적극적인 태만으로 미국 전체가 치르는 비용은 연간 4500억 달러에서 5500억 달러에 이른다.[49]

내가 인터뷰한 아이를 갖지 않은 사람들은 부모가 되면 상황이 달라진다는 것을 이해했다. 하지만 자신의 사생활과 개인적인 시간

또한 중요하고 소중하다는 점도 알았다. 사십대 초반의 사서 로라는 부모인 동료가 아이 문제로 유동 근무를 해야 할 때면 언제든 맞춰준다고 덧붙였다. 하지만 로라에게도 때로는 유동 근무가 필요하다. 로라의 말을 들어보자. "유동 근무에 반대한다는 이야기가 아네요. 그건 사실이 아니니까요. 하지만 부모가 아이 학교 행사나 교사 면담에 가려고 반차를 요청하면 아이 없는 사람이 볼일을 보려고 오후 반차를 요청할 때보다 더 우선하는 것처럼 보여요. 전 직장 근무가 지금보다 훨씬 더 유동적이어야 한다고 믿어요. 부모가 아이에게 중요한 행사에 참석할 수 있게 말이죠. 하지만 볼일이 있어서 오후 반차를 내겠다는 제 선택이 아이 부모의 선택보다 덜 중요한 건 아니거든요."

삼십대 중반의 프로젝트 매니저 에임스는 직장에서 아이가 있는 사람과 없는 사람에 대한 처우가 종종 다르다고 말한다. 그의 말을 들어보자. "직장에서 아이가 있는 사람은 아이가 없는 사람에겐 허용되지 않는 양해를 받곤 해요. '저희 애가 아파서 출근을 못 하겠네요'라든지 '저희 애가 아파서 일찍 퇴근해야겠어요'라는 상황은 충분히 이해할 만하지만, 사람에 따라서는 손쉬운 구실이 되기도 해요. 아이가 있는 사람에겐 주어지지만 아이가 없는 사람에겐 주어지지 않는 존중이 분명 존재해요."

근무 외 시간을 보내는 방식을 두고 한 고용자의 선택이 다른 고용자의 선택보다 중시되는 상황은 위험을 초래할 수 있다. 게다가 고용주가 고용자들 사생활의 가치를 서로 비교하는 미심쩍은 상황을 피하려면, 어떤 고용자에게든 사생활은 필요하다는 현실을 더욱 잘 처리할 방법이 필요하다. 앤마리 슬로터는 『끝나지 않은 업무』* 에서 이 문제의 논의를 워라밸이 아니라 일을 생활에 맞추는 쪽으로 옮겨야 한다고 주장했다.[50] 슬로터는 기존의 워라밸 논의가 최저 소득 계층 노동자들(상당수가 여성인)을 간과할 뿐 아니라, 논의를 확장하여 직장 조직과 생산성을 이해하는 데 한층 더 광범위한 변화를 상상해볼 가능성을 놓치고 있음을 지적한다. 주문형 계약 근무제인 오픈워크OpenWork 환경은 고용자가 근무 조건을 비롯한 유동적 업무 선택지를 구성하는 데 목소리를 내게 한다. 따라서 고용자의 생산성과 충성도가 향상되며 고용자의 사생활에 대한 일률적인 잣대가 불필요해진다. 한편 워라밸에 관한 사람들의 이해와 그 여파를 면밀히 들여다보면, 개인적인 '삶'을 아이와 동일시하는 선입견이 때로는 아이를 갖지 않은 사람에게 유리할 수도 있다는 사실이 드러난다.

내가 인터뷰한 여러 사람들처럼, 오십대 초반의 법률 비서 브리타니 역시 아이를 갖지 않아서 생기는 단점으로 함께 일하는 변호사들이 아이를 가진 동료보다 자신에게 더 자주, 거리낌없이 추가 근무를 요구한다는 것을 들었다. 하지만 브리타니는 자신에게 더 시간이

---

* 한국어판은 『슈퍼우먼은 없다』라는 제목으로 출간되었다.

많을 테고 추가 근무도 가능할 거라는 편견이 지금까지의 직장생활에 유리하게 작용했을 수 있다는 사실도 안다. "윗사람들은 법률 비서인 제가 아이를 안 가졌다는 점을 무척 반겼죠. (…) 아이들을 챙기겠다며 일찍 퇴근할까봐 걱정하지 않아도 됐으니까요. 그래서 제가 더 쉽고 편하게 일을 구했던 것도 사실일 거예요." 브리타니는 자신에게 시간 여유가 더 있을 거라는 고용주들의 편견이 구직에도 유리하게 작용했으리라고 여긴다. 하지만 아이가 있느냐 없느냐에 따라 고용을 결정하는 것이 (연방법에서 명확히 규정한 문제는 아니긴 해도) 고용주에게 가장 현명한 방식은 아닐 듯하다.[51]

삼십대 중반의 엔지니어 맨디도 비슷한 일을 겪었다. "상사는 제가 아이를 안 가졌다는 걸 알고 엄청 좋아했어요. 한낮에 일찍 퇴근할 일이 없을 테니 일정 짜기도 편하고 필요할 때 바로 출장을 떠날 수 있다는 걸 알았으니까요. 그분 반응은 거의 환호에 가까웠죠. '정말입니까?! 맙소사, 잘됐군요!' 이런 식이었어요. 대놓고 기뻐했다니까요."

삼십대 중반의 손해사정사 제니퍼는 자신에게 아이가 없다는 점을 남성 관리자들이 특히 긍정적으로 평가한다고 말한다. "아이를 안 가졌다는 건 직장에선 확실히 장점이라고 생각해요. 특히 남성과 함께 일할 때는요. 제 위에 남성 관리자가 있더라도 '저희 애가 아파서 오늘 못 나가요' '애 때문에 야근은 못해요' '이 일은 못하겠네요, 애가 있어서요'라고 양해를 구할 일이 없으니까요. 전 항상 최전방에서 대기했어요. 집에서 절 기다리는 존재가 없으니까요. 그러니 회사에서 제가 필요하다면 바로 달려갈 수 있죠."

관리자뿐만 아니라 동료도 아이 부모보다 아이를 갖지 않은 노동자를 선호할 수 있다. 삼십대 초반의 연구원 크리스티나는 이렇게 말했다. "저는 아이를 키우는 동료들과 함께 일해요. 그 사람들은 제게 아이가 없으니 어떤 면에서 제가 업무상 더 많은 책임을 진다고 생각해요. 아시죠, 야근이 필요할 경우에는 제 사정을 걱정할 필요 없이 부탁할 수 있으니까요."

확실히 아이를 갖지 않았다는 것이 적어도 단기적으로는 유리하게 작용할 수 있다. 고용주와 동료에게 아이 부모보다 업무에 집중한다는 인상을 줄 수 있기 때문이다. 하지만 아이를 안 가진 사람은 부모보다 이기적이라고 하면서 그들이 업무에 더 많은 시간을 쏟으리라고 기대한다니 다소 모순적인 게 아닐까. 게다가 아이를 갖지 않은 사람도 업무적 요구와 가정에서의 요구 사이에서 균형을 잡아야 한다는 점에서는 부모와 다를 바 없다. 퍼스널저널에서 조사한 바에 따르면, 고용자가 업무와 가정 간에 균형을 잡도록 워크-패밀리 프로그램을 도입한 직장에서도 아이가 없는 사람은 제외된다는 응답이 80퍼센트에 달했다.[52] 아이를 갖지 않은 사람에게는 섭섭할 수밖에 없는 결과다. 같은 조사에서 참여자 중 69퍼센트는 이런 불공평의 결과로 미국 경제가 비혼 혹은 (연구진의 암시에 따르면) 아이를 갖지 않은 피고용인들의 반발에 부딪칠 수도 있다고 응답했다. 아이를 갖지 않은 고용자가 기존 제도에서 이득을 보든 혹은 궁극적으로 손해를 보든 간에, 노동자를 지원하고 유인하기 위한 고용 프로그램에서 그들을 소외해서는 안 될 일이다. 워크-라이프, 워크-패밀리, 탄력 근무, 혹은 뭐라고 하든 간에 이 제도를 아이가 있든 없든 활용하게 하는 것이야말로 모두를 위한 최선의 길이다. 2018년에 노동자 이천칠백 명을 대상으로 시행된 조사에 따르면, 워라밸이 실현되지 않는 직장에서 고통받는 것은 아이 엄마만이 아니다. 남성이나 아이가 없는 여성도 직장생활과 가정생활 간의 균형을 잡기 위해 업무상 불이익을 각오해야 하는 직장에 다니면 근무 만족도가 낮아진다고 응답했다.[53]

유산 남기기

아이를 갖지 않은 사람이 마음껏 추가 근무를 할 수 있다는 유리함 덕분에 막대한 돈을 긁어모은다면, 그 돈을 훗날 어디에 남겨야 할까? 우리가 죽으면 유산은 누구에게 갈까? 질문이 나온 김에 생각해보자. 우리가 죽고 나면 도대체 누가 우릴 기억해줄까? 이기주의적 맥락에서 보면 유산 문제는 대답하기가 쉽지 않다. 반대로 내가 남길 유산에 관해 생각해보지 않는 게 이기적이라고 말하는 사람도 있다. '뭐라고, 넌 미래세대에 전혀 관심이 없다는 거니?!' 하지만 내 유산에 관해 벌써부터 걱정하다니 좀 자아도취적이지 않나 우려되는 것도 사실이다. 노화학자 로잘리 케인의 말을 빌리자면 "물론 누구든 죽고 나면 자기 사업이 가족의 손에서 벗어나지 않을지, 자기 과수원이 잘 관리될지, 자기 이름을 딴 대학 건물이 유지될지, 자기 아이들이 유산 분쟁을 벌일지 걱정할 일 없긴 하다".[54] 하지만 그렇다 해도 누구나 그런 걱정을 하는 게 사실이다.

유산 문제는 아이가 없거나 아이를 갖지 않은 사람들의 단골 화제다. 낫맘서밋에서도 유산은 중요한 주제로, 이곳에서 인기 있는 회합은 보통 인생, 유산, 열정 세 가지 중에 하나를 다룬 것이게 마련이다. 애초에 낫맘서밋의 핵심 주제가 '여성의 유산 재정립하기'니까.[55] 참여자들은 자선행위 참여, 자신의 인생 공유, 노후 계획, 다른 아이들의 삶에 기여할 방법에 대해 듣고 숙고해본다. 아이가 없거나 아이를 갖지 않은 사람이 어떻게 유산을 남길 것인가 하는 문제는 분명히 더 넓은 의미에서의 문화적 가치나 규범에 부합하는 면이 있다.

오늘날 아이를 갖지 않은 사람 중에서도 가장 유명한 이들은 죽은 뒤에도 뚜렷한 유산을 남길 것이다. 오프라 윈프리의 놀라운 자선행위를 생각해보자. 윈프리가 설립한 여성 리더십 아카데미는 그중 한 예에 불과하다. 2007년 남아프리카공화국에 문을 연 이 학교에서 지금까지 여덟 살부터 열두 살까지의 소녀 이백구십여 명이 교육을 받았다.[56] 배우 애슐리 저드는 불법 성산업 근절을 위해 세워진 폐지요구자문위원회Advisory Council of Demand Abolition에 공헌해왔다.[57] 수많은 자선 단체를 지원할 뿐만 아니라[58] 아이들이 등장하는 감동적이고도 유머러스한 드라마를 제작한 엘런 디제너러스도 빼놓을 수 없다.[59] 굶주린 아이들에게 밥을 먹이고 식품 관련 직업을 지망하는 아이들을 교육하기 위한 아동 친화 자선 단체 여모 Yum-o!를 아이를 갖지 않은 유명 요리사 레이철 레이가 세웠다는 사실도 잊어서는 안 되겠다.[60]

자발적으로 아이 없는 삶을 선택한 수녀들은 지난 수백 년 동안 시민 운동과 사회 정의에 헌신해왔다. 테레사 수녀도 그중 한 예다. 작가이자 사회평론가인 크리스토퍼 히친스를 비롯한 몇몇 사람들은 테레사 수녀가 실제로는 가난 구제에 관심이 없었고 그 목표를 이루지도 못했다며 대중의 인식에 이의를 제기하지만, 어쨌든 테레사 수녀가 그러한 공헌을 인정받아 1979년에 노벨 평화상을 받은 건 사실이다.[61] 시몬 캠벨 수녀를 비롯한 '버스를 탄 수녀들Nuns on the Bus'도 자발적으로 아이 없는 삶을 택한 종교인의 사례다. 이들은 2012년부터 미국 전역을 돌아다니며 이민개혁법의 부당함을 알리고, 사회 복지 예산 삭감에 항의하고, 정계의 큰손들과 연관된 문제들을 지적해왔다.[62]

물론 대부분의 사람들은 버젓한 자선 단체를 세우거나 정의 실현을 위해 장거리 버스로 돌아다니거나 아이들 수백 명의 교육비를 댈 여유가 없다. 하지만 세상에 긍정적 자취를 남기는 일이 부유한 유명 인사나 특정 종교에 투신한 이들에게만 가능한 것은 아니다.

1996년에 로버트 루벤스타인은 필라델피아 지역의 아이 없는 여성 109명을 인터뷰하면서 평균 연령 일흔다섯 살인 이들에게 '유산'이란 무엇을 의미하는지 질문했다.[63] 그중 상당수는 교육, 돌봄노동, 지역사회 연대 등으로 주변 사람들에게 유의미한 영향력을 행사해 루벤스타인이 '사회적 유산'이라고 지칭한 것을 빚어낸 여성들이었다. 한 여성은 루벤스타인에게 이렇게 말했다. "인간은 어떤 식으로든 미래를 향한 발전에 공헌해야 해요. (…) 하지만 그게 꼭 생물학적 자손일 필요는 없죠."

루벤스타인의 설문조사에 참여한 여성들은 아이 없는 사람이 유산을 남기려면 어느 정도는 독창적이어야 한다고 말하기도 했다. 유산이 부모가 자식에게 남겨주는 것 이상일 수도 있다는 점이 아직 제도적으로나 문화적으로나 널리 받아들여지지 않기 때문이다. 루벤스타인은 이렇게 설명했다. "그들은 자신의 유산을 창안하기 위해 고난, 부재, 상실, 비합리적 사회 규범 등을 극복해야 했다." 하지만 아이를 갖지 않았던 많은 사람들이 그러했듯 이 여성들도 우리 문화의 상상력 부재라는 장애물을 극복하고 뚜렷한 발자취를 남길 수 있었다. 아이 엄마가 아니었음에도, 어쩌면 바로 그 점 덕분에 말이다. 전직 교사인 한 여성은 루벤스타인에게 자기 제자들이 이제 미국 전역에서 교사로 일한다고 말했다. "제 다음 세대의 상당수는 교사가 되었죠. 저로서는 정말 보람찬 결과예요." 그런가 하면 조카나 손아래 친척과 모자관계에 가까운 유대를 형성한 여성도 있었다.

루벤스타인이 내린 결론은(나 역시 이에 동의한다), 유산이 그것을 남긴 사람을 반영하는 동시에 다른 사람의 양육에 기여한다면 이타주의뿐만 아니라 어느 정도의 자아도취도 필요하다는 것이다.

이기적인 게 뭐 어때서?

인생에서 성취감을 찾고 유산을 남기는 문제에 대해 조사하다보니 문득 궁금해졌다. 이기주의가 지금껏 부당한 취급을 받아온 것은 아닐까? 이기주의가 정말로 그렇게까지 나쁜 것일까? 아이를 갖지 않은 쉰세 살의 수전은 자신에게 붙은 이기적이라는 딱지를 포용하기로 했다고 말한다. "제 생각에 '이기적인' 사람이란 자신을 잘 아는 사람이에요. 긍정적인 뜻에서요. 양육이 자기한테 안 맞는다는 사실을 알 만큼 스스로를 이해한다는 거죠." 내가 인터뷰한 아이를 갖지 않은 사람들은 대체로 자신이 이기적이라 생각하지 않았고, 그렇게 생각하는 경우에도 수전이 말한 것과 같은 전제가 달려 있었다.

수전에 따르면 양육이 자기에게 안 맞는다고 확신하는 건 이기적이지만, 달리 생각해보면 그런 자기가 아이를 갖는 건 그 아이에게도 부당한 일이다. 아이를 갖지 않았지만 자신은 행복한 유년기를 보냈다는 사람들과 인터뷰를 하면서, 그들도 자신이 행복한 유년기를 보내게끔 자기 양육자가 얼마나 노력했는지 안다는 사실을 확인할 수 있었다. 또한 그들 자신은 아이를 위해 똑같이 노력할 준비가 되지 않았다는 사실도. 어쩌면 아이를 갖는 것에도 잘못되었거나 이기적인 이유가 있을지 모른다. 늙었을 때 돌봐줄 사람이 필요하다든지, 나의 축소판이 어떻게 생겼을지 궁금하다든지, 누군가에게 조건 없는 사랑을 받고 싶다든지. 하지만 원치 않는 아이가 세상에 태어나는 일을 피하려는 것에 잘못된 이유가 있을까? 누군가 원치 않는 아이를 낳는다면 분명 그 아이에게도 이로울 게 없다. 우리 문화가 정말로 아이를 배려하고 염려한다면, 아이를 원치 않는다고 확신하여 그런 선택을 한 사람들을 지지해주어야 하지 않을까?

테레세 섹터의 다큐멘터리 〈나의 이기적인 삶〉 예고편에서 아이를 갖지 않은 작가 샤넬 듀보프스키는 이렇게 묻는다. "이기적인 게 뭐 어때서요?" 이 질문을 처음 들었을 때 나는 소위 '애도 5단계'*를 그대로 따라 반응했다. 맨 처음엔 부정했다. "하지만 내 경험에 따르면 우리는 부정적인 사람들이 아닌걸!" 그다음엔 분노했다. "샤넬 듀보프스키가 누군데 나더러 이기적이래?!"(실제로는 그런 말이 아니었다는 점은 넘어가자.) 그다음은 타협이었다. "오늘밤 진행되는 기금 마련 행사에 참석하면 나도 이기적이지 않게 될까? 다른 행사에서 자원봉사를 하면 어떨까?" 그러다 두려움과 심사숙고가 찾아

---

* 심리학자 엘리자베스 퀴블러 로스가 만든 개념으로, 가까운 사람의 죽음을 받아들이기까지 부정, 분노, 타협, 우울, 수용의 감정이 차례로 나타나는 현상을 가리킨다.

왔다. "자원봉사를 한다고 남들의 시선이 바뀌진 않겠지. 내가 뭘 하든 날 이기적이라고 생각하는 사람은 있을 거야. 나한텐 아이가 없으니까. 어쩌면 가장 중요한 건 나에 대한 나 자신의 생각일지도 몰라. 바로 그거야! 그런데 나는 나를 어떻게 생각하지? 이런 게 다 무슨 의미람?" 결국 나는 고비를 넘겼다. "이기적인 게 뭐 어때서? 그래, 내가 이기적일 때도 있겠지. 이기적이지 않을 때도 있고. 그런데 말이야, 어쩌면 문제는 이기주의가 아닌지도 몰라."

이 다큐멘터리 예고편에서 시인 몰리 피콕은 관객에게 이런 질문을 던진다. "심사숙고해서 의식적으로 선택한 일이 왜 이기적이라는 거죠?" 정말 그렇다. 듀보프스키의 질문에 대한 나의 단계적 반응을 통해, 자신이 삶에서 원하는 것을 이해하고 그 과정을 수용하며 실행하는 일은 심리학자 에이브러햄 매슬로가 말한 '자아실현' 개념과 여러모로 비슷하다는 걸 깨달았다.[64] 이것이야말로 아이를 갖지 않은 사람들이 이룬 성취인지도 모른다. 아니, 부모가 되거나 혹은 되지 않겠다고 의식적으로 결심한 사람이라면 누구나 이런 성취를 거둔 것이 아닐까. 아이를 갖지 않은 사람들은 자신이 원하는 것을 깨닫고 받아들였다. 자신의 선택이 비관습적이라는 것과 그에 따른 낯선 미래를 수용하고, 자신이 완벽하지 않다는 사실을 인정했다. 하지만 그렇다 해도 아이를 갖지 않은 사람이 이기적이라는 사회의 편견은 여전하다. 그리고 그런 편견이 존재한다는 인식에 우리 중 상당수는 상처를 입는다.

사회심리학자들의 연구에 따르면, 사회의 편견 때문에 비난받고 그에 맞서야 하는 사람에게는 심각한 악영향이 나타난다고 한다. 이 연구는 본래 표준시험 결과에 나타난 인종별 차이를 규명하기 위해 진행되었지만, 후속 연구를 통해 인종 외에도 다양한 맥락의 편견이 업무 수행 능력뿐만 아니라 기억력에도 영향을 준다는 점이 밝혀졌다.[65] 또다른 연구를 통해 (아이가 없는 가족을 포함한) 가족 형태에 대한 부정적 편견이 자존감을 손상시킬 수 있다는 것도 밝혀졌다.[66] 한마디로 말해 다른 사람들이 나를 낮추어본다고 인식하면 스트레스와 불안, 나아가 정신적 소진에 시달릴 수 있다.

나와 인터뷰한 다른 사람들이 그랬듯이 어맨다도 남들이 툭툭 던지는 말에 어떻게 대응해야 할지 전전긍긍한다. 소란을 피울 만큼 심각한 말은 아니지만 잊어버릴 만큼 사소한 말도 아니며, 계속 쌓여가면서 점점 더 마음에 맺히는 말들이다. 어맨다는 이렇게 말한다. "지금껏 살아오면서 많은 사람에게 이기적이라는 말을 들었어요. 그때마다 되받아치고 사과를 요구하는 건 적절치 않다고 생각해요. 어쨌든 하나하나 따로 놓고 보면 크게 해로울 것 없는 말이거든요. 하지만 다들 그렇게 말하다보니 듣는 입장에서는 종잇장에 수천 번 베이는 것처럼 고통스러워요."

어맨다만의 문제가 아니다. 사십대 초반의 교수 앤절라는 아이를 갖지 않았다는 이유로 "불가촉천민"처럼 취급될 때도 있다고 말한다. 그런 취급을 받는 건 정말로 진 빠지는 일이다. 앤절라의 말을 들어보자. "어떤 사람들은 제가 가난하거나 이기적이거나 괴짜일 거라고 생각해요. 아니면 뭐라더라, 관습에 저항하는 거라고 생각하기도 하죠. 아이를 갖지 않았기 때문에 저는 말 그대로 '타자'가 되었어요. 많은 이들이 저를 그저 '아이를 갖지 않은 사람'으로 분류한다는 걸 뼈저리게 느껴요." 이처럼 개인이 특정 집단에 속한다는 이유로 일상에서 미묘한 폄하를 겪는 미세공격microaggression은 피해자의 감정, 지성, 신체를 손상시킨다.[67] 미세공격은 가해자에게도 해로운데, 타인과 유대를 맺을 가능성뿐만 아니라 주변 사람들의 장점을 인식할 능력도 훼손하기 때문이다.[68]

나 역시 아이를 갖지 않은 사람으로서 '이기주의자'라는 오명을 피하고 워라밸을 누릴 권리를 표명하며 내게 적합한 방식으로 성취감을 추구하기 위해 싸워왔다. 그런 입장에서 말하자면, 이기주의나 이타주의라는 용어의 사용은 결국 우리 쪽에도 해롭다. 우리는 어쩌다보니 부모가 된 우리의 동료, 친구, 친척보다 더 이기적이지도, 더 이타적이지도 않다.

우리가 지역사회와 직장에 더욱 헌신한다고 자랑하거나, 우리가 실제로도 그렇고 그래야 한다는 편견을 부추겨봐야 우리에 대한 시선이 개선되진 않는다. 이처럼 억압적인 일반화의 문제를 일깨우고 유자녀와 무자녀 집단의 공통점을 이해하며 모두에게 적용되는 워라밸의 개선을 추진하여 모든 꼬리표와 딱지를 떼는 편이 더 유용할 것이다. 우리의 정체성과 윤리함에 대한 오해에 도전하고 변화를 추구하는 일이야말로 우리에게 유리할 수도 있는 일체의 선입견에 대한 저항이다. 아이가 없는 사람들이 어떻게 사는지, 왜 그런 선택을 했는지 살펴보면, 우리의 삶과 동기가 다른 길을 택한 사람들과 크게 다르지 않다는 것을 금세 깨닫게 된다.

4장

모성이라는 신화

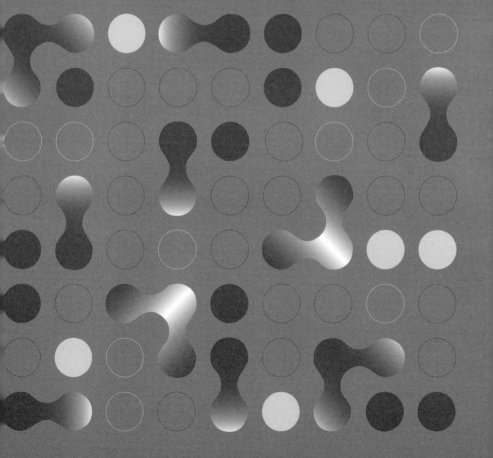

나한테는 모성이 없어요.

난 불모지에요.

난소에서 모래가 나온다고요.

코미디언 마거릿 조

모래를 배란하는 특수 능력은 마거릿 조만의 것일지 몰라도, 모성의 결여를 겪는 여성이 그 혼자만은 아니다. 오히려 여성이라면 본능적으로 모성을 느끼게 마련이라는 생각이야말로 아이를 갖는 이유와 관련된 가장 흔한 오해일 것이다. 문화적으로 우리는 여성이 남성보다 유별나게 아이를 갖기를 원한다고 믿는다. 이런 신념은 여성과 남성이 각자의 역할을 확인하고 가정 안팎에서 노동을 조직화하여 서로의 위치를 파악하게 한다. 이에 도전한다면 여성이 이 세상에서 차지한 위치와 심지어 사회 구조 전반에 대한 상식에 의문을 제기하는 셈이다. 모성 본능이란 애초에 존재하지 않는다고 주장하기보다는 개인적인 모성 본능 결여에 관해 농담하는 편을 남들도 훨씬 쉽고 편하게 받아들일 것이다.

심리학자 질라 셔피로의 말에 따르면 "아이 없는 삶을 선택한 여성에 대한 낙인은 모성으로서의 여성성 구축과 긴밀하게 얽혀 있다".[1] "엄마가 아닌 여성의 삶은 불완전하고 불충분하며 상대적으로 덜 행복하다는 대중의 신념에도 개의치 않는" 여성들을 언급한 사회 복지사 캐럴린 모렐의 연구가 있긴 하지만, 여성 대부분은 아이를 갖지 않으면 진짜 여자가 아니라는 끈질기고도 보편적인 문화적 메시지 앞에서 좌절한다.[2] 평생 아이를 갖지 않는 행위 자체가 여성의 가치는 아이를 낳아 기르는 능력에 있다는 출산장려주의에 대한 저항이다.

모성과 애플파이

모성 본능은 신화다. 이는 엘런 펙이 이미 오십여 년 전에 분명히 주장한 내용이다. "성행위가 재생산에 앞선다는 점만 봐도, 인간의 기본 욕구는 재생산이 아니라 성행위 그 자체인 듯하다. 재생산은 그저 성행위에 필연적으로 따르는 결과일 뿐이다."[3] 펙은 1971년에 아이 갖지 않기 선언문이라고 할 만한 『아기라는 덫』을 발표하며 이렇게 적었지만, 1974년에는 후속 저서이자 사회학자, 심리학자, 정치과학자, 정책 입안자, 언론인 등 다양한 전문가들과 협력한 결과물인 『출산장려주의: 엄마와 애플파이의 신화』를 편집 출간했다.[4] 이 책에서 사회과학자 주디스 블레이크는 육아야말로 모든 면에서 성역할의 전제 조건이며 여성 차별적 육아 참여는 여성의 선천적

역할에 대한 편견, 다시 말해 여성성을 모성과 동일시하는 편견을 불러온다고 단언했다.[5]

많은 사람들이 모성과 여성성을 불가결한 존재로 여기지만, 사실 과학자들은 인간에게 모성 본능이 존재한다는 근거를 거의 찾지 못했다. 마리아 비세도카스텔로 교수는 모성 본능에 대한 과학 이론의 역사를 주제로 광범위한 논문을 쓰면서 이렇게 결론 내렸다. "모성 본능이 존재한다고 주장할 과학적 근거는 없다. 여성이 본능적으로 아이를 원한다거나 남성보다 더 감성적이며 육아에 더 알맞은 자질과 능력을 지녔다는 근거는 존재하지 않는다."[6] 비세도카스텔로는 찰스 다윈과 허버트 스펜서의 진화 개념과 『종의 기원』부터 1세대 페미니즘 운동, 육아에서 여성의 역할, 우생학 운동의 어두운 역사와 제2차세계대전 이후의 베이비붐, 재생산 선택권을 강조한 2세대 페미니즘 운동까지 다양한 연구와 이론과 사상을 살폈다. 그러나 이 모든 의문과 이론 속에서도 모성 본능 개념을 뒷받침할 근거는 발견할 수 없었다.

세이지 출판사에서 나온 세 권짜리 『엄마 백과사전』은 또 어떤가? 엄마 되기에 대한 학문적 지식을 정리한 이 방대한 저서에 모성 본능 개념은 포함되지 않았다.[7] 칠백여 개 항목과 천삼백 페이지에 걸쳐 엄마 되기의 역사부터 테러리즘과 모성, 아동 훈육, 초국가주의에 이르는 광범위한 내용을 집대성했음에도 모성 본능에 관한 항목은 없었다. 모성 본능이 언급된 대목은 있지만 그런 경우도 대체로 문화적 상상력의 일환쯤으로 서술되어 있다. 수백 년의 시간과 다양한 분야를 망라한 비세도카스텔로의 연구부터 천 페이지가 넘는 『엄마 백과사전』까지 살펴보면, 학자들은 실증적 개념으로서의 모성 본능에 대해 유니콘이나 산타클로스의 존재만큼 회의적인 듯하다.

사실 모성 본능이 그렇게 강력한 힘을 발휘한다면 출생률이 문화적 변화에 따라 급변하지도 않을 것이다. 1920년대와 2000년대의 경제 불황도 엄마가 된 여성과 그들이 낳은 아이 수에 큰 영향을 끼치지 못했을 것이다. 하지만 이 두 시기 모두 출생률은 떨어졌다. 또한 1960년대와 1970년대의 페미니즘 운동 이후 여성 교육과 노동의 기회가 확장되었어도 출생률 곡선이 크게 변화하진 않았으리라. 그러나 퓨 리서치센터의 그레천 리빙스턴에 따르면 "아이 없는 젊은 여성의 비율은 1970년대부터 계속 증가해왔다".[8]

아이를 가지려는 욕구가 본능적인 것이라면 엄마가 아이를 양육하는 방식은 시대와 문화적 맥락을 떠나 대동소이했을 것이다. 하지만 잘 알려져 있다시피 사람들이 생각하는 좋은 엄마나 자연스러운 엄마, 모성의 개념은 시대와 지역에 따라 다르다.[9] 예를 들어 미국을 비롯한 서구사회에서는 생물학적 엄마와 아이라면 당연히 사이가 좋게 마련이며 서로 붙어 지내야 바람직하다고 여기지만, 아이티의 집단 거주방식인 라코우lakou 하에서 지역사회의 모든 아이는 양육 책임을 공유하는 친척과 친구, 이웃으로 이루어진 광범위한 집단의 보살핌을 받는다.[10] 또한 이스라엘의 집단 농장 키부츠

kibbutz에서도 아이들을 공동으로 기르고 교육한다.[11]

심리학자 스티븐 핑커는 이렇게 말한다. "인간이 문자 그대로 자신의 유전자를 복제하기 위해서만 살아가는 것은 아니다. 인간 정신이 그런 식으로 작동한다면 남성은 정자은행 밖까지 줄을 설 것이며, 여성은 돈을 내고라도 자기 난자를 채취해 불임 커플에게 제공할 것이다."[12] 그리고 백 년도 더 전에 레타 홀링스워스가 『미국사회학저널』에 기록했듯이, 모든 여성에게 모성 본능이 존재한다면 "굳이 피임, 임신 중단, 유아 살해와 유기를 막는 법을 제정할 이유도 없었을 것"이다.[13]

우리가 모성 본능이라고 여기는 것은 오히려 모성 사회화라고 표현해야 한다. 이는 자연이 아니라 우리 문화의 산물이다.[14] 미국에서는 아주 어릴 때부터 아이들에게 어른이 되면 할 수 있는 가장 중요한 일 중 하나가 아이를 갖는 것이라고 가르친다. 특히 여자아이들에게는 그들이 선천적으로 양육자이며 어떤 역할보다도 엄마 되기를 열망해야 한다고 가르친다. 인터넷에서 '여자아이 장난감'과 '남자아이 장난감'만 검색해봐도 육아와 살림은 여자아이의 영역으로 여긴다는 것을 한눈에 알 수 있다. 2005년 실시된 연구도 이런 주장을 뒷받침한다. 연구자는 대학생들에게 장난감을 제시하고 '매우 남성적'을 뜻하는 1점에서 '매우 여성적'을 뜻하는 5점까지 점수를 매겨보게 했다.[15] 육아와 가사에 관련된 장난감은 명백히 '여자아이 전용'으로 여겨졌으며, 장난감 선호에 있어서 성별 경계를 넘는 남자아이는 제재를 받았다. 연구 결과 여자아이가 남자아이의 영역에 들어서는 일은 허용되는 반면 남자아이의 '성별 경계를 넘어선 행동'은 여자아이가 그럴 때보다 부정적으로 여겨졌다.[16] 다시 말해 돌봄과 육아는 여성의 역할이지 남성에겐 어울리지 않는다는 것이다.

실제로 내가 인터뷰한 여성들은 엄마가 되도록 교육받았음을 인식하고 있었다. 삼십대 초반의 기혼 간호사 헤더는 이렇게 얘기한다. "우리는 어릴 때부터, 여자아이일 때부터 그렇게 믿도록 키워졌잖아요. 서너 살에 인형을 받으면 젖병을 물리고 옷을 입히면서 엄마 역할을 했잖아요. 우리 문화 전반에 그렇게 새겨져 있으니 새하얀 웨딩드레스를 입고 결혼해서 아이를 쑥쑥 낳기를 바라는 거죠. 그런 자연스러운 흐름을 거스른다면 저한테 뭔가 문제가 있는 거고요." 서른여덟 살 로빈은 아이를 갖지 않겠다는 자신의 선택에 관해 이렇게 말한다. "희한한 일이긴 하죠. 특히 여자아이들이 갖고 노는 장난감을 보면 말예요. '대체 난 왜 어릴 때부터 엄마가 되길 원하지 않았던 거지? 뭐가 잘못된 걸까?'라고 생각하게 돼요."

철학자인 세라 러딕은 전혀 잘못된 게 없다고 주장한다. 모성 행동은 본능이 아니라 시간이 지나면서 학습되는 습관이라는 것이다. 러딕에 따르면 그토록 노련하고 단호하며 자연스러워 보이는 엄마들의 행동은 사실 매일의 육아 수행과 그에 필요한 정신 집중의 결과다.[17]

144

러딕의 주장을 뒷받침할 증거는 아직 없지만, 1970년대 초부터 최근 몇 년 전까지의 연구에 따르면 아이를 갖지 않은 여성은 사회 부적응자이고 여성답지 못하고 일중독이며 아이 엄마보다 냉정하다고 여겨졌다. 그러니 여성은 엄마가 되길 원하게 마련이라는 편견을 못 버리는 사람이 많은 것도 당연하다. 그리고 여성은 엄마가 되길 원하게 마련이라는 논리에 따르면 아이를 원하지 않는 여성이란 진짜 여성이 아니다. 1970년대 이후로 많은 학자들이 이런 관념에 도전해왔다.[18] 심리 분석 이론에 근거한 낸시 초도로의 1978년 주장에 따르면, 여성은 유아기에 엄마와 나눈 관계를 재생산하고 싶다는 내면의 깊은 욕망 때문에 엄마가 되려고 한다.[19] 1980년대에 엘리자베트 바댕테르는 모성 본능이 신화라고 선언하며 18세기 프랑스 여성들이 아기를 유모에게 맡겼음을 근거로 들었다.[20] 폴라 니컬슨이 1999년에 쓴 기사 「모성 본능의 신화」도 동일하게 주장하며, 내가 2017년에 쓴 「모성 본능이란 없다」도 같은 맥락이다.[21]

여성은 선천적으로 엄마가 되려고 한다는 관념에 계속 이의가 제기된다는 사실을 통해 그런 편견이 여전히 우리의 문화 의식에 남아 있음을 알 수 있다. 여성성과 모성의 연계에 의문을 제기하는 것은 학자들만이 아니다. 작가이자 블로거인 데스티니 키스는 2017년 온라인 포럼 '오디세이'에서 이렇게 선언했다. "나는 아이를 원하지 않는다. 그렇다고 해서 내가 조금이라도 덜 여성다운 것은 아니다."[22] 그보다 이 년 전 메리 엘리자베스 윌리엄스는 『살롱』에 이렇게 썼다. "여성이 모성의 잣대로만 판단되는 시대는 이제 끝났다."[23] 그럼에도 이 같은 편견은 계속된다.

사실 여성성과 모성은 흔히 동의어로 간주되지만 서로 무척 다른 개념이다.[24] 이 두 가지가 혼동된다는 점이야말로 사회가 아이를 갖지 않은 여성을 어떻게 바라보는지, 그리고 인간으로서 어떻게 평가하는지(혹은 평가하지 않는지) 분명히 드러낸다. 엄마가 되지 않기를 선택한 여성은 다른 사람들을 기만했다고 여겨지기도 한다. 이런 상황에서 우리가 비난받지 않고 빠져나올 방법은 없다! 여성성에 의문을 제기하는 것은 성별관계와 권력 구조의 변화를 두려워하는 자들이 여성을 원래 위치에 묶어두기 위해 써먹는 수단 중 하나다. 영화관에 가거나 텔레비전을 켜거나 신문을 읽을 때 전달되는 메시지를 그대로 믿는다면, 엄마가 아닌 우리는 여성의 허물을 쓴 존재이자 여성의 몸에 갇힌 이름도 없는 '타자'일 뿐이다.

이런 낙인을 지우기 위해 영화배우 킴 캐트럴 같은 공인이 행사하는 긍정적 영향력은 절대 과소평가할 수 없다. 그들은 당당히 목소리를 냄으로써 아이 없는 여성은 뭔가 결핍된 존재라는 관념에 도전한다. 캐트럴이 2015년 BBC 라디오4 방송에 출연했을 때 한 말은 인터넷을 통해 널리 퍼졌다. "아이가 없다less는 표현은 좀 불편해요. 안 그런가요? 아이가 없다child-less니, 아이를 안 가졌으니 뭔가 부족한less 사람이라는 말처럼 들리죠." 전 세계의 지역 방송국들이 이 말을 인용했다. 내가 젊었을 때는 누가 나더러 아이를 낳으라고 한다는 이유만으로 아이를 갖진 않겠다는 결심을 되새기며 힘을 내야 했다. 그러나 캐트럴이나 헬렌 미렌, 엘런 디제너러스, 오프라 윈프리, 베티 화이트 같은 공인들이 자신의 선택에 대한 질문에 점점 더 자주 떳떳이 대답하는 모습을 보이면서 나 또한 출산장려주의 사회가 조성한 적대적 분위기에 더 쉽게, 때로는 심지어 즐겁게 맞설 수 있었다. 코미디언 젠 커크먼이 유머러스하지만 당당하게 말했듯이 "육아는 무척 뿌듯한 일이겠지만, 솔직히 말하면 성인 전용 수영장에서 마르가리타를 들이켜는 일도 뿌듯하기는 마찬가지다".

그렇다. 여성은 엄마가 되도록 생물학적으로 프로그래밍되지 않았다. 여성이 엔지니어가 되도록 프로그래밍되지 않은 것과 마찬가지로 말이다. 랜스와 나는 아이를 갖지 않은 사람들을 연구한 후에야 이 사실을 깨달았다. 엄마든 엔지니어든 생물학적으로 미리 결정되는 것이 아니라 일련의 기술을 익혀야 하는 역할이며 선의를 가진 교사, 가족, 친구, 멘토뿐만 아니라 대중 매체와 문화를 통해 동기 부여도 되어야 한다. 이런 동기 부여가 바로 사회학자들이 말하는 '사회화'다. 물론 여성의 경우 엔지니어로서 경력을 쌓도록 사회화될 가능성보다 엄마가 되도록 사회화될 가능성이 훨씬 더 크다. 페미니스트 시인이자 문화비평가 에이드리엔 리치는 이렇게 서술했다. "여성이 임산부가 되는 것은 그의 여성성에 대한 시험이다. 모성은 강요당한 정체성이다."[25] 실제로 사회과학자와 사회비평가 양쪽 모두 여성이 모성을 거부할 경우 여성성도 거부하는 것으로, 적어도 여성 정체성과 여성다움에 대한 상식에 대놓고 도전하는 것으로 여겨진다고 말한다.

조심하는 게 좋을 거야

아이를 갖지 않은 여성은 자신의 경험을 통해 모성 본능이 허구임을 알고 있지만, 주변 사람들 대부분이 모성 본능을 믿는다는 사실은 우리 삶에도 뚜렷한 영향을 끼친다. 마치 산타클로스가 실제로 존재하지 않지만 아이들의 행동에 뚜렷한 영향을 끼치듯이 말이다. 피의자가 누명을 쓴 사람이며 진짜 범인이 아니라 해도, 그가 범죄자라는 사람들의 믿음은 그에게 실제로 영향을 끼친다. 아이를 갖지 않으면 진정한 여성이 아니라는 선입견은 신화일 뿐이지만 그렇다 해도 우리를 바라보고 우리의 선택을 평가하는 사람들의 시각을 좌우한다.

여성들 대부분이 그랬듯 나 역시 언젠가는 엄마가 될 것이라고 생각하며 자랐다. 확실히 그렇게 교육받으며 자랐다. 어릴 때는 하루빨리 베이비시터로 일할 만큼 나이가 들기만을 고대해 겨우 열한 살에 베이비시터 자격과정을 수료하기까지 했다. 청소년 시절에는 아기를 돌보면서 주말 저녁을 보내곤 했다. 단지 용돈을 벌기 위해서만이 아니라 정말로 아기 보는 게 좋아서였다. 대학원에 다니면서 가장 즐거웠던 시간은 언니 부부의 출산 휴가가 끝난 뒤 어린 조카를 돌보며 보낸 여름이었다. 나는 그야말로 엄마가 되기 위해 태어난 사람처럼 보였다. 물론 실제로는 그렇게 되지 않았지만 말이다. 나의 '생체시계'에는 '일시 정지'라는 단 하나의 버튼만이 존재했고, 단 한 번도 그 버튼을 누른 것을 취소하고 싶었던 적이 없다.

오랜 자아성찰, 엄청난 독서, 기나긴 연구 끝에야 모성 본능을 느끼지 않는다고 해서 내게 문제가 있는 건 아니라는 사실을 받아들일 수 있었다. 마침내 모성 본능이 신화임을 이해하게 되자, 모성이 없다고 해서 내가 무능하거나 무가치한 사람은 아니며 다른 많은 여성들도 나와 똑같은 신화를 믿으며 자랐다는 사실을 깨달았다. 그리고 모성은 선천적인 것이 아니라 학습된 것이라는 사실에 눈을 감게 하는 사회적 힘이 너무 강해서 부지불식간에 종종 그런 신화를 영속화한다는 사실도 알게 되었다.

내가 인터뷰한 여성들 상당수도 나와 비슷한 경험을 했다. 그들 역시 자신은 왜 다른 친구들이 선택한 것처럼 엄마가 되어야 한다고 느끼지 못할까 의아해한다. 또한 자신이 아이를 갖지 않았다는 사실을 알면 사람들이 보이는 반응을 통해 그런 선택의 여파를 실감한다. 나와 인터뷰한 돈은 남들에게는 자신의 선택이 여성으로서 '부자연스러운' 것임을 뼈저리게 느낀다고 말했다. 돈의 말을 들어보자. "사람들은 아이를 갖지 않은 여자를 이상하게 바라보죠. 뭔가 모자란 여자처럼요. 적어도 저는 그렇게 느껴요. 심지어 제 친척 중에도 아이를 안 가진 여자를 미심쩍어하는 분이 많으니까요." 돈은 이런 말도 했다. "사람들은 아이 없는 여자에게 더 비판적이에요. 여자에게 아이는 신분의 상징 같은 거죠. 남자의 경우는 또 달라요. 아이가 없다고 남자를 얕보지는 않거든요."

자신이 아이를 갖지 않았다고 해서 덜 여성적인 것인지 의문을 제기했던 킴은 다른 사람들, 특히 기혼 남성들이 언젠가는 너도 생각이 달라져서 아이를 원할 거라는 식으로 말한다고 했다. 내가 인터뷰한 다른 여성들도 비슷한 경험을 했지만, 킴 주변의 남성들은 모든 여성이 아이를 낳길 바라진 않는다는 걸(심지어 시간이 지나도 그럴 가능성은 없다는 걸) 상상도 할 수 없는 듯했다. "잭과 제게 아이가 없다는 걸 알면 기혼 남성들은 항상 똑같은 말을 해요. '아, 그러시겠지. 근데 내가 장담한다니까. 우리도 애를 낳을 생각이 없었는데 갑자기 마누라가 마음을 바꿨지 뭐야.' 이런 식으로 말이죠. 저는 이런 상황이 매우 불편해요. 자기 딴에는 농담이라고 그러는지, 아니면 우리 생활이 살짝 부러워서 그러는지 모르겠지만 하여튼 불편하다고요. 게다가 아이를 갖는 결정을 주도하는 건 항상 여자 몫이니까, 제가 여자라면 언젠가는 그리될 거라고 자동으로 상정하는 거죠."

로빈과 앰버는 괴짜 취급을 받는다고 이구동성으로 말한다. 기혼 여성이자 IT 기술자인 로빈은 이렇게 말한다. "제가 불임인지 물어보려고 그쪽으로 말을 돌리는 사람들이 몇 명 있었어요. 아이를 안 갖겠다는 사십대 중반의 여자란 남들 보기에 이상한 존재인가봐요. 다들 '왜? 혹시 임신 못 하는 거야?' 이런 표정이거든요. 실제로 그렇게 입밖에 꺼낸 사람이야 없었지만 태도만 보면 바로 느껴지죠. 마치 제가 이상한 사람인 것 같아요."

앰버도 킴과 마찬가지로 특히 남성과의 관계에 곤란을 겪는다. 삼십대 중반의 기혼 커뮤니케이션 전문가인 앰버는 이렇게 말한다. "여자는 그저 무조건 아이를 갖거나 그러길 원해야 하나봐요. 남자들이 절 어떻게 보느냐면 말이죠, 대체 쟤한테 무슨 일이 있었기에 저럴까 하는 식이죠. 어떤 일을 겪었기에 아이를 원하지 않는지 알아내고 싶어한달까요. 제 여성성에 뭔가 이상이 있는 것처럼 말예요. 이렇게들 생각하나봐요. '저 여자는 어떻게 된 거지? 다른 여자들보다 남성적이라서 애를 원하지 않는 건가?' 어이가 없죠. 남자들에게는 아이를 원한다는 게 성별과 너무나 밀접하게 연결된 문제라, 가끔 어떤 남자는 이렇게 생각하는 것 같다니까요. '난 아이를 원하지 않아. 하지만 여자가 아이를 원하지 않는다고? 그럴 수가 있나.'"

여성이라면 아이를 '원해야' 한다는 이성애중심적 성별 표상에 도전하는 여성은 종종 당황스러워하거나 심지어 적대적으로 반응하는 사람들과 대면해야 한다. 킴, 로빈, 앰버 세 여성 모두 소위 전형적 여성성과 부합하는 평범한 자아상을 지녔으며 남성과 결혼한 이성애자다. 하지만 그런 사실도 낯선 사람이나 지인, 심지어 친구와 가족이 그들의 여성성에 의문을 품는 상황을 막아주지는 못했다. 세 여성 모두 어떤 사람들이(특히 남성이) 자신을 어떻게 평가해야 할지 몰라 당황한다는 사실을 받아들였다고 말한다. 그럼에도 그들은 아이를 갖지 않았다고 말할 때 사람들이 보이는 반응에 여전히 좌절하며 때로는 고립감마저 느낀다. 게다가 그들의 남편은 같은 입장인데도 전혀 다른 경험을 하니 말이다.

삼십대 초반의 화학자 크리스티나도 사람들이 자신과 남편에게 전혀 다르게 반응한다고 말한다. 두 사람이 함께 의논해서 아이를 갖지 않기로 결정했는데도, 그런 결정의 결과로 크리스티나는 남편보다 훨씬 더 자주 '유감스럽다는 반응'을 겪는다. "저희 가족은 남편에겐 전혀 유감을 표하지 않았지만 저한테는 그러죠. 엄마도 저한테만 뭐라 그러시고요. 시가 역시 남편한테는 아이 얘길 꺼내지도 않지만 시어머니는 저한테 계속 물어보세요. 저로서는 '아, 지금 당장은 어려워요'라고 대답할 수밖에 없죠. 사람들의 반응은 대체로 여자한테만 집중돼요. 여자가 결정할 문제라는 것처럼요. 하지만 실제 사람들의 태도를 보면 그건 결정하는 게 아니에요. 모두가 당연히 하는 일인 거죠."

마찬가지로 아이를 갖지 않은 이성애자 기혼 여성 켈리는 이렇게 말한다. "주변에 아이 없는 여자가 저뿐이라 외로울 때도 있어요. 제 결정에 관해 사람들과 얘기도 해봤지만 다들 제가 어떻게 그런 결정을 했는지 이해 못하는 것 같아요. 저 같은 경험을 하지 않아서

겠죠. 아니면 제 경험이 여자가 해서는 안 될 경험이라고 생각하든 가요. 이 문제에 있어서 남편은 확실히 저 같은 부담이나 감정을 느끼지 않아요. 인간관계에 있어서도 제가 남편보다 더 큰 피해를 입었을 테고요. 새로운 사람을, 특히 여자를 만나게 되면 약속이라도 한 것처럼 첫인사로 이런 말을 듣죠. '아이는 있으세요?' '아이는 언제 가질 생각이세요?' 그러다보니 속을 터놓고 관계를 맺거나 대화를 나누기가 힘들어요. 그 결정이 인간관계에 미치는 여파를 느끼지 않을 수가 없죠. 그게 정말로 반드시 물어야 할 만큼 모두에게 중요한 문제일까요?"

아이를 갖지 않은 여성이 겪는 오명은 사회적 맥락과 무관하지 않으며 때로는 온갖 복잡한 정체성과 낙인과 편견을 통해 악화된다. 사회학자 킴야 데니스는 아이를 갖지 않은 아프리카계 여성과 남성을 "소수자 중의 소수자"로 서술하면서, 아이를 갖지 않은 사람은 상대적으로 지지 기반이 약하게 마련이지만 "인종적·민족적 소수자의 경우 특히 더 그렇다"고 지적한다.[26] 데니스는 아이를 갖지 않은 아프리카계 망명자들을 연구하면서 그런 결정을 내린 여성들이 고립감과 모멸감을 느낀다는 걸 확인했다. 특히 흑인/아프리카계 미국인/아프리카계 망명자 여성들이 이런 감정을 드러내는데, 데니스에 따르면 그들의 문화 전통이 엄마로서 여성의 역할을 강조하며 따라서 엄마가 되어야 한다는 압박도 다른 인종 여성보다 강하기 때문이다.

사회학자 낸시 메지의 연구는 아이를 갖지 않은 사람의 경험이 인종에 따라서만 구별되진 않는다는 것을 보여준다. 인종과 성적 지향, 사회계급이 결합하여 아이를 갖지 않은 여성의 경험을 결정하기도 한다. 메지는 레즈비언의 양육 문제 결정을 연구하면서, 아이를 갖지 않으려는 백인 레즈비언이 같은 입장의 아프리카계 레즈비언보다 "파트너 선정에 더 까다롭다"는 점을 발견했다.[27] 메지는 아이를 갖지 않은 백인 레즈비언의 경우 선택할 수 있는 파트너 후보자군이 더 넓기 때문이라고 추측한다. 더구나 중산층 출신이라면 더욱 광범위한 레즈비언 공동체와 연결되어 있을 가능성이 크다.

아이를 갖지 않은 사람에 대해 흔히 듣는 서사와 달리, 메지가 연구한 여성 중에 정체성이 비슷한 지지 기반 공동체를 찾기 가장 힘든 집단은 엄마가 되기를 원하는 여성, 그중에도 특히 유색인종 노동자 계급 레즈비언이다. 이들은 도와줄 인맥이 없기 때문에 레즈비언에게 인공수정을 해주겠다는 의사를 찾거나 그 밖의 필수 정보와 서비스에 접근하기가 그만큼 더 어렵다. 다른 레즈비언들의 경우를 봐도 엄마가 되려면 이런 인맥이 꼭 필요하다. 메지는 이후 연구에서 사람들 내면의 호모포비아가 아이를 원하는 성소수자들의 희망을 꺾는 또하나의 장벽이라고 주장하기도 했다.[28] 다른 연구자들도 같은 결론에 이르렀다.[29] 한마디로 메지와 다른 학자들의 연구는 경우에 따라 아이를 갖는 것이 더욱 비난받는 선택일 수도 있음을 명백히 보여준다.

메지와 인터뷰한 아프리카계 중산층 레즈비언 에이미에 따르면, 레즈비언 공동체 내에서도 아이를 갖는다는 선택이 그들의 정체성에 어떤 의미인지를 두고 복잡미묘한 논의가 이뤄진다. 에이미는 메지에게 이렇게 말했다. "선구적인 레즈비언이 아이를 가지려 하면 공동체 내에서 변절자, 시류에 영합하는 사람, 이성애자처럼 구는 사람으로 조롱받죠. 예전에는 그냥 동성애자로 살면 되었는데 이젠 공동체 내에서도 이 문제로 중요한 논쟁이 벌어지고 있어요. '이성애자처럼 아이를 갖고 가정을 꾸려 양육자가 되기를 택한 사람이 과연 진정한 레즈비언인가?'" 하지만 아이를 갖지 않은 레즈비언과 이성애자 여성 간에 차이가 있기는 해도, 메지의 연구에 따르면 (이성애자 여성들에 관한 기존의 여러 연구와 마찬가지로) 레즈비언들이 아이를 원하지 않는 이유는 무엇보다도 개인적 자유에 대한 갈망 때문이었다.

아이를 가져야 한다는(혹은 그 반대의) 압력에 대한 이성애자 여성과 레즈비언의 경험이 서로 다르긴 해도, 최근 결혼과 가족의 정의가 획기적으로 확대되면서 성소수자도 과거보다 더욱 강하게 육아 압박을 겪게 되었다. 2012년의 뉴욕타임스 기사에 따르면, 일부 게이와 레즈비언은 이를 "우리도 점차 미국의 주류에 포함되어간다는 반가운 신호"로 여기지만[30] 나머지는 이런 새로운 압박을 못마땅해한다. 삼십대 레즈비언 케이트는 레즈비언에게도 점차 가해지는 엄마 되기의 압박이 "또하나의" 골칫거리일 뿐이라고 말한다. 케이트는 이렇게 얘기한다. "채식주의자로 사는 것, 레즈비언이라는 것, 아이를 원하지 않는 것…… 이런 식으로 저를 사회에서 비주류로 만드는 요소가 또하나 더해질 뿐이죠. 전 사회체제에 맞서려는 게 아니에요. 그냥 사회체제가 저한테 잘 안 맞는 거죠."

케이트의 경험은 아이를 갖지 않은 레즈비언들에 주목한 최근의 논문 내용과 유사하다. 모성의 구조가 확장되면서 모성 의무가 적용되는 범위도 한층 넓어졌다는 것이다. 아이를 갖지 않은 남아프리카 레즈비언 커플을 연구한 니콜 어트리지의 2018년 석사 논문에 따르면, 일부 커플은 이 같은 선택의 이유를 논하면서 저변에 깔린 근본적 갈등을 드러내기도 했다.[31] 어트리지가 인터뷰한 열 쌍의 커플은 부모가 되고 싶은 열망이 없다고 주장하는 한편, "남아프리카의 이성애중심적인 육아 모델"에 반감을 느끼지만 그 대안이 될 레즈비언 모성을 상상하기도 어렵다고 말했다.

심리학자 빅토리아 클라크와 동료들이 최근에 진행한 연구는 아이를 갖지 않은 레즈비언 다섯 명을 인터뷰하여 그런 선택의 이유와 이후의 경험을 기록했다.[32] 클라크와 동료들은 인터뷰 참여자들이 모성이나 육아 욕구를 전혀 보이지 않았으며 따라서 "본질적으로 혹은 선천적으로 아이에서 해방된" 이들이라고 언급했다. 그러나 참여자들은 모성을 느끼지 않지만 아이는 좋아한다는 점을 명확히 드러내려 했으며, 아이를 갖지 않은 데는 개인적인 이유도 있지만 정치적인 이유도 있다고 말했다. 연구자들은 레즈비언 양육자가 가시화되면서 레즈비언을 비롯한 퀴어 여성의 모성에 "달갑지 않은 이성애중심적 기대가 부과되었다"고 결론 내렸다.

양성애자 여성의 경우 문제는 더욱 복잡해진다. 양성애자 여성에 주목한 연구는 지금까지도 드물지만, 어번 인스티튜트^{Urban Institute}의 2007년 연구에 따르면 아이를 원하는 양성애자 여성은 59.2퍼센트로 레즈비언(41.4퍼센트)이나 이성애자(53.5퍼센트) 여성보다 더 높은 비율을 보인다.[33] 시스젠더 여대생 스무 명(그중 다섯 명은 양성애자였다)이 참여한 좀더 최근의 연구에 따르면, 이성애자 여성은 "자신의 유년기를 어느 정도나마 되살리고 싶어서" 아이를 원할 가능성이 양성애자 여성보다 좀더 높다고 한다.[34] 참여자 대부분이 언젠가는 엄마가 되고 싶다는 의사를 표명했지만, 연구자들은 양성애자 여성의 경우 동성애자뿐만 아니라 이성애자를 위한 공간에서도 지지 기반이나 격려를 얻기 어렵다는 점을 지적했다. 2016년 진행된 성소수자(레즈비언, 양성애자, 퀴어 전반을 포함한) 여성에 관한 연구에서, 연구자들은 이 여성들이 소외된 사회적 위치와 아이를 가질 사회적·법적 기반의 부재로 이성애자 여성보다 모성에 더욱 심한 양가감정을 가질 수 있다고 지적했다.[35] 양성애자 여성이 어떤 인생을 계획하든 간에, 이런 난관이 재생산 문제를 선택할 때 그들에게 영향을 미치리라는 사실은 분명하다.

아이를 갖지 않은 사람의 경험은 인종, 성적 지향, 사회계층뿐만 아니라 성정체성에 따라서도 달라진다. 오래 동거한 여성 파트너가 있는 이십대 후반의 남성 맷에 따르면, 아이를 갖지 않은 남자인 그는 내가 인터뷰한 여성들과는 완전히 다른 경험을 했다. 아이 아빠가 된 친구들은 맷에게 "총알을 피할 수 있었다니" 부럽다고 말한다. 적어도 동성친구 사이에서는 아이를 갖지 않았다고 해도 질시나 오해나 동정을 받기보다 오히려 부러움의 대상으로 여겨진다고 맷은 말한다. "남자끼리 그(제가 아이를 갖지 않았다는) 얘기를 하다보면 대체로 '야, 너무 부럽다!'라고 해요. 제게 돌아오는 건 그런 말들이죠. 비판은 거의 없고 대부분 부러워해요. 제가 보기엔 (아이가 있는) 여자가 아이를 갖지 않은 여자에게 가장 비판적인 것 같아요. 남자들은 아이를 안 가진 사람에게 긍정적으로 혹은 무관심하게 반응할 확률이 훨씬 크죠. 적어도 제 경우는 그랬어요."

우리 사회에서는 성별을 떠나서 누구나 아이를 가져야 한다고 압박을 받게 마련이지만, 내가 인터뷰한 여성들에 따르면 그들이 겪는 압박은 여성이라는 정체성과 묶여 있다는 점에서 특수하다. 그런 압박감은 사람을 고립시키며 회의감(아이를 갖지 않았다는 선택에 대한 것이 아니라 세상에서 자신의 위치에 대한)과 근심과 두려움을 불러온다. '진짜' 여성이라면 모성 본능을 느끼게 마련이라고 철석같이 믿는 가족들과 친구들의 실망이라는 현실에 대한 두려움을 말이다.

여성 개인의 문제

아이를 갖지 않은 여성의 여성성에 관해 사람들이 어떻게 생각하는지는 충분히 살펴보았다. 하지만 그런 여성들은 자신을 어떻게 생각할까? 내가 인터뷰한 여성들에게 성별은 그들의 이야기와 긴밀하게 얽힌 주제였다. 나는 여성과 남성, 기혼자와 독신자, 동성애자와 이성애자를 고루 인터뷰했지만, 스스로 '자신의 성별'에 얼마나 부합하는지 의문이 생겼다고 말한 것은 여성 참여자들뿐이었다. 우리 문화에서 아이를 갖는 것은 (적어도 정력의 측면에서는) 남성 정체성과도 관련된다고 여겨지지만, 인터뷰 참여자 중에서 아이를 갖지 않은 남성의 성정체성에 의문을 제기한 사람은 성별을 떠나 한 명도 없었다. 아이를 갖지 않는다는 것은 성차별적인 경험이며 더구나 여성에게만 그런 듯하다.

파트너가 있는 삼십대 초반의 남성 코리에게 아이를 갖지 않는다는 결정과 이후의 경험에 성별이 어떻게 작용했느냐고 묻자 그는 이렇게 대답했다. "전혀 없어요. 완전히 성중립적인 경험이죠." 삼십대 후반의 기혼남 조엘 역시 성별이 어떻게 작용한다는 것인지 전혀 모르겠다고 대답했다. 삼십대 중반의 기혼남 브루스는 성별이 영향을 미칠 수도 있다고 인정하면서도 이렇게 대답했다. "저는 아이를 갖지 않겠다는 선택과 관련하여 성별을 근본적인 문제로 여긴 적이 없어요." 당연한 얘기 아닌가? 여성과 달리 남성에게 아이를 가지는 일은 그들이 '진정한 남성'이냐는 문제와 직접 연관되지 않으니 말이다.

삼십대 초반의 스티브는 자신과 달리 파트너는 아이를 가질 생각이 있다고 말했으며, 내가 인터뷰한 남성들 중 드물게 성별이 자신의 결정에 영향을 주었을 거라고 인정하기도 했다. "제가 여자였다면 분명히 아이를 가져야 한다는 압박을 더 강하게 느꼈겠죠." 마찬가지로 파트너가 있는 삼십대 초반의 부동산업자 재닛은 이렇게 말했다. "제가 남자였다면 왜 아이를 안 가지느냐고 절 들볶는 사람이 없을 거예요."

파트너가 있는 삼십대 중반의 여성 앨리슨에게 아이를 갖지 않겠다는 결정과 이후의 경험에 성별이 어떤 영향을 미쳤느냐고 묻자, 내가 인터뷰했던 남성들과는 사뭇 다른 반응이 돌아왔다. 내가 질문을 마치자마자 앨리슨은 "엄청난 영향을 미쳤죠!"라고 열변을 토하더니 이렇게 말을 이었다. "저도 현실을 모르진 않거든요. 파트너와 어떻게 합의를 했든 간에 일단 아이를 낳으면 여성이 일차 양육자가 되니까요." 마찬가지로 로빈도 남편과 아이를 가졌다면 어땠겠느냐는 질문에 이렇게 대답했다. "아무래도 제가 수유를 하러 더 자주 일어났겠죠. 아이를 돌보는 일에도 제가 훨씬 많이 관여했을 테고요. 파트너보다 제 책임이 더 컸을 거예요. 제가 남자였더라면 느꼈을 것보다 더욱 큰 부담을 느꼈겠지요."

육아에 있어 엄마와 아빠의 역할 분담이 예전과 달라지긴 했지만, 지금까지도 여성이 육아를 더 많이 부담한다는 건 앨리슨과 로빈의 말대로다.[36] 삼십여 년 전 알리 혹실드는 심지어 성평등주의자라고 자부하는 커플도 육아에 있어서는 생각보다 역할 분담이 불공평하다는 사실을 드러냈다.[37] 뉴욕타임스의 어느 필자는 혹실드의 책 서평에 이런 제목을 붙였다.「아내는 아이를 돌보고 남편은 개를 돌본다」.[38] 노동통계청에서 미국인의 시간 활용에 대해 조사한 결과, 겨우 몇 년 전인 2015년에도 상근직에 종사하며 미성년 자녀와 함께 사는 기혼 여성 중 48퍼센트가 매일 가사노동을 한다고 응답한 반면 같은 조건의 남성 중 그렇게 응답한 비율은 고작 17퍼센트였다.[39] 2016년의 어느 설문조사 참여자들은 육아의 거의 모든 분야에서 일차 책임자는 엄마여야 한다고 응답했다. 예외가 되는 분야는 훈육뿐이었지만, 이것이 아빠의 역할이라고 응답한 참여자도 절반을 조금 넘는 수준이었다.[40] 이런 추세를 고려하면 부부가 첫아이를 낳고 나서 결혼생활 만족도가 감소하는 것도 당연하다.[41]

여성은 모든 영역에서 평등을 향한 놀라운 진보를 쟁취했다. 하지만('그렇기 때문에'라고 말하는 것이 더 적절할 수도 있겠다) 여전히 우선적으로 가사노동을 부담하며, 특히 아이가 있으면 더욱 그렇다. 1980년대에 나타난 출산장려주의 부흥과 노동 집약적 육아로의 흐름은 우연이 아니다.[42] 양쪽 모두 과거 이십 년간의 페미니즘 운동에 관한 반발이자 여성을 집과 아이 곁이라는 '제자리에' 묶어두기 위함이었다. 페미니즘 운동이 진행되면서 아빠가 아이와 함께 보내는 시간도 증가했지만 결코 엄마가 아이에게 들이는 시간만큼은 아니었다. 여성은 임금노동시장에 진입한 이후로도 계속 가사와 육아에 남성보다 더 많은 시간을 쏟았다.[43] 그러니 1950년대부터 1970년대 사이에 여성이 엄마 역할을 점점 더 부담스러워하게 된 것도 당연하다.[44]

여성이 아이의 일차 양육자여야 한다는 기대는 지금까지도 너무나 굳건하기 때문에, 아이를 가져야 한다는 사회적 압력을 더 강하게 느끼는 쪽도 여전히 여성이다. 아이를 갖지 않은 여성들도 이런 경향을 분명히 인식하고 있다. 에밀리의 말을 들어보자. "아무래도 제 쪽이 (아이 갖지 않기에 대해) 더 열성적인 것 같아요. 제가 여자라는 사실과 그에 따른 이런저런 상황 때문에요. 어떤 면에서 남자에겐 훨씬 쉬운 일이거든요. 여자들은 이런 결정에 더 단호하고 더 확고한 태도를 가져야 해요. 남들에게 듣는 말이나 사회적 편견이 있으니까요. 저도 아이에 관해 질문을 받으면 더욱 분명한 태도를 취해야 한다고 느껴요."

에밀리는 여성성과 모성이 같은 것이라는 편견에 단호하게 도전한다. 또한 여성성과 재생산의 직접적인 연관성에 관해서도 더욱 분명히 발언하려고 한다. 철학자 미라 허드는 아이를 갖지 않은 여성이 암묵적으로 은폐되는 이 연관성에 주목을 요구함으로써[45] 자신의 선택에 따라붙는 낙인에 이의를 제기할 수 있다고 봤다. 크게 소리 내어 말함으로써 현실의 부조리를 드러내는 것이다.

재닛은 아이를 가지라고 압박하는 사람들에게 똑같이 부조리한 대꾸로 맞받아치는 것이 그나마 유쾌한 대응법이라고 말한다. 아이가 있는 삶을 아이 없이 자유로운 자신의 삶과 병치시키는 것이다. "남들이 자기 생각을 밀어붙이겠다면 저도 그대로 되돌려줘야죠. '오, 재닛. 아이를 갖기 전까지 인생은 불완전한 거야. 여자에게 가장 만족스러운 일은 아이를 낳는 거라고!'라는 말을 들으면 곧바로 제가 일주일 동안 경험했던 만족스러운 일 열 가지를 얘기해주죠. 아이가 있는 사람은 할 수 없는 일들 말이에요. '아, 그래? 이 몸은 지난주에 자메이카에 다녀왔는데 말이야, 정말 재미있었어. 정말 만족스러운 여행이었거든. 다음주에는 친구들 만나러 워싱턴에 간다고 얘기했나? 만족스러운 시간이 될 거야. 참, 그러고 보니 어젯밤에도 외출했었네! 아주 신나게 놀았거든. 내게는 충분히 만족스러운 날이었어.'"

재닛의 대응은 허세처럼 들릴 수도 있겠지만 솔직하고 진지한 면이 있으며, 아이를 갖지 않은 여성들을 인터뷰하면서 내가 느낀 감정들이 잘 반영되어 있다. 재닛은 아이를 갖지 않은 여성에겐 결핍된 면이 있다는(어쨌든 그들에겐 아이가 없으니까) 흔한 편견을 전복시키면서, 아이 부모야말로 뭔가를 놓치고 있는 게 아니냐고 암시한다. 재닛을 비롯해 내가 인터뷰한 여성들도 그랬지만, 사회학자 로즈메리 길레스피는 아이를 갖지 않은 여성들이 모성을 상실감과 연결짓는다는 점을 발견했다. 무엇보다도 자유로운 시간, 에너

지, 자기 정체성의 상실 말이다.[46]

어찌보면 재닛의 빈정거림은 자기 보호 수단이다. 재닛이 그 얘기를 꺼낸 것은 아이를 가지라는 엄마와 할머니의 압박을 묘사하던 도중이었다. 재닛은 엄청난 압박을 받긴 하지만 자신에게 알맞은 선택을 했다는 확신에는 변함이 없다고 말한다. "아침 일곱시부터 엄마한테 전화가 오죠. 월요일 아침에 말이에요. 제가 여덟시는 되어야 일어난다는 걸 알면서도 그러시는 거죠. '안녕, 얘야. 잘 지내니? 주말은 즐거웠고? 엄마는 아기 고양이랑 강아지랑 손주가 보고 싶구나. (재닛이 갑자기 목소리를 높인다) 대체 언제쯤 손주를 안겨줄 생각이니?' 저희 할머니로 말하자면 제가 원나잇을 수십 번쯤 하다가 임신하더라도 아무 말씀 안 하실 거예요. 그 정도로 제가 아기를 갖길 원하시거든요. 결혼을 했든 안 했든, 심지어 아기를 가져서 기쁘든 말든 상관없다는 것 같아요. 그래서 그냥 제가 원하는 대로 살고 있죠. 제 결심은 절대 바뀌지 않아요. 어쨌든 이게 저인 걸요. 전 아이 없는 행복한 비혼 여성이고 매력이 넘친다고요!"

아이를 가지라는 엄마의 다그침에 끊임없이 시달려온 에이프릴은 재닛보다 더 직접적으로 대응한다. 다그침을 견디기 힘들어질 때면 "아, 입 좀 다무세요. 엄마가 원하는 대로 살라고 강요하지 말라고요"라고 대꾸하기도 한다. 그러면 적어도 한동안은 손주 좀 보고 싶다는 애원이 그친다고 에이프릴은 말한다. 제시카의 경우 친척 중에서도 숙모가 유독 아이를 가지라고 심하게 다그쳤는데,

제시카는 결국 숙모뿐만 아니라 사촌들과도 연락을 끊었다. "숙모네 가족과는 더이상 연락하지 않아요. 그분은 제게 특정한 방식으로 살아야 한다고 정말 심하게 압박했거든요. 하지만 잘 모르겠어요. 제가 자란 환경이 정말로 '이렇게 다양한 선택지가 있으니까 네가 원하는 대로 결정해'였는지 말이죠. 오히려 '이게 유일한 선택지야' 쪽이 아니었나⋯⋯"

아이를 갖지 않은 사람은 가족과 친지의 반발에 맞서 혈연과 관계없는 방식으로 가족의 재구성을 시도하기도 한다. 내가 인터뷰한 사람들은 가족을 결혼 같은 사회적 법률이나 생물학에 따라 정의하지 않았다. 이들의 발견에 관해서는 5장에서 자세히 다룰 것이다. 가족 개념이 반드시 여성성이나 성별과 연결될 필요는 없지만, 잰은 아이를 갖지 않기로 선택한 이유를 말하면서 성별과 가족이라는 규범적 관습을 직접적으로 언급했다. "한 가족에서 다른 가족으로 재산을 이전하는 제도로서의 결혼, 아기를 갖는 게 인생의 유일한 목적인 결혼이란 불쾌해요. 제가 생각하는 가족은 그런 것과 전혀 무관하죠. 함께 더 나은 삶을 살아가는 게 중요해요. 여자라면 아이를 낳아야 한다는 기대는 여성의 몸을 통제하는 방식이라고 생각해요. 여성은 자신의 재생산 능력마저 마음대로 통제하지 못하고 있죠. 오히려 예전보다 퇴보하는 느낌이에요. 온갖 법적 규제가 생기고 임신 중단 접근성이 줄어들고 있잖아요. 무시무시한 일이죠. 여성의 성을 규제하려는 시도처럼 느껴져요."

출산장려주의가 가족, 유산, 삶의 의미에 관한 사람들의 생각을 (그것도 종종 무의식중에) 좌우한다는 걸 인식하면 친척들의 압박을 이해하고 심지어 용서할 수도 있게 된다. 하지만 많은 여성들은 가문의 유산이 걸려 있지도 않은 상황에서, 더구나 여성의 재생산 선택권을 지지해주어야 할 담당 의사와 의료진에게 엄마가 되도록 강요받기도 한다. 2016년 언론 매체들은 홀리 브록웰의 사연을 대대적으로 보도했다. 홀리는 난관수술을 받길 원했지만 사 년 동안 영국 국민보건서비스NHS에 수차례 거절당하고 서른 살에야 수술을 받을 수 있었다. NHS 관계자들은 난관수술을 받으려는 성인 여성들이 아무것도 모른다는 듯 수술 전 반드시 상담을 받아야 하며 파트너와 함께 오는 것이 "이상적"이라고 권고했다.[47] 또한 이미 출산한 적 있는 서른 살 이상의 여성에게만 의사들이 수술을 권한다고 언급하기도 했다.

영국 일간지 데일리메일의 기사에 따르면, 홀리는 의료진과의 기나긴 싸움에서 자신이 "경멸과 무시와 조롱과 비난을 받았으며 악마화"되었다고 말했다. 지극히 개인적인 수술일 뿐만 아니라 충분히 알아본 뒤에 선택했음에도 굳이 '허락'을 받아야 했다는 것이다.[48] 담당 의사는 난관수술을 하는 대신 남자친구가 정관수술을 받으면 어떻겠느냐고 권하기까지 했다. 당시 남자친구는 겨우 스물네 살이었지만 처음 난관수술을 요구했을 때 홀리는 이미 스물여섯 살이었다는 사실을 고려하면 희한한 일이다. 홀리의 경험은 랜디 앨

몬트의 경험과 정반대다. 랜디는 1960년대에 역사학자 일레인 타일러 메이의 아이 없는 사람들에 관한 연구에 참여했는데, 스물셋의 나이로 오로지 "성적 자유를 만끽하기 위해" 자진해서 정관수술을 받았다.[49] 2000년대 들어 스물일곱 살에 정관수술을 받았다는 저스틴 홀트의 경험은 또 어떤가?[50] 저스틴에 따르면 의사가 수술에 동의하기 전 "만약의 경우" 운운하며 그를 들들 볶긴 했지만, 그 과정은 겨우 40분 만에 끝났다. 홀리의 경우에는 수술을 허락받을 때까지 사 년이 걸렸는데 말이다.

불임수술의 성차별적 경향을 다룬 연구는 드물지만, 위에 언급한 일화들과 유사한 사례를 다양한 연구에서 볼 수 있다. 심리학자 개러스 테리와 버지니아 브라운은 아이를 갖지 않고 정관수술을 받은 뉴질랜드 남성 열두 명을 인터뷰한 결과, 남성의 자발적 불임수술은 여성의 경우와 달리 오명이라기보다 저항 행위로 받아들여진다는 점을 발견했다.[51] 테리와 브라운은 자손을 번식한다는 남성적인 행위에 저항하는 일 자체가 또다른 남성성 선언으로 여겨진다고 설명한다. 사회심리학자 마거릿 웨더럴과 나이절 이들리는 그런 남성이 "주관이 뚜렷하며 사회의 기대를 '간파할' 수 있는" 사람으로 간주된다고 말한다.[52] 남성의 경우 재생산 압력에 저항하는 일 자체가 남자다운 행위로 인식되지만, 여성의 경우 아이를 낳으라는 압력에 저항하면 여성성 자체를 의심받는다.

연구 결과에 따르면 아이를 갖지 않고 정관수술을 받은 남성은 자신의 행동을 주목과 칭찬을 받아야 마땅한 영웅적 행위인 양 묘사하기도 한다.[53] 또한 이런 식으로 정관수술을 서술하면서 재생산 (과 피임)을 '여자의 일'로 간주하기도 한다. 그들이 너그럽게 동참해주긴 했지만 일반적으로는 남자의 책임으로 여기면 안 될 문제로 말이다. 사회학자 앤드리아 베르토티는 '출산 문제'의 성차별적 특성을 가사 문제와 연결시킨다. 이성애자 커플의 경우에는 두 문제 모두가 인종적·사회경제적 요소와 연관되기 때문이다.[54] 베르토티의 연구에 따르면 사회경제적 특권을 지닌 백인 여성의 경우 남성 파트너가 불임수술을 받을 가능성이 다른 여성보다 더 높다. 인종과 관련된 이 같은 연구 결과는 킴야 데니스의 연구나 블로거 도린 아키요 요모아의 주장과도 부합한다. 도린은 자신의 블로그 '아이를 갖지 않은 아프리카인'에서 "가족중심적일 뿐만 아니라 아이 갖는 것을 중시하는" 아프리카계 미국인과 아프리카 출신 망명자 문화의 특성에 주목한다.[55]

내가 인터뷰한 남성들 중에 불임수술을 받았다고 말한 것은 한 명뿐이었다. 스물아홉 살 배우 제이슨은 이십대 중반에 정관수술을 받는데, 자신이 여자를 임신시킬지도 모른다는 두려움 때문에 "진도를 나갈 엄두를 못 낸다"는 걸 깨달았기 때문이다. 제이슨은 아이를 원하지 않았고 그 때문에 "성관계를 두려워하게" 된 것 같다고 말했다. 정관수술을 해줄 의사를 찾기 어려웠다는 언급은 전혀 없었고, 동성친구들은 콘돔을 안 써도 된다니 부럽다는 말만 했

다고 한다. 한편 제이슨의 이성친구들이 보인 반응은 정관수술을
받는 남성의 영웅성에 대한 서사를 뒷받침해준다. 제이슨에 따르면
"여자들은 놀라고 경탄했으며" 그가 수술을 받았다는 데 감동했다.
하지만 다른 남성 인터뷰 참여자들은 정관수술을 받았거나 요청했
다고 언급하지 않았다.

불임수술은 여성 인터뷰 참여자들이 훨씬 자주 언급한 주제였다.
서른여섯 살에 난관수술을 받은 줄리는 진료실에서 수술의 영구적
영향을 다룬 "영상물을 강제로 시청했다"고 말했다. 그것도 수술 동
의를 받기 위해 몇 번이나 찾아가 의사를 설득한 뒤의 일이었다. 줄
리가 맨 처음 수술을 요청했을 때 담당 의사는 이렇게 말했다. "설
마 정말로 그 수술을 받겠다는 건 아니시죠." "저는 '아뇨, 정말이에
요'라고 대답했어요. 아주 솔직하고 분명하게 얘기했지요. 만약 임
신을 한다면 중절수술을 받을 거라고요." 의사는 결국 동의했지만,
줄리가 영상물을 봐야만 수술을 해주겠다고 우겼다. 마흔 살의 독신
여성 직업군인 앤절라는 삼십대 중후반에 난관수술을 받으려고 의
사 네 명을 찾아갔지만 매번 거부당했다고 말한다. "정말이지 믿을
수가 없었어요. 세번째 의사한테 거절당했을 땐 '말도 안 돼요!'라
고 외칠 뻔했죠. 뉴욕, 뉴저지, 일본에서 여자 의사, 남자 의사, 젊은
의사와 늙은 의사를 전부 찾아갔는데 다들 거절했다고요."

맨디는 이십대 후반에 연례 신체검진을 받을 때 처음으로 난관수
술을 요청했다. "해마다 담당 간호사에게 수술을 받고 싶다고 말했

지만, 그분은 매번 '당신은 너무 젊어요'라고 말하면서 제 말을 무시했죠. '남편이 그래도 된대요?'라고 묻기도 했고요. 하지만 그런 건 중요한 문제가 아니잖아요, 안 그래요? 전 이렇게 대답했죠. '네, 물론 남편이랑 얘기했죠. 하지만 이건 남편이 정할 문제가 아니에요. 제 몸이고 제 문제라고요. 맞아요, 남편과도 얘기가 끝나긴 했지만 그 사람하곤 상관없는 일이에요.'"

맨디는 한동안 수술 얘기를 꺼내지 않았지만, 몇 년 뒤 친구가 원치 않는 임신을 하고 곧바로 난관수술을 받자 다시 관심이 생겼다. 친구가 좀더 일찍 수술을 받았더라면 좋았을 거라고 말했기 때문이다. 이번에는 담당 간호사에게 요청하는 대신 곧바로 친구의 담당 의사를 찾아갔고, 마침내 오래전부터 요청했던 난관수술을 받을 수 있었다. 그리고 다음번 검진 때 담당 간호사에게 수술을 받았다고 말했다. "정말 흥미로운 건 그 사실을 알렸을 때 그분이 '그래요, 당신 몸에 대한 권리를 찾았다니 잘됐네요'라고 반응했다는 거예요. 뭔가 싸했어요. 진심이 아니라 반발하는 말처럼 들렸어요. 그뒤로는 그분을 만나는 게 별로 편하지 않네요."

에밀리 역시 자신의 결정력을 의심하는 의료 전문가들에 맞서야 했다. "저는 스물여섯 살에 난관수술을 받았어요. 그에 앞서 의사 여러 명이 제게 와서 물었죠. '정말이에요? 진심인가요? 확신해요?' 사실은 말예요, 수술 당일에 의사가 저한테 양해나 동의를 구하지도 않고 대기실에 가서 엄마 아빠한테 이렇게 물었다니까요. '따님이 진심이라고 확신하십니까?'" 에밀리의 부모는 딸의 결정을 지지했고 의사에게도 그렇게 확인해주었지만, 의사가 당사자의 동의도 받지 않고 몰래 이런 질문을 했다는 사실에 세 사람 모두 충격을 받았다.

의사들은 여성에게 불임수술을 하는 것에 대한 반감을 수술 결과가 영구적이기 때문이라는 변명으로 포장하지만, 일부 연구에 따르면 여성은 비영구적인 피임 수단에 접근하기도 쉽지 않다. 수전 루빈과 동료들은 가정의와 소아과, 산부인과, 내과 의사를 인터뷰하면서 이들 일차 의료진이 청소년 환자와 피임 상담을 할 때 "가부장적 방식"을 취한다는 것을 발견했다.[56] 참여한 의료진에 따르면 청소년들이 가장 고민한 문제는 피임이었지만, 정작 이들은 피임보다 성병 예방이 우선이라는 구실로 피임 효과가 높고 오래가는 자궁내 장치를 시술해주지 않았다. 다시 말해서 의사들은 심지어 비영구적인 피임 수단에 있어서도 환자들 본인보다 자신이 그들에게 뭐가 필요한지 잘 안다고 주장하는 듯하다.

진짜 여성, '진정한' 여성

무엇이 여성을 여성으로 만드는지 생각해보게 하는 것은 아이를 갖지 않은 여성만이 아니다. 젠더가 엄격한 이분법을 따른다는 생각은 폐기된 지 오래다. 케이틀린 제너 같은 트랜스젠더 유명인들이 주류 사회에 진입하고 니콜 메인스 같은 트랜스젠더 활동가들의 노력이 결실을 맺으면서, 이제 사람들도 젠더가 반드시 태어날 때 결정되지는 않으며 생물학적 성별과 일치하지 않을 수 있음을 깨닫게 됐다. 여성이란 누구이며 어떤 존재인지에 대한 우리의 문화적 이해는 여성이 되는 폭넓고 다양한 방식을 아우르게 되었다.

지극히 한정되고 전형적인 여성성을 표출하는 이들만 '진짜' 여성은 아니다. 많은 자료들은 아이를 갖지 않은 여성이 전형적인 젠더 표현과 신념체계에 구속되지 않음을 보여준다. 예컨대 아이를 갖지 않은 여성은 아이 엄마보다 독립성과 자율성이 강한 반면, 아이 엄마는 '진정한' 혹은 '전통적' 여성성을 드러내는 배려와 상냥함이 두드러진다는 것이다.[57] 엄마가 되기를 원하지 않는 여성은 아이를 원하는 여성보다 개인적·사회적·경제적 독립을 중시하며, 파트너와의 활기 있고 지적인 대화에 가치를 부여하는 경향이 있다.[58]

하지만 모든 연구가 아이를 갖지 않은 여성이 '진정한' 혹은 전형적 여성성을 거부한다는 결과를 보여주는 것은 아니다. 이런 여성들도 아이 엄마들과 마찬가지로 주로 보육이나 미술사 연구 같은 여초 분야에 종사한다.[59] 또한 스스로 타인에 대한 친절이나 섬세함처럼 여성적으로 여겨지는 특성이 강하다고 평가한다. 게다가 적어도 하나 이상의 연구에서 아이를 갖지 않은 여성도 젠더에 관해 대체로 관습적으로 인식한다는 사실이 드러났다.[60] 비교적 최근 진행된 한 연구에 따르면 아이 엄마와 아이 없는 여성은 여성이나 여성성에 대한 관점이 뚜렷하게 갈리지 않는다.[61]

아이 엄마와 아이 없는 여성이 서로 다른 점도 있고 비슷한 점도 있겠지만, 아이를 갖지 않은 여성도 '진짜' 여성인가 하는 의문은 양쪽 모두에게 해롭다고 생각한다. 아이를 갖지 않은 여성이 느끼는 여성성에 대한 불안이 여성의 독립에 대한 공포와 여성을 원위치에 묶어두려는 욕망에서 나왔음을 고려하면 더욱 그렇다. 나 역시 한때는(특히 나 자신의 '모성 본능' 결여를 또래 친구들이나 친지들의 경험과 조화시키려 애쓰던 삼십대 초반에) 무엇이 여성을 '진짜' 여성으로 만들까 고민했지만, 결국 내가 인터뷰한 여러 여성들이 그랬듯 사회의 압력과 출산장려주의의 속박을 거부하는 일이야말로 힘과 자율성의 원천이 된다는 걸 깨달았다. 게다가 당연한 말이지만 아이 엄마들도 우리와 마찬가지로 전통적 여성성이라는 관념에 도전하고 있다. 그렇기 때문에 보수주의자들이 비혼모, 레즈비언 엄마, 노동자 엄마(특히 가장이자 생계부양자인)에 대해 그토록 노심초사하는 것이 아니겠는가.

아이를 갖지 않은 여성도 '진짜' 여성인지 묻기보다는, 진정한 여성에게 강요되는 협소하고 제한적인 규범에 우리가 왜 그리 분노하는지 질문하는 쪽이 나을 것이다. 어떤 여성은 엄마가 되기를 택하고 어떤 여성은 그러지 않기를 택한다. 진짜 여성은 자신이 원하는 어떤 모습이든 될 수 있다.

5장

우리는 한 가족

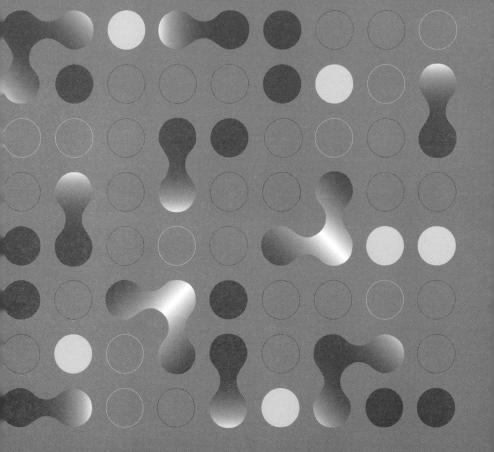

사람들이 생각하는 것과 달리
<비버에게 맡겨둬>는 다큐멘터리가 아니었다.

스테퍼니 쿤츠

역사학자 스테퍼니 쿤츠가 1992년 주장한 바에 따르면, 가족의 모습이 이상에 부합했던 적은 단 한 번도 없었다.[1] 소위 '전통적 가족'이란 알고 보면 "결코 같은 시공간에 존재했던 적이 없는 구조, 가치, 행동방식의 역사적으로 부정확한 혼합물"일 뿐이다. 이 혼합물의 일부는 엄마와 아이의 관계를 가족의 핵심이라 여겼던 19세기 백인 중산층의 이상적 가족관에서 왔다. 그런가 하면 우리가 전통적 가족관이라 믿는 것의 일부는 엄마가 아이들을 '과잉보호'하지 않아야 그보다 더 중요한 부부의 친밀함을 유지할 수 있다고 믿었던 1920년대 인식에서 이어져왔다. 이처럼 상충하는 가치들이 결합하여 오늘날 우리가 생각하는 전통적 가족관, 즉 여성은 언제나 남편을 위해서 그리고 동시에 아이들을 위해서 존재해야 한다는 (그어떤 여성도 만족시킬 수 없을) 1950년대식 기준이 형성된 것이다.

스테퍼니 쿤츠가 1990년대 초에 서술했던 구시대적 가치의 올가미는 어떤 면에서 지금도 여전하지만, 가족을 이루는 방식이 하나뿐이라는 생각은 이미 오래전에 폐기되었다. 시트콤 〈비버에게 맡겨둬〉 속 가족의 모습이 대다수 사람들의 현실을 반영하지 못한다는 점도 분명히 밝혀졌다. 사실 미국에서 기혼 부부와 아이들로 구성된 가정은 1940년에서 2012년 사이에 절반으로 줄어들었다. 다시 말해 미국 가정 중 사십 퍼센트였던 것이 겨우 이십 퍼센트로 폭락했다.[2] 심지어 가족을 "혈연, 결혼, 입양으로 연결된 사람들"이라고 다소 협의의 뜻으로 정의하는 미국 통계청도 이제는 가족에 엄마와 아빠가 모두 있어야 한다고 단정하지는 않는다.[3]

가족에 양친이 포함되지 않을 수도 있다는 것은 이제 일반 상식이다. 복수의 관계에서 태어난 아이들, 서로 다른 인종이나 민족, 동성 파트너가 가족이 될 수 있다는 사실도 마찬가지다. 우리는 또한 많은 사람이 자신의 가족을 스스로 선택한다는 것을 안다. 캐스 웨스턴은 이미 이십 년도 전에 게이와 레즈비언의 유사 가족에 관한 저서 『우리가 정한 가족: 레즈비언, 게이, 킨십』에서 이 문제를 탐구했다(놀라운 얘기지만 상당히 최근인 2010년대에도 동성 커플이 가족을 이룰 수 있다는 데 찬성하는 미국인보다 반려동물도 가족 구성원이라는 데 찬성하는 미국인이 더 많았다).[4] 하지만 구글 검색창에 '가족 이루기'를 입력해보면 심지어 오늘날에도 아이 없이는 가족이 성립될 수 없다고 여기는 사람이 많다는 사실을 금세 알게

된다.[5]

아이를 갖지 않은 사람들도 이 점을 잘 안다. 스물아홉 살 독신인 남자 배우 제이슨은 만약 자신에게 파트너가 생기더라도 친구들이나 친지들은 가족을 이뤘다고 여기지 않을 거라고 말한다. "제 가족과 친구 여럿이 결혼하거나 짝을 찾고 아이를 가졌어요. 다들 저한테 이렇게 말하죠. '너는 저럴 생각 없어?' '얘야, 나도 손주 좀 보자!' '대체 언제쯤 가족을 꾸릴 생각이야?!'" 제이슨은 이처럼 자신의 삶에 소중하고 자신을 아껴주는 사람들조차도 그가 "아이를 좋아하긴 하지만 가족을 이루는 데 아이가 반드시 필요한 건 아니라는" 사실을 이해하지 못한다고 했다.

아이를 갖지 않은 사람에게 가족을 이루는 지표는 아이 외의 것들이다. 서른두 살 애넷이 생각하는 가족이란 "누구든 서로를 돌보고 사랑하는 사람들"이다. 서른일곱 살 IT노동자 빌에게 가족이란 "나를 지지해주는 공동체, 내가 쉽게 포기하거나 인생을 낭비하지 않도록 책임감을 느끼게 하는 사람들"이다. 마찬가지로 IT업계에서 일하는 삼십대 중반의 에밀리는 "서로 의지할 수 있는 개인들의 모임, 생물학적 관계와 상관없이 서로를 가장 중요하게 여기는 사람들"이 가족이라고 말한다. 행정지원팀에서 일하며 남편과 개 두 마리와 함께 사는 스물일곱 살 에린은 가족에 관해 이렇게 말한다. "그냥 저희 둘과 강아지들만 있으면 돼요. 가족을 완성하기 위해 아이가 필요하진 않아요. 저흰 고요와 평온을 사랑하거든요." 쉰 살의 브리트니는 가족의 기준이 "편안함과 소속감"이라고 말한다.

젠과 프레드는 아이를 갖지 않고 이십 년 이상 동거해온 부부인데, 두 사람은 "서로 돌보고 의지하는 하나의 단위"이기 때문에 자신들이 가족이라고 생각한다. 그러나 다른 사람들은 그들을 가족으로 인정하지 않는다는 사실이 명백해진 순간도 있었다. 최근 해외여행을 마치고 미국에 돌아왔을 때 그들은 함께 여권을 들고 출입국과 관세청 창구에 가려 했다. 앞에 서 있던 다른 가족들도 그랬기 때문이다. 프레드의 말을 들어보자. "하지만 저희가 창구에 다가서자 직원들이 저를 밀어내더군요. 저더러 젠과 같이 창구로 가지 말고 뒤에 줄을 서서 기다리라는 거예요. 저흰 한 가족이잖아요. 그러니 다른 가족들처럼 함께 통과할 수 있을 줄 알았죠. 하지만 그들은 저흴 거부했어요." 젠과 프레드의 경험처럼, 아이를 갖지 않은 커플이 가족으로 간주되지 않는다는 것은 실생활에 영향을 미친다. 또한 우리 가족은 진짜 가족이 아니라는 말을 듣는 것은 수치스러운 경험이기도 하다.

아이를 갖지 않은 가족은 종종 가족이 아니라고 여겨진다. 사람들이 가족이라는 말을 들었을 때 바로 떠올리는 전형적인 이미지에 부합하지 않기 때문이다. 우리 문화에서 '가족'의 정의는 인간이 서로 관계를 맺고 유지하는 방식에 대한 지극히 편협한 합의에 따라 규정된다. 그런 합의는 여성이라면 아이를 낳아서 키워야(적어도 그러기를 원해야) 하며 남성이라면 여성과 함께 아이를 갖고 키우길 원해야 한다는 출산장려주의와 이성애중심주의에서 비롯된 것이다.

이처럼 이성애중심적인 성별(남성/여성), 성정체성(이성애자/동성애자), 가족(생물학적/후천적) 이분법에 근거한 문화 규범은 어른이라면 반드시 이성 파트너를 찾아 결혼해야 하며 나아가 둘이 함께 아이를 낳아 키워야 한다고 지시한다.[6] 이런 규범이 존재하기 때문에, 아이를 갖지 않겠다는 선택은 종종 이분법을 거부하는 행동으로 해석되기도 한다. 성별과 정체성의 이분법을 신봉하며 남성과 결혼했고 여성적 자아상을 지닌 사람도 아이를 갖지 않으면 정상성을 의심받는다. 따라서 아이를 갖지 않은 사람들이 관습적으로 '정상' 가족의 탄생을 향한 첫 단계(결혼)를 밟은 상태라 해도, 그다음 단계(육아)를 거부하는 이상 어엿한 가족으로 받아들여지지 못한다.[7]

가족이라는 개념을 정확히 정의하기란 어렵다. 하지만 가정학 연구자들 대부분은 가족이라면 구성원들의 다음과 같은 필요를 충족해주어야 한다는 데 동의한다. 가족이란 감정적이자 성적 동반자관계를 부여하고, 재생산을 가능하게 하며, 경제적 필수조건을 공급하고, 가정을 제공해야 한다는 것이다.[8] 내가 인터뷰한 아이를 갖지 않은 성인들의 경험, 그리고 추가적인 사회과학 연구 자료를 살펴보면 이들이 이룬 가족도 이러한 네 가지 기능을 모두 충분히 수행하고 있다.

성생활 그리고 모험

　많은 사람에게 가정은 바깥세상의 가혹한 현실에서 도피할 수 있는 공간이다. 다시 세상에 나가서 사회 구성원으로 기능할 수 있도록 재충전하는 장소인 것이다. 이렇게 재충전이 가능한 것은 가족이 제공하는 감정적·성적 관계(혹은 두 가지 모두) 덕분이다. 그리고 아이가 있든 없든 간에 성인 대다수는 이처럼 감정적·성적 필요를 채워주는 관계를 형성한다. 하지만 지난 사십여 년간의 연구에 따르면 무자녀 성인에게는 이 같은 가족의 기능을 수행할 능력이 없다는 선입견이 따라다녔다. 우리는 아이를 키우는 부모보다 감정적으로 불안정하며 냉정하다고 여겨진다.[9] 실제로는 아이 없는 부부의 결혼생활 만족도, 성행위 빈도, 애정도가 더 높았으며[10] 아이를 갖지 않겠다는 선택의 주된 이유가 파트너와의 친밀감과 활발하고 만족스러운 성생활을 유지하기 위해서였는데도 말이다.[11]

　사회학자 로즈메리 길레스피가 아이 갖지 않기를 선택한 여성 스물다섯 명을 인터뷰한 바에 따르면 "다수의 참여자가 아이를 갖지 않기로 한 이유로 무엇보다도 파트너와의 친밀한 관계 유지를 들었다".[12] 이는 명확히 재닛의 경우와 부합한다. 파트너와 동거중인 재닛은 이런 이야기를 들려주었다. "(아이를 갖지 않고 살아서) 가장 좋은 점은 건전하고 왕성한 성생활이에요. 아이를 가진 사람들의 성생활은 끔찍한 경우가 많다고 들었어요. 전 지금 상태를 잃고 싶지 않아요." 프레드와 잰도 성생활을 중요한 요소로 꼽았다. 아이를 가져야 한다는 압력이 "여성의 몸을 통제하는 방식 중 하나일 뿐"이라고 믿는 잰은 임신 걱정 없이 성생활을 즐길 수 있다는 점을 무척 다행스러워한다.

아이를 갖지 않고 동거한 지 18년째라는 부부 로빈과 조엘은 커플로서나 그들 각자에게나 서로 연결되어 있다는 느낌이 행복에 필수적이라고 말했다. 두 사람이 아이를 갖지 않은 이유를 돌아보면서 로빈은 이렇게 말했다. "저희 둘이 함께 사는 게 좋아요. 굳이 그 생활을 포기하고 다르게 살고 싶진 않아요. 단지 사랑할 대상이 필요해서 아이를 낳는다면 그 아이에게도 가엾은 일이라고 생각했고요." 조엘도 말을 거들었다. "아이를 갖는 사람들은 삶을 더 낫게 해줄 뭔가가 필요한 걸까요? 그들이 파트너 말고도 자기 삶에 뭔가를 추가하고 싶은 거라면, 저로서는 잘 모르겠네요. 저한테는 우리 둘이면 충분하니까요."

사회학자 앤서니 기든스는 로빈과 조엘이 누리는 친밀함을 '순수한 관계'라고 표현했다. 이는 각자가 자신의 선택과 애정에 따라 유지하는 관계를 말한다.[13] 물론 아이를 가진 커플도 '순수한 관계'를 누릴 수 있다. 꼭 아이를 갖지 않은 사람만 그러는 것은 아니다. 하지만 아이를 가진 커플 중에는 애정보다도 육아라는 '속박' 때문에 서로에게 묶이는 경우가 있다. 그런 이유로 서로의 곁에 머무는 게 다른 이유보다 더 낫거나 더 나쁘다는 말은 아니지만 말이다(결국

엔 지극히 개인적인 선택이니까). 그러나 아이를 갖지 않은 커플의 경우 대체로 유대감 때문에 관계를 유지한다. 아이를 갖지 않은 커플에게 "그저 아이들 때문에 곁에 머무는" 일은 있을 수 없다.

잭은 자신의 결혼생활이 행복한 이유가 명백하다고 말한다. 바로 그와 킴에게 아이가 없기 때문이다. 두 사람이 아이를 가졌다면 "모든 게 달라졌을 것"이라고 잭은 웃으며 말한다. "완전히 달라졌을 거예요. 뭐 한동안은 해나갈 수 있을지도 모르지만, 저희 결혼생활은 아주 자유분방하거든요. 저희는 무척 유동적으로 생활하는데, 아이를 가지면 일과가 정해지고 시간표에 맞춰야 하잖아요. 저희는 만사에 융통성 있게 살아간다고요." 잭의 설명에 따르면, 그들의 관계는 서로 유대감을 즐기면서도 각자의 독립성을 존중하는 데 기인한다. 또한 잭은 파트너와 함께하는 여행뿐만 아니라 혼자 여행하는 시간도 중요하다고 말한다. 혼자 여행을 하면 서로에게 중요한 개인적 시간을 만끽할 수 있고, 함께하는 여행은 파트너와의 친밀함을 유지하는 데 도움이 되기 때문이다.

잭과 마찬가지로 맨디도 함께 여행할 수 있다는 점이 서로의 관계에 도움이 된다고 말했다. 맨디와 남편 팀은 함께 새로운 곳을 탐험하거나 마음에 든 곳을 다시 찾는 걸 좋아한다. 그들은 여행, 특히 두 사람 모두가 좋아하는 장기 탐험 여행이 아이를 가졌다면 불가능했을 방식으로 부부관계를 다지는 계기가 된다고 얘기했다. 맨디는 이렇게 말한다. "작년에는 17일 동안 휴가를 다녀왔어요. 아이를 데리고 다니기엔 긴 일정이죠. 아이가 있었더라면 결코 그런 여행은 못 갔을 거예요."

맨디와 팀은 그 휴가 여행뿐만 아니라 함께 다녀온 다른 여행들 이야기도 들려주면서, 두 사람이 관계를 유지해온 건 무엇보다도 여행 덕분이라고 말했다. 맨디 부부는 스키 타기도 좋아한다. "스키 여행을 떠나는 게 좋아요. 스키장 회원권을 사서 주말마다 타러 가기도 하죠." 맨디가 말을 이었다. "사실 그게 저희가 아이를 갖지 않아서 다행이라고 생각하는 이유 중 하나예요." 맨디는 함께 스키를 타면 모험심이 충족되며 "살짝 위험하긴 하지만 짜릿하다"고 말했다. 팀도 이에 동의하면서 자기네 부부에게는 둘이 계획대로 혹은 즉흥적으로 함께 시간을 보낼 자유가 중요하다고 언급했다.

맨디와 팀의 경험은 랜스와 내 상황과도 일치한다. 여행은 우리 둘 다 즐기는 취미이자 우리 관계에서 중요한 부분이다. 십 년 전부터 우리는 봄마다 카리브해에 위치한 온두라스의 로아탄섬에서 한 달간 머물곤 한다. 로아탄섬에는 2007년에 이주일 일정으로 간 것이 처음이었다. 그곳에서 아마도 내 평생 처음으로 하루 이상 손목시계를 풀어놓고 끊임없이 시간을 확인하는 강박증을 잊을 수 있었다. 첫날 모래 해변에서 마음껏 놀려고 손목시계를 풀어 옷장에 넣어둔 뒤로 다시는 꺼내지 않았다. 사소한 변화로 들릴 수도 있겠지만, 나처럼 불안 증세가 있는 사람에게 그런 변화는 내 인생에 있어서나 부부생활에 있어서나 구원이자 전환점이 되었다.

로아탄섬 덕에 나는 지금 이 순간을 만끽하는 법을 배울 수 있었다. 덕분에 랜스와의 유대감도 더욱 깊어졌다. 이제 시간을 확인하는 데 정신을 팔지 않고 그와의 대화에 집중하게 된 것이다! 우리는 해마다 로아탄섬을 찾으며, 거기서 보내는 시간이 서로를 연결하고 현재에 주목하게 해주리라 기대한다. 집에서도 그럴 수 있지 않느냐고? 물론이다. 하지만 특히 여행을 통해 우리 관계를 돌보고 신경 쓸 수 있었다. 우리가 부모가 되기를 선택했더라면 그런 기회를 가질 수 있었을지 잘 모르겠다. 더 정확히 표현하자면, 출산장려주의가 여성에게 가하는 압박('항상 아이에게 전념하라')을 잘 아는 나로서는 엄마 역할과 내가 원하는 파트너와의 관계 사이에서 내가 균형을 잡을 수 있었을지 의심스럽다. 그럴 수 있는 부모들도 분명 존재하지만 아무래도 나는 그런 사람이 못 될 것 같다. 마흔네 살 교수이자 기혼자인 앤은 나로서도 공감이 가는 말을 들려주었다. "아이가 있다면, 좋은 엄마가 되는 데 전념하느라 배우자로서는 끔찍한 사람이 될까봐 두려워요."

우리 부부에게 로아탄 여행은 랜스가 평생 동경해온 산호초와 열대어를 만끽하고 그 열정을 나와도 공유하는 기회가 되었다. 봄마다 로아탄을 찾으면서 랜스는 열정적인 다이버가 되었다. 내 경우 상어에 대한 비합리적 공포와 모래밭에서 한 손에 음료를 들고 빈둥거리는 취미 때문에, 한참(사실은 몇 년)이 걸려서야 긴 의자에서 일어나 다이버 자격증을 딸 용기와 힘을 끌어낼 수 있었다. 결국 자격증을 딴 건 랜스가 그토록 열중하는 일을 나도 배워서 함께하고 싶었기 때문이다. 자격증을 따고 처음으로 함께 다이빙하러 갔을 때 랜스가 나의 성공을 얼마나 자랑스러워했던지 나 역시 뿌듯했다. 그토록 오래 미루어왔던 다이빙을 마침내 할 수 있게 되었다는 것도 즐거웠다. 더욱 기쁘게도 나 역시 다이빙의 즐거움을 깨닫게 되었다. 랜스와 함께 바다에 대한 애정을 나누니 짜릿했다. 결혼한 지 오래되고 삼십여 년 동안 함께 산 탓에 단조로움을 느끼던 우리 같은 중년 부부에게 다이빙은 새로운 취미를 공유할 기회가 되었다.

아이를 갖지 않은 사람들은 그런 선택의 장점으로 여행을 꼽는다해서 오래전부터 비난받아왔다. 우리가 아이를 갖지 않는 진짜 이유는 휴가 여행과 스피닝 수업 때문이라던 터커 칼슨의 빈정거림을 떠올려보라. 심지어 우리 내부에도 그렇게 비판하는 사람이 있다. 자발적으로 아이 없이 사는 작가 메건 다움은 팟캐스트 〈임신 일시 정지Pregnant Pause〉와의 인터뷰에서 이렇게 말했다. "우리가 이 선택에 관해 말하는 태도를 재설정해야 해요. 아이를 갖지 않은 사람은 환원주의적 수사법을 취하는 경향이 있죠. 왜 아이를 안 가졌느냐는 질문에 '차라리 비싼 휴가 여행을 갈래'라든지 '늦잠 자는 게 더 좋아'라며 농담조로 대꾸하곤 하죠. 사실 아무도 그런 이유로 아이를 안 갖겠다고 결정하진 않잖아요. 그런 결정은 지극히 개인적이고 복잡한 문제예요."[14]

어떤 면에서는 나 역시 메건 다움의 의견에 동의한다. 아이를 갖지 않겠다는 결정은 개인적이고 복잡한 것이다. 다음의 말에 틀린 점이 있다면, 어떤 사람에겐 그런 이유도 아이를 갖지 않을 진정하고 합당한 이유일 수 있다는 점을 쉽게 부정했다는 게 아닐까. 나 역시 인터뷰를 진행하면서 비싼 휴가 여행이나 늦잠이 아이를 갖지 않기로 결정한 유일하거나 우선적인 이유라는 사람은 못 만났지만, 여러 이유 중에서도 그런 것이 특히 중요했다고 말한 참여자는 적지 않았다.

맨디와 팀, 로빈과 조엘, 잭과 킴 커플의 이야기에서 알 수 있듯이, 그들은 무엇보다도 여행을 통해 새로운 경험을 공유하고 서로에게 집중하는 시간을 보내며 행복한 결혼생활을 이뤄가기 위해 아이 없는 가족을 유지하기로 결정했다. 아이를 갖지 않은 사람들 중 상당수가 즉흥성과 자유를 중요한 근거로 든다는 점은 다른 연구에서도 드러난다. 샤론 하우스넥트는 아이를 갖지 않는 이유에 관한 설문조사 스물아홉 가지를 검토한 뒤 가장 많이 선택된 항목이 육아라는 책임으로부터의 자유, 더욱 큰 자아실현 기회, 즉흥적 이동 가능성임을 발견했다.[15] 만족스러운 부부관계 유지의 중요성도 종종 선택되었는데, 하우스넥트의 연구에 따르면 즉흥적으로 행동할 기회를 만들거나 함께 짜릿하고 새로운 활동을 하는 것이 커플의 관계에 도움이 된다고 한다.[16]

나와 랜스, 그리고 내가 인터뷰한 여타 커플의 상황이 일반적이진 않다는 점은 나도 잘 안다. 아이를 갖지 않은 커플이라고 해서 모두가 해마다 열대 섬으로 떠나거나 정처 없이 떠돌아다닐 수는 없다. 모두가 스키장 시즌권을 구매하거나 주말마다 산행을 떠날 기회를 누리는 것도 아니다. 내가 인터뷰한 몇몇 커플은 집에 머물면서 서로의 관계를 다지는 방법에 관해 얘기하기도 했다. 서른다섯 살 동갑내기 부부 브루스와 에밀리는 "거의 항상 원하는 대로 자유롭게 시간을 보낼 수 있어서" 무척 즐겁다고 말한다. "저희는 저녁이면 책을 읽거나 기분 내키는 대로 외식하러 나가기도 해요. 둘이 함께 뭘 할지 그때그때 결정할 수 있다는 게 정말 좋아요." 앤은 남편과 함께 운동하는 것을 즐기는데, 두 사람 모두 신체 활동을 좋아하는데다 운동 덕에 스트레스가 풀리고 사이도 좋아진다고 한다. 삼십대 후반의 기혼 여성 베스는 즉흥적 생활방식 덕에 남편과 좋은 관계를 유지할 수 있다고 말한다. "퇴근하고 곧장 집에 가기 싫은 날이면 즉흥적으로 영화를 보러 가거나 외식하기로 결정할 수도 있죠."

함께 여행하기를 좋아하고 그럴 여유도 있는 커플에게 이런 경험은 얄팍하고 의미 없는 사교 모임보다 훨씬 보람차게 느껴진다. 단순히 농담거리가 아닌 것이다. 맨디와 팀은 함께 여행하면서 서로를 이해하고 상대의 버릇을 파악할 수 있으며 같이 있는 걸 즐기게 된다고 말했다. 랜스와 나 역시 마찬가지다. 함께 여행하면서 방해받지 않고 서로에게 집중하는 시간은 아이를 갖지 않은 커플의 관계를 증진시키는 귀중한 선물이다.

아이를 갖지 않은 커플의 유대관계에 여행이 긍정적인 영향을 미친다는 주장은 실제 연구로도 증명된 바 있다. 커플이 함께 여가 활동을 하면 따로 시간을 보낼 때보다 더 관계가 돈독해진다는 것이다.[17] 미국관광협회의 설문조사에 따르면 커플 여행은 장기적이며 더욱 만족스러운 관계로 이어진다.[18] 이 설문조사 결과를 보면 함께 여행한 커플은 비슷한 목표와 희망을 공유하고 돈을 어떻게 쓰는지 합의하며 서로를 가장 친한 친구로 여길 확률이 높다고 한다. 또한 미국관광협회의 설문조사를 통해 여행이 커플의 관계 형성과 유지에 도움이 되고 로맨스를 꽃피워주며 친밀감을 높인다는 점도 확인되었다.

커플이 함께하는 활동의 긍정적 효과를 확인하기 위해 반드시 이국적인 장소로 떠나거나 주말 스키 여행을 할 필요는 없다. 시간을 내서 공동으로 주택 개조 계획을 짤 수도 있다. 뭐든 새롭고 흥미로우며 짜릿한 경험을 두 사람이 함께하면 관계가 돈독해진다.[19] 물론 이런 경험이 아이를 갖지 않은 커플에게만 해당되는 이야기는 아니다. 하지만 아이가 있는 부모는 새롭고 짜릿한 경험을 나누는 데 필요한 둘만의 시간을 확보하기가 훨씬 어려울 것이다. 킴은 이렇게 말한다. "저랑 수입이 비슷한데도 여행 갈 돈이 없다고 말하는 친구들의 사정도 이해해요. 사실 잭과 저는 여윳돈을 전부 여행에 쓰거든요. '우리'에게는 여행이 그만큼 중요하니까요. 하지만 아이가 있는 친구 중엔 몇 년이나 여행을 못 간 경우도 많죠. 저희가 그렇게 살게 된다면 너무 힘들 거예요."

아이가 있는 커플과 그렇지 않은 커플은 누가 여가 활용 방식을 결정하느냐는 점에서도 다르다. 1993년의 연구에 따르면 새내기 부모든 아이 없는 커플이든 여가 활동에 쓰는 시간은 비슷하지만 그 시간을 어떻게 보낼지 결정하는 방식은 다르다고 한다.[20] 가족에 대한 책임을 두 사람이 나누어 부담하기 위해서겠지만, 연구 결과 아이가 있는 커플은 서로 취미가 다른 경우 흔히 남편이 선호하지 않는 아내의 취미에 맞추어 여가시간을 보낸다. 반면 내가 인터뷰한 아이를 갖지 않은 커플들은 여가시간을 함께 보내는 가장 큰 장점이 서로 좋아하는 활동을 공유할 뿐만 아니라 파트너의 취미를 알게 되고 새로운 것을 배우는 데 있다고 말했다.

혼자만의 파티

가정학 연구자들의 일반적 견해에 따르면 가족의 사랑은 파트너나 아이들에게서 비롯되지만, 아이를 갖지 않은 독신 성인도 사랑하는 사람과 가정을 꾸리거나 관계를 형성한다.[21] 감정적·성적 필요를 채우고 구성원의 경제적 필수조건을 공급하며 서로의 돌봄과 행복에 기여하는 것이 가족이라면, 독신자로 구성된 사회 단위도 충분히 가족으로 간주할 수 있다. 내 친구는 아이를 갖지 않고 혼자 살지만 주기적으로 여행을 다니며 전 세계에 가족 같은 친구들과 연인들을 두고 있다. 독신생활을 통해 "자기 수용과 자기 변혁, 자아 실현의 정치학"을 향한 지름길에 이를 수 있다는 질 레이놀즈와 마 거릿 웨더럴의 이론을 읽었을 때 가장 먼저 떠오른 사람이 바로 그 친구였다.[22]

미군 기지에 거주하는 앤절라는 남자들을 만나긴 해도 장기적인 관계는 맺은 적이 없으며 여전히 독신으로 지내지만 주변에 항상 친구가 많다. 그런 앤절라를 이해하지 못하는 사람들도 있지만, 앤 절라는 이렇게 말한다. "제 인생에는 정말로 중요한 사람들이 있어 요. 평생 알고 지낸 친구들이라고 할 수 있죠. 저희는 서로를 보살펴 요." 스무 살 카를로타는 혼자 살지만 여러 친구들과 교류하며 그들 의 부모 형제도 자기 가족처럼 여긴다. "저희 가족은 아주 많은 사 람들로 이루어져 있어요." 서른 살 제임스는 두 차례 여자친구와 동 거했었지만 내가 인터뷰할 당시엔 혼자 살고 있었는데, 자신이 오 랫동안 참여했고 순회공연도 함께했던 여러 록밴드 멤버들이 자기 가족이라고 말했다.

스물아홉 살 배우 제이슨은 독신이고 가족처럼 여기는 두 대학 친구와 함께 산다. 제이슨처럼 가까운 친구들을 가족 삼아 가정을 꾸린 사람이 드물지는 않다. 본인도 독신인 심리학자 벨라 드파울 루는 독신자가 가족을 만드는 방식을 연구했으며, "21세기 인간관 계의 핵심"은 사실 결혼도, 연애도, 부모 자식 관계도 아닌 우정이 라고 말한다.[23] 제이슨은 최근 아이를 갖지 않은 사람들의 커뮤니티를 알게 되었고 이제 그 커뮤니티도 자기 가족으로 여긴다고 했다. 그는 아이를 갖지 않고 외로워하는 다른 독신자들과 교류하는 데 관심이 있다고 말한다. "저희 자체가 하나의 하위문화예요. 외롭다고 느끼거나 '난 뭐가 잘못된 걸까?'라고 생각하는 사람이 있다면, 여기 저희 같은 사람들이 잔뜩 있으니 걱정하지 말라고 알려주고 싶어요."

독신생활이 자발적이든 여의치 않은 것이든, 구속받지 않는 관계와 복잡하게 동거하는 대신 이리저리 오갈 자유를 즐기든 그렇지 않든, 생물학적 가족과 가깝든 멀든, 주변에 아이들이나 보살필 반려동물이 있든 없든 간에, 내가 만난 아이를 갖지 않은 독신자들은 결코 자기에게 가족이 없다고 생각하지 않았다. 하지만 이런 독신자들 모두가 스스로 가족을 이루었다고 생각하지는 않는다. 심리학자 엘리자베스 애디와 샬럿 브라운로는 아이를 갖지 않은 오스트레일리아 독신 여성들을 인터뷰했는데, 가정 혹은 가족이라고 할 만한 집단을 만들려면 파트너가 필요하다고 응답한 여성도 있었다.[24] 하지만 나머지 독신자들의 생각은 달랐다. 내가 인터뷰한 서른세 살의 자발적 독신자 바브는 이렇게 말했다. "제게도 가족이 있다고 생각해주면 좋겠어요. 제 인생은 각자가 선택하거나 거부할 수 있는 이런저런 선택지 중 하나일 뿐이죠. 하지만 그렇다고 해서 특이하거나 이러쿵저러쿵 얘기할 만한 건 아니에요."

타인과 동물 보살피기

사회과학자들에 따르면 재생산은 가족이 사회에 기여하는 또하나의 중요한 방식이다.[25] 하지만 놀랍게도 아이 없는 가족 역시 이런 역할을 할 수 있으며 실제로 그러고 있다. 이런 주장이 이상하게 들릴지도 모르지만, 사회학자들은 이미 생물학적 재생산 외에 사회적 재생산도 존재한다는 사실을 인식하고 있다. 아이를 갖지 않은 사람이 생물학적 재생산을 하지 않는다는 사실은 분명하다. 하지만 사회적 재생산도 생물학적 재생산만큼 중요하며, 어쩌면 더 중요할 수도 있다. 사회적 재생산이란 다른 인간이 사회에 참여하고 공헌하는 어엿한 구성원이 되도록 돕는 데 필요한 일체의 역할, 행동, 책임을 말한다.[26] 당연히 부모도 사회적 재생산에 기여하지만, 아이가 성인기를 준비하도록 돕는 사람이 부모만은 아니다.

아이들은 살아가면서 다양한 경로를 통해 또래 집단이나 성인과 소통하는 방법을 익힌다. 친구들뿐 아니라 선생님도 놀이터에서의 규칙을 가르쳐준다. 교회에 다니며 웃어른 공경의 중요성을 터득하거나 책을 읽으며 정직, 친절, 관용의 가치를 깨닫기도 한다. 또한 텔레비전을 보면서 거기 나오는 어른들을 보고 배운다. 학교를 찾은 경찰관이 길을 건너기 전에는 "멈춰서 주변을 둘러보고 귀를 기울여야 한다"고 당부하기도 한다. 아이는 이 모든 규범과 법칙을 살아가면서 다양한 사람들에게 배운다. 그 사람들에게 아이가 있는 경우도 있지만 그렇지 않은 경우도 있다. 예를 들면 보행자 안전을 가르치기 위해 학교를 찾은 경찰관이 반드시 아이 부모여야 이런 교육을 할 수 있는 것은 아니다. 그는 아이들에게 교통 규칙을 가르 침으로써 사회적 재생산에 기여한 것이다.

아이를 갖지 않은 사람들의 사회적 재생산 참여, 아이들의 삶에 서 이들이 수행하는 역할에 관해서는 6장에서 자세히 살펴볼 것이 다. 아이를 갖지 않았지만 다른 아이들의 멘토나 친구 역할을 하는 사람도 있다. 아이의 대부모나 (소송 후견인 같은) 법적 대변자로서 공적·법률적 책임을 지는 경우도 있다. 교사, 사회 복지사, 의료 전 문가 등의 자격으로 아이들을 보살피는 사람들도 많다. 시간이 날 때마다 조카나 그 친구들을 기꺼이 맡아주는 사람도 있다. 자신보 다 훨씬 어린 동생을 돌보기도 한다. 친척 아이들의 생일 파티, 운동 경기, 공연 같은 행사에 참석하기도 한다. 이 모든 활동은 사회적 재 생산의 일환이라고 할 수 있다.

아이들의 사회적 재생산 외에도, 아이를 갖지 않은 사람은 (아이 부모와 마찬가지로) 다른 식구를 돌보기도 한다. 타인을 돌보면서 인간의 성취감과 행복에 필수적인 친밀한 관계를 맺을 수 있다. 아이 를 갖지 않은 대신 늙어가는 가족을 돌보는 사람도 있다. 내가 아는 한 여성은 아버지가 사망한 후 어머니를 자기 집으로 모셨다. 아이는 갖지 않았더라도 커플이라면 당연히 서로를 돌봐주어야 한다. 하지 만 파트너가 있든 없든 간에, 아이를 갖지 않은 사람들 상당수에게 특히 중요한 또하나의 돌봄 대상은 바로 반려동물이다. 이런 돌봄관계는 인간 파트너를 돌보는 경우와 마찬가지로 타자와의 다정한 유대관계에 대한 욕구를 채울 수 있으며, 이러한 '이종 간 가족'을 유효한 가족 형태로 인식하는 학자들도 점점 증가하는 추세다.[27]

내가 인터뷰한 아이를 갖지 않은 사람들은 대부분 반려동물과 자식이 다르다는 건 안다고 말했지만, 그럼에도 몇몇은 반려동물을 자식처럼 여긴다고 밝혔다. 맨디는 방바닥에서 노는 반려견 두 마리를 향해 고개를 까닥이며 말했다. "제게 가족이란 저와 팀, 그리고 우리 꼬마들이에요." 스물일곱 살 에린은 인터뷰중에 반려견 한 마리가 크게 짖으며 대화를 방해하자 이렇게 말했다. "죄송해요. 저희 애가 또 짖네요."

서른 살의 제임스는 반려견 라스타를 '내 아들'이라고 불렀으며, 나와 인터뷰할 무렵엔 노쇠한 개를 돌보는 데 전념하고자 직장을 그만둔 참이었다. 라스타가 살날이 몇 주 남지 않았다는 수의사의 말을 듣고 자기 개의 마지막 순간에 전념해야 한다고 생각한 것이다. 이런 비상사태를 위해 돈을 모아두었기 때문에 그만큼 일을 쉴 경제적 여유가 있었다. 제임스도 그런 선택을 하는(그럴 수 있는) 사람이 많진 않다는 걸 알았기에 이렇게 말했다. "녀석은 태어난 지 한 달 됐을 때부터 제 곁에 있었어요. 이젠 거의 열네 살이죠. 그런 녀석을 그냥 포기할 순 없었어요." 제임스에게 라스타를 포기하지 않는다는 것은 얼마 남지 않은 작별의 순간까지 임금노동을 그만두고 하루종일 개를 돌보겠다는 의미였다. 그의 말마따나 자식이나 다른 가족이 죽어간다 해도 그리하지 않겠는가.

반려동물을 자식처럼 여기진 않는다고 응답한 사람들조차도 반려동물과 끈끈한 유대관계를 맺고 있음은 인정했다. 아이를 갖지 않은 사람들 상당수는 (반려동물을 어떤 명칭으로 부르든 간에) 동물 친구들이 가족 내에서 중요한 역할을 한다고 말한다(물론 아이 부모들도 이 점에서는 마찬가지다). 의료비 청구* 일을 하며 파트너와 동거하는 서른다섯 살 니콜은 이렇게 말했다. "전 항상 반려동물도 가족의 일원이라고 생각해왔어요." 파트너가 있지만 혼자 사는 서른일곱 살 아동심리치료사 애니는 반려동물인 말에 관해 이렇게 말했다. "녀석을 제 자식이라고 말하진 않겠지만 그야말로 한식구처럼 애지중지해온 건 사실이죠."

아이를 갖지 않은 사람과 반려동물의 관계가 부모 자식 간의 관계와는 다르겠지만, 돌봄 대상이(즉 반려동물이나 아이가) 그들을 돌보는 사람에게 느끼는 유대감은 충분히 서로 비슷할 수 있다. 연구 결과에 따르면 반려동물도 인간처럼 양육자에게 애정과 질투를 느낄 수 있다고 하니 말이다.[28] 2013년 진행된 연구를 보면 인간의 애착 이론과 개의 인간에 대한 애착이 유사하다는 걸 알 수 있다.[29]

---

* 미국 의료체계에서는 보험사에 청구서를 제출하고 소송 등 후속 조치를 취하는 과정이 복잡하여 이를 주로 전문가가 대행한다.

예를 들면 개와 인간 모두 상대를 친근하게 느낄수록 신체 접촉을 시도할 확률이 높은데, 연구자들에 따르면 이는 "부모와 자식 간의 애착관계에서 관찰된 패턴"과 일치한다. 이 같은 개와의 유대관계가 아이를 갖지 않은 견주에게만 한정된 것은 아니다. 실제로 사회학자 제시카 그린바움은 아이를 다 키워 독립시킨 사람도 아이를 갖지 않은 사람만큼 자신을 "동물 아가"의 부모로 표현한다는 것을 확인했다.[30]

개인적으로는 "동물 아가"라는 표현에 공감하진 않지만, 최초로 반려동물을 키웠던 경험을 돌아보면 인간이 아닌 식구를 통해서도 애정과 돌봄에 대한 욕구가 충족된다는 사실을 충분히 이해할 수 있다. 랜스와 결혼한 직후 새로운 식구를 데려와야 할 것 같았다. 누군가를 귀여워하고 돌보고 싶었지만, 그 대상이 인간 아기일 수는 없다는 사실도 알았다. 그래서 고양이 에드바르 뭉크(보통은 그냥 뭉크라고 불렀다)를 새 식구로 우리집에 맞아들였다. 물론 〈절규〉를 그린 화가의 이름을 따온 것이었다. 결혼하기 몇 년 전 노르웨이 유학 시절에 오슬로 국립미술관에서 그 그림을 바라보며 많은 시간을 보냈기 때문이다.

돌아보면 가엾은 뭉크에게 그런 이름을 지어준 것부터가 잘못이었던 듯하다. 어쨌든 그 이름의 주인은 지독한 불안과 피해망상에 시달렸던 것으로 유명하니까.[31] 우리 고양이 뭉크도 만만찮게 무시무시한 녀석이었다. 우리집에 오는 손님이 굴복할 때까지 괴롭히고, 한순간 얌전했다가 다음 순간 공격하는가 하면, 신경에 거슬리는 사람을 보면 문자 그대로 절규해대곤 했다(그런데 알고 보니 뭉크는 대부분의 사람들을 거슬려 했다). 한번은 하룻밤 묵고 가려던 친구를 한밤중에 몇 시간이나 욕실에 가둬버리기도 했다. 친구가 욕실에 들어가자마자 문 앞에 드러누워서는 자기 몸을 넘어가려 할 때마다 쉭쉭거리며 앞발을 휘둘러댔던 것이다. 친구는 몇 번이나 문지방을 넘어가려 했지만 실패했고, 결국 뭉크가 제 발로 그 자리를 떠날 때까지 욕실 안에 머물러야 했다.

뭉크의 정서적 문제는 랜스와 나, 각자에게뿐만 아니라 우리의 관계에도 타격을 입혔다. 우리 둘 다 파티를 좋아했지만 손님을 데려오기가 힘들어졌다. 뭉크의 행동에 당황했고 손님과 뭉크 모두가 스트레스를 받아서 속상했다. 우리가 집을 비운 동안 뭉크의 분노를 받아내야 했던 캣시터는 우리가 그 성마른 녀석을 학대하는 게 아니냐고 넘겨짚기까지 했다. 말도 안 되게 모욕적인 비난이었다. 우리는 뭉크를 사랑했고 결코 해를 입힌 적이 없었다. 뭉크가 왜 그리 못되게 구는지 우리도 나름대로 추측해보았지만, 그래도 별로 달라질 것은 없었다. 우리는 뭉크를 최대한 열심히 돌보았고 셋이서만 집에 있는 시간에서 위안을 찾았다. 그럴 때면 뭉크도 마음을 놓고서 포근하고 사랑스러운 골골냥이가 되어주곤 했다.

뭉크의 행동도 골칫거리였지만 더 큰 문제는 뭉크를 돌보는 일 때문에 생긴 갈등이었다. 뭉크를 집에 데려오면서 랜스의 동의를 얻기 위해 이런저런 약속을 했었다. 랜스도 고양이를 좋아했지만 고양이 알레르기가 있었던 것이다. 그중에서 가장 중요한(그리고 내가 금세 어긴) 약속은 고양이를 매주 알레르기 방지 샴푸로 씻기 겠다는 것이었다. 뭉크와 함께한 십오 년의 세월이 시작된 지 몇 주도 지나지 않아서 나는 게을러졌다. 뭉크는 목욕을 싫어했기 때문에 목욕시간은 나에게나 뭉크에게나 고문이었다. 일주일에 한 번 하던 목욕이 한 달에 한 번, 일 년에 한 번으로 줄더니 나중에는 완전히 중단되고 말았다.

그나마 최후의 정의 구현이라고 할 만한 반전은 나 역시 고양이 알레르기가 있었을 뿐만 아니라 랜스보다도 더 심했다는 것이다. 이 사실이 잠시나마 랜스에게 정당한 즐거움을 안겨주긴 했지만, 결국은 우리 둘 다 그 대가를 치러야 했다. 내게 심각한 알레르기가 있다는 것은 내가 면역계에 큰 손상을 입고 마주치는 모든 세균의 희생양이 되어 하루종일 훌쩍거리며 다녀야 한다는 뜻이었다. 그 십오 년 동안, 우리가 사랑했고 끝까지 돌보기로 다짐했던(뭉크를 한식구로 맞아들였으니 녀석이 우리를 힘들게 한다는 이유만으로 내버릴 수는 없었다) 뭉크는 우리의 가장 큰 싸움거리이기도 했다. 우리 둘 다 '공적인' 자리에서 뭉크가 보이는 행동에 스트레스를 받았고, 얼마 지나지 않아 내 재채기 증세는 랜스를 짜증나게 할 정도로 심해졌다. 내가 훌쩍거릴 때마다 랜스는 내가 뭉크를 목욕시키겠다고 약속하고서 너무 빨리 포기했음을 상기시켰다.

연구자들에 따르면 반려동물은 가정 내 스트레스의 원인이 되기도 한다. 랜스와 내 경우처럼 말이다.[32] 하지만 우리에게 더 익숙한 서사 구조, 즉 반려동물이 가족이나 인간관계에 긍정적 영향을 미친다는 이야기는 일부 연구 결과와 일치하긴 해도 사실 대중 매체에서 장담하는 정도로는 아니다.[33] 한편 반려동물이 인간관계에 갈등을 일으키기는커녕 그 반대라고 주장하는 연구도 있다. "반려동물 양육자는 동물과 가까운 관계를 유지하는 만큼 자기 인생에 중요한 사람과도 좋은 관계를 유지한다. 따라서 동물과의 관계가 다른 사람과의 관계를 해친다는 속설은 근거가 없다."[34] 지금까지의 연구 결과들이 이처럼 상반된다는 점을 고려하여, 미국 비영리 건강연구센터에서는 반려동물을 키우는 일이 유익하긴 하지만 "그런 유익함이 어떤 상황에서 가장 잘 나타나는지 현재로서는 밝혀진 바가 없다"고 결론을 내렸다.[35]

뭉크는 2010년 세상을 떠났다. 우리와 함께한 지 십오 년 만의 일이었다. 우리가 그토록 사랑했던 이 고양이는 분명 우리를 무척 기쁘게 했지만 한편으로 슬프게도 했다. 많은 부모가 자기 자식을 묘사하며 쓰는 표현대로, 뭉크는 은총인 동시에 고통이었다. 우리가 뭉크를 집으로 데려왔을 때 반려동물이 생겼다는 기쁨에 이어 그만큼의 고난을 겪어야 했듯이, 부모들 역시 첫아이가 탄생했을 때 행복했으나 엄청난 사회적 고립, 수면 부족, 커플 간의 갈등이 아기와 함께 왔다는 걸 깨닫자마자 행복감이 가파르게 줄어들었다고 말한다.[36]

고양이를 키우는 것과 육아가 똑같다고 주장하려는 건 절대 아니지만, 뭉크를 키우면서 나는 누군가를 내 인생과 가정에 맞이하는 일이 어떤 여파를 가져올 수 있는지 알게 되었다. 반려동물을 돌보는 것과 육아는 중대하고 뚜렷한 차이가 있으나 그만큼 유사하기도 하다. 인구통계학자 스튜어트 배스턴은 2009년 이 문제를 다룬 논문에서 누군가를 돌보고 싶어하는 인간의 욕구가 반려동물을 통해 채워질 수 있음을 입증했다.[37] 2018년에 사회학자 니콜 오언스와 리즈 그라워홀츠는 어린아이를 둔 부모는 반려동물을 자식이라고 부를 가능성이 거의 없지만 아이를 독립시킨 부모나 아이 없는 사람들은 반려동물을 자식처럼 여기기 쉽다는 것을 발견했는데, 양쪽 경우 모두 반려동물 돌보기와 육아의 유사점을 역설한다.[38] 반려동물을 자식으로 여길 수는 없다는 사람들도 실제로는 자기도 모르게 그런 표현을 쓰곤 한다. 예를 들어 사회학자들은 도그 스포츠에 열심히 참여하는 견주들을 연구한 결과 "부모와 자식이라는 용어의 침투력이 너무나 뛰어난 탓에, 개는 아이를 대신할 수 없다고 주장하는 사람들도 그런 표현을 흔하게 쓴다"는 사실을 발견했다.[39]

　　반려동물이 자식 같은 존재든 아니든 간에, 우리가 동물을 돌보는 태도는 아이를 돌볼 때와 크게 다르지 않다. 2016년의 한 연구에 따르면 '개를 자식처럼 돌보는 여성들'이 보여주는 양육방식은 인간 아이를 키우는 부모의 육아방식과 겹친다. 연구자들은 '개를 키우는' 가장 흔한 방식이 당근과 채찍을 번갈아 제시하는 것으로, 소위 권위적인 육아방식과 비슷하다고 말한다.[40] 또다른 연구는 견주와 아이 부모의 유사점을 시간, 에너지, 감정, 신체 접촉의 활용에서 찾는다.[41] 낫맘NotMoms을 다룬 2016년의 오디오 다큐멘터리에서, 아이를 갖지 않은 자칭 '도그 맘dog mom' 로리 퀄리는 유기견 여섯 마리와 유기묘 한 마리를 돌봐야 해서 남편과의 여행은 꿈도 못 꾼다고 말했다.[42] "개들 때문에 꼼짝 못한다는 점에서는 저도 아이 때문에 꼼짝 못하는 부모와 다를 바가 없을 걸요."

어찌 보면 퀄리는 고양이처럼 손이 덜 가는 동물을 키우는 '부모'보다도 인간 아이와 함께 사는 부모에 더 가까운 상황일 것이다. 뭉크를 키우면서 고양이도 혼자 있으면 스트레스를 받고 힘들어한다는 걸 깨달았지만, 그래도 고양이는 돌봄 난이도를 따지자면 개보다는 손이 덜 가는 편이다. 랜스와 내가 고양이 키우기를 선호했던 이유 중 하나는 굳이 시터를 쓰거나 남에게 맡기지 않고도 하루이틀은 집을 비울 수 있어서였다. 우리는 언제나 개를 더 좋아하는 편이었지만 개를 식구로 맞아들인 적은 없다. 개를 길들이고 훈련하려면 시간이 많이 걸리는데 지금으로서는 그럴 여유가 없기 때문이다. 개는 용변 처리도 더 까다롭고 여행길에 데리고 다니기도 힘들다.

내가 아이를 갖지 않는 이유는 개를 키우지 않는 이유와 거의 비슷하지만, 그럼에도 나더러 개를 안 키우면 후회할 거라고 말한 사람은 아무도 없었다(개를 키우면 후회할 거라고 말한 사람은 있었지만). 개를 키우지 않으면 언젠가는 외로워질 거라고 말한 사람도 없었다(개를 키우면 친구들을 자주 못 보게 되어 외로워질 수도 있다고 말한 사람은 있었지만). 인생에 개를 들이지 않겠다니 이기적이라고 말한 사람도 없었다(우리 부부의 스케줄을 고려하면 오히려 개를 키우는 일이 이기적이라고 말한 사람은 있었지만). 개를 우리 가족에 들이지 않겠다는 선택은 아무도 비난하지 않는데, 아이를 갖지 않겠다는 선택은 왜 그리 많은 사람을 불편하게 만들까? 어떤 이들은 가족이라면 아이가 있어야 한다고 생각한다. 한편 어떤 이들에겐 반려동물이 가족의 필수적인 존재다. 그런가 하면 아이도 반려동물도 가족의 필수 조건은 아니라는 사람들도 있다. 어느 경우든 상대와의 감정적 유대와 자신이 감당할 수 있는 시간, 에너지, 돈, 애정의 운용 사이에서 균형을 찾는 게 관건이다. 어떤 이의 가족 형태가 다른 이에게는 맞지 않을 수도 있는 것이다. 충분히 그럴 수 있다.

많은 사람에게 반려동물은 가족을 하나로 묶는 결속력을 제공한다. 하지만 커플이 갈라설 때면 아이와 마찬가지로 반려동물 때문에 상황이 복잡해질 수 있다. 나와 인터뷰하기 직전에 결혼생활을 끝낸 타냐에 따르면, 누가 언제 고양이들과 함께 지낼지 전남편과 상의하는 일이 이혼과정에서 가장 어려웠다고 한다. "저도 전남편도 고양이들을 자식처럼 여겼어요. 그 사람은 걔들을 '아들들'이라고 부르거든요. 제 인생에서도 무척 중요한 아이들이고요." 타냐는 전남편과 "고양이들 때문에 계속 연락하고 지내요"라며, 고양이에 관한 합의 때문에 이혼 뒤에도 관계를 유지해야 한다는 건 마치 이혼한 부모에게 아이들이 의무적인 연결고리가 되는 것과 비슷하다고 지적했다. 타냐의 설명을 들어보자.

사실 이혼은 고양이 문제만 빼면 아주 원만하게 진행됐어요. 저희가 유일하게 싸운 것은 고양이들을 어떻게 할지 의논하면서였죠. 제가 계속 고양이들을 키우게 되었지만 그 사람도 걔들을 만날 수 있게 집 열쇠를 계속 갖고 있겠다더군요. 제가 집에 없을 때만 찾아오겠다고 말이에요. 덕분에 주변 사람들과 흥미로운 대화를 나눴죠. 그 사람 말대로 해야 할지 어떨지를 두고요. "무슨 소리야, 그 사람이 네 고양이들에게 접근해선 안 돼. 그 사람 애들도 아니잖아"라고 단언하는 사람도 많았지만 이혼을 경험한 사람, 특히 남자들은 이러더군요. "난 원하는 만큼 아이들을 만날 수가 없었지만 당신 전남편은 당연히 고양이들을 만날 수 있어야지. 자식처럼 아긴다면서."

결국 타냐와 전남편은 이 문제에 대해 서로 합의를 했다. 타냐가 집을 비우겠다고 알렸을 때만 전남편이 찾아올 수 있다고 말이다. 하지만 타냐는 고양이 '공동 양육권' 문제만 아니었다면 그와 더이상 연락하지 않았을 것임을 분명히 밝혔다.

타냐의 이야기가 보여주듯 아이를 갖지 않은 가족도 여러 면에서 아이가 있는 가족과 같은 문제에 부딪힌다. 그들은 서로를 돌봐야 하며 다른 식구를 돌볼 책임을 공유한다. 어떤 가족이든 구성원들이 결별해 변화가 생기면 서로의 관계를 새롭게 탐색하는 어려움을 겪는다. 아이가 있든 없든 간에 모든 가족은 구성원들에게 필요한 보살핌과 애정을 제공할 수 있어야 한다. 또한 아이가 있든 없든 간에 많은 커플들이 반려동물과 부모 자식 관계 같은 감정적 유대관계를 형성한다.[43] 아이를 갖지 않은 커플로 구성된 가족이라면 대체로 두 사람의 관계가 중심이 되겠지만, 반려동물 같은 다른 식구들도 안정감을 촉발하고 애정을 주며 아이와 마찬가지로 갈등과 고난을 유발한다.

아이를 갖지 않은 가족이 서로에게, 그리고 반려동물에게 제공하는 보호는 감정적 유대와 보살핌에 한정되지 않는다. 아이를 갖지 않은 가족도 구성원들을 경제적으로 지원하는데, 사회과학자들에 따르면 이는 가족이 사회에 기여하는 또하나의 중요한 방식이다. 죽어가는 반려견을 돌보려고 직장을 그만둔 제임스의 이야기가 입증하듯, 아이는 없지만 반려동물이 있는 사람에게 동물을 돌보는 일은 감정적 보살핌뿐만 아니라 경제적 문제이기도 하다. 미국 노동통계청의 조사에 따르면 다양한 형태의 가족 중에서도 아이와 함께 살지 않는 기혼 부부가 반려동물을 돌보는 데 가장 돈을 많이 쓴다고 한다.[44]

당연한 얘기지만, 아이를 갖지 않은 가족은 반려동물이나 파트너만이 아니라 확장 가족의 구성원도 경제적으로 지원한다. 아이를 갖지 않은 가족은 전통적인 의미에서 자식을 부양하지는 않지만 조카를 비롯해 친척 아이들의 경제적 안정에 기여하기도 한다. 킴 캐트럴이 2015년 BBC와의 인터뷰에서 언급했듯이 말이다. "제가 직접 아기 기저귀를 갈아주지는 않았죠. 그렇게 할 수도 있지만요. 하지만 조카딸이 의대를 졸업하도록 돕긴 했어요."[45] 내가 인터뷰한 애넷은 친척 아이들이 자기 삶의 일부이며 그중 몇몇은 경제적으로도 지원한다고 말했다. "친척 아이들을 항상 생각해요. 물론 애정도 쏟지만 경제적으로 돕기도 하지요. 그 아이들과 부모들을 위해 해줄 만한 일이 있다면 뭐든 기꺼이 할 거예요." 6장에서는 아이를 갖지 않은 성인이 주변 아이들을 경제적으로 지원하는 경우를 좀더 살펴볼 것이다.

집안의 가부장제 깨부수기

사회과학자들이 파악한 가족의 또다른 기능은 구성원들에게 가정을 제공하는 것이다. 이는 분명 아이가 있든 없든 모든 가족이 수행해야 할 기능이다. 구성원들과 함께 모두를 위한 가정을 만들려면 누가 가사를 처리할지, 가정이 잘 굴러가려면 어떤 임무를 완수해야 하는지, 어떻게 이 과정을 수행할지 협의해야 한다. 일상생활에서 가사는 구성원들이 바깥세상에 기여하게 해주는 가정의 중요한 기능이다. 게다가 식사 준비, 청소, 정원 손질처럼 가정을 유지하기 위한 필수 활동은 모든 가정이 그렇듯 아이가 없는 가정에도 필요하다. 하지만 이런 기능은 가족 형태에 따라 다르게 수행된다.

많은 가족이 일상적인 가사노동을 성별에 따라 분배한다. 많은 연구를 통해 알 수 있듯, 아이가 있는 이성애자 커플 사이에서는 여성이 가정을 유지하는 데 필요한 무보수 노동을 짊어질 때가 훨씬 많다. 이처럼 불공평한 가사 분배는 여성의 건강과 경제 사정에 부정적인 영향을 미친다.[46] 경제학자 자크 샤름스는 대체로 무보수 가사노동 중 사분의 삼 이상을 여성이나 여자아이가 책임진다는 사실을 파악했다.[47] 2016년 유엔 인간개발보고서에 따르면 미국에서도 여성들이 불공평하게 무보수 가사노동을 부담하는 탓에 "교육을 받거나 의료기관을 방문하거나 가정 밖에서 일할 기회를" 포기한다.[48]

지금까지의 연구 결과에 따르면 아이의 존재는 가사노동 분배를 더욱 불공평하게 만든다. 예를 들어 커플이 아이를 가지면 성역할에 따른 유형화가 한층 심해진다.[49] 2015년의 연구 결과에 따르면 아이가 없는 이성애자 신혼부부는 임금노동과 무보수 가사노동을 비교적 공평하게 나누는 편이지만, 그들이 부모가 되면 "성별에 따라 확연히 다른 패턴이 나타난다".[50] 2008년에 진행된 연구 또한 부모가 되는 순간 "양성의 일상적인 가사노동시간이 결정적으로 불공평해진다"고 결론을 내린다.[51]

아이를 갖지 않은 가족의 경우 역할을 더 공평하게 분담할 수 있다. 빅터 캘런의 1986년 연구에 따르면 아이를 원하지 않는 여성은 아이를 원하는 여성보다 남성 파트너에게 관습적 성역할을 덜 기대한다.[52] 또한 캘런에 따르면 아이를 갖지 않은 여성은 아이를 원하는 여성보다 개인적·사회적·경제적 독립이나 파트너와의 활발한 지적 상호작용을 중시한다. 그 외에도 많은 연구자들이 아이를 갖지 않은 사람은 아이 부모보다 성별에 따른 관습적 가치체계에 덜 집착한다고 결론을 내렸다.[53] 예를 들어 가정학 연구자 크리스틴 바버와 앨버트 드레이어에 따르면 파트너와 평등하게 역할 분담을 하는 게 중요하다고 믿는 커플의 비율은 아이가 있든 없든 별 차이가 없지만, 실제 가사노동 분담에서 그런 신념을 실행하는 비율은 아이가 없는 커플 쪽이 훨씬 높다.[54]

따라서 아이를 갖지 않은 가족은 한층 더 관습적 성별 규범에서 자유로이 가사노동을 분배할 수 있다. 저녁식사, 목욕, 축구 연습 등의 스케줄을 조율해야 하는 압박에서 자유로우므로 새로운 가사 운용 방법을 시도할 수 있는 것이다. 게다가 아이 없는 가족의 경우 집에 머물면서 가사를 돌봐야 한다는 압박도 덜 받는다. 특히 아이를 갖지 않은 여성은 일차 양육자로서 책임을 떠맡아야 한다는 식의 여성을 향한 문화적 압력을 뚜렷이 인식한다.

우리 가족, 즉 랜스와 나는 부담을 공평하게 나누기 위해 서로 열심히 일한다. 또한 내 인터뷰나 다른 연구에 언급된 아이를 갖지 않은 커플들과 마찬가지로 우리 둘 다 무척 독립적이며 그런 독립성을 중시한다.[55] 요리, 세탁, 청구서 처리 같은 잡일을 함께 처리할 때도 있고, 시간이 나거나 그럴 마음이 있을 때면 한 사람이 다른 사람의 식사와 세탁을 도맡거나 청구서를 대신 지불하기도 한다. 물론 둘 다 외면하는 바람에 처리해야 할 집안일이 방치될 때도 있다. 그럴 때면 우리가 이렇게 게으름을 부려도 피해를 입을 다른 식구가 없음에 감사할 따름이다. 우리가 아이를 갖지 않은 가족이라는 것은 랜스와 내가 집안일을 유연하게 처리할 수 있다는 의미다. 정해진 규칙이나 방식이 없는 만큼 서로 오해를 피하려면 더욱 긴밀히 소통해야 하지만 말이다.

아이 없는 가족은 누가 경제적 부양자가 될지 결정할 때도 관습적 방식에 도전하는 경향을 보인다. 과거에는 누가 가족을 경제적으로 부양할지가 성별에 따라 결정되었기에 대체로 여성이 아닌 남성이 가장 역할을 유지하곤 했다.[56] 하지만 아이가 없는 이성애자 가족의 경우 여성이 집밖에서 일하는 비율이 훨씬 더 높으며, 똑같이 임금노동을 하는 아이 엄마보다 수입도 더 많은 편이다.[57] 이런 현상이 옳다는 것은 아니지만(직장에서 나타나는 이러한 양상과 육아 여부에 따른 시간 인식은 3장에서 살펴본 바 있다), 많은 연구를 통해 아이 없는 커플이 한층 덜 성차별적인 방식으로 경제적 부양 기능을 수행한다는 것을 알 수 있다. 미국 통계청 인구국의 조사에 따르면, 아이가 있는 가족보다 아이가 없는 가족의 여성이 전문직이나 관리직에 종사할 확률이 한층 높다고 한다.[58] 그중 두 연구자

의 표현을 인용하자면 "관리직 여성에게 아이가 없을 확률은 놀라울 정도로 높다".[59]

이런 양상은 아이 없는 남성에 관한 2010년의 연구와 함께 살펴보면 한층 더 놀랍게 느껴진다. 이 연구에 참여한 남성들은 평균적으로 아이 아빠보다 적은 임금을 받았다. 좀더 최근 진행된 또다른 연구에서는 남성 직장인이 아빠가 되면 임금도 인상되는 경향이 드러났다.[60] 엄마에겐 불리하고 아빠에겐 유리한 직장의 구조적 양상을 고려하면, 개별 가정에서도 단순한 개인적 선택 이상의 힘이 엄마를 전통적 가사노동으로 밀어붙이는 반면 아이 없는 여성은 이런 압력에서 훨씬 자유롭다는 사실이 명확해진다. 우리는 여성을 엄마가 되도록 밀어붙이고 엄마를 직장에서 밀어내는 사회에서 살아간다. 이런 추세는 아이가 있는 커플이 일상적인 가사를 처리하는 방식에 뚜렷한 영향을 미친다.

아이를 갖지 않은 가족이 어떤 방식으로 구성원들에게 가정을 제공하고 가사를 처리하든 간에, 이들도 실제로 그런 기능을 수행한다는 점은 분명하다. 가정을 꾸리는 것은 모든 가족이 하는 일이다. 그리고 가정이 제대로 유지되려면 이런저런 과업을 수행해야 한다. 누군가는 식사를 차려야(적어도 주문해야) 하고, 누군가는 욕실을 청소해야 하며, 누군가는 잔디를 깎아야 하고, 누군가는 집세를 내야 한다. 역사적으로 이런 일을 각각 누가 맡을지는 성별에 따라 구분되었다. 하지만 아이를 갖지 않은 가족도 문제없이 가정을 꾸려

나가고 구성원들을 돌보아 바깥세상으로 돌아갈 활력을 되찾아줄 수 있음을 증명해 보이고 있다. 그것도 훨씬 덜 관습적인 방식으로 말이다.

친구는 선택할 수 있다(그리고 가족도)

가족이란 서로를 사랑하고 무슨 일이 있든 지지해주는 사람들의 공동체예요. 서로 비판하지 않고 도와주며 자유로이 소통하는 공간이죠.

제시카

가족이란 서로 유대관계를 맺고 보살펴주며 하나의 단위를 구성하는 사람들이죠.

킴

가족은 거주 공간을 공유하고 각자를 잘 알며 서로를 돌봐주겠다는 다짐과 의무로 연결된 사람들이에요. 서로 얼마나 다르든 간에 하나로 결속되어 있고요. 가족이란 단란함이에요. 단둘이서도 가족을 이룰 수 있죠.

세라

내가 인터뷰한 아이를 갖지 않은 사람들에게 가족은 소속감, 사회적 기반, 책임, 그리고 애정을 뜻했다. 물론 형제자매나 부모 같은 혈연관계도 가족에 포함될 수 있으며 실제로 종종 포함된다. 그리고 서로 법적 유대를 맺은 파트너도 가족이 된다. 하지만 전반적으로 이들은 특정한 사람이 포함되느냐보다 구성원들의 필요를 충족시켜주고 기능을 수행하느냐에 중점을 두고 가족을 정의한다. 세라의 말을 빌리면 가족이란 "서로 얼마나 다르든 간에 하나로 결속되는 단란한" 사람들이다.

아이를 갖지 않은 사람이 가족을 정의하면서 구성원이 누구인지보다 그 의미를 중시하는 것은 자신도 배제를 겪어보았기 때문이 아닐까. 내가 만난 사람들 중 상당수가 친구나 친척의 가족 행사에 초대받지 못한 적이 있다고 말했다. 그들이 아이에 관한 행사를 꺼릴 게 분명하다는 지레짐작 때문이었다. 성인으로만 이루어진 가족은 소속 공동체의 "가족 친화적" 행사에서 배제된다는 참여자도 있었다. 애닛이 어떤 상황에서 좌절감을 느끼는지 들어보자. "저희 동네에는 대규모 행사가 많아요. 대부분 '가족 축제'나 그 비슷한 명칭이 붙어 있죠. 그렇다면 저는 빠져야 하는 걸까요? 보통은 그래요. 왜냐면 우리 같은 가족이 아니라 아이들을 겨냥한 행사거든요." 애닛은 우리 모두가 생각해보아야 할 문제를 제기한다. 가족 축제와 가족 친화적 공간이 정말로 모든 가족에게 축제와 편안함을 뜻하는가, 아니면 아이가 있는 가족에게만 그러한가?

물론 아이가 있는 가족을 위한 행사가 잘못되었다는 말은 아니다. 다만 제대로 된 명칭을 붙이자는 것이다. '가족 친화적' 행사가 아니라 '아동 친화적' 행사라고 해야 한다. 가족 친화적이라는 표현을 계속 이처럼 한정된 맥락에서 쓴다면 아이 없는 가족은 진정한 가족이 아니라는 관념만 굳어질 뿐이다. 또한 특별히 아이만을 위한 날이나 행사, 공간이 존재하듯이 성인에게만 한정된 공간이나 행사도 존재할 수 있어야 한다.

술집은 오래전부터 성인만의 공간으로 여겨졌지만, 최근에는 아동 친화적인 술집이 점점 늘고 있다. 2018년 뉴욕포스트에는 "브루클린의 여러 술집에서 아기 생일 파티가 열리고 있다"는 기사가 실렸다.[61] 이 기사에는 브루클린의 맥줏집에서 돌잔치를 연 커플이 등장하는데, 그것도 한가한 시간대가 아니라 붐비는 토요일 오후였다고 한다. 인터뷰에 따르면 이들 커플은 직접 맥주 탭을 잡고 손님들에게 술을 따를 기회를 즐겼으며, 어린이 놀이 공간을 빌리는 것보다 양조장이나 맥줏집에서 아이들 파티를 여는 편이 대체로 더 싸게 먹힌다고 말했다.

그들이 말한 장점을 이해할 수는 있지만, 이런 관행은 주 고객층을 소외시킬 가능성이 높다. 아이 부모이든 아니든 간에 잠시 아이들과 떨어져 시간을 보내려는 어른들 말이다. 술집이 가장 붐빌 시간에 아이들 파티를 열어주기보다는 평일 오후나 주말 오전 같은 시간대에 아이들을 위한 행사 공간을 제공하면 어떨까. 어린이를 위한 공간들은 이미 비슷한 시도로 성공을 거두었다. 내 고향의 어린이 과학박물관은 폐관시간 이후에 스물한 살 이상 성인을 위한 야간 행사를 개최하곤 한다. 술집의 특정 시간대나 지역 행사에 '어린이 우선'이라는 명칭을 붙이고 박물관 특별 개관 같은 행사에 '성인 한정'이라는 명칭을 붙이면 그 대상이 누구인지 한층 명확해질 것이며, 가족 친화적이라는 표현은 말 그대로 모든 형태의 가족을 가리키는 데 쓸 수 있을 것이다.

물론 아이가 있는 가정만 가족으로 인식되는 상황이 미국에서만 일어나는 건 아니다. 아일랜드에서는 인구조사를 할 때 아이 없는 커플을 '전前가족'으로 표기한다고 한다.[62] 어떤 면에서 보면 틀린 말은 아니다. 아이를 갖는 것은 인생의 중요한 분수령이며 많은 이들이 아이를 가족의 필수 요소로 여기니까. 하지만 부모가 되지 않기를 선택하는 사람이 점점 더 많아지는 세계적인 추세에 따라, 우리의 관습이나 정치도 모든 가족이 아이를 포함하진 않으며 그럴 필요도 없다는 점을 반영해야 마땅하다. 아이가 있든 없든 우리 모두는 여러 면에서 비슷한 방식으로 유대관계를 맺고 가족을 이룬다. 아이를 갖지 않은 사람들은 그 과정에서 어떤 이들에겐 아이가 알맞은 선택지일 수 있지만 가족 구성원의 감정적·성적 필요를 충족하고 서로를 부양하며 다음 세대를 육성한다는 중요한 임무에 기여하기 위해 반드시 아이를 가질 필요는 없음을 보여주고 있다. 아이를 갖지 않은 가족은 여성에게 불리하고 동성 간의 결합을 무시하며 사랑을 주고받는 다양한 방식을 간과하는 가족관에 도전한다. 그리고 스테퍼니 쿤츠의 표현을 빌리자면, 그런 가족관은 우리 상상 속의 혼합물로 남는 편이 훨씬 나을 것이다.

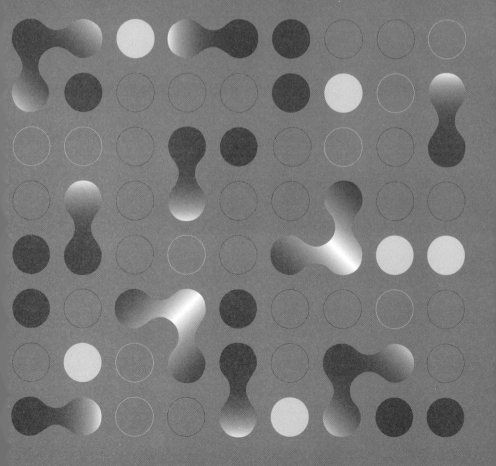

6장

아이 없는 사람의 삶에도
아이는 존재한다

아이들은 가족 안에 존재하는 만큼 이 세상에도 존재한다.
그들은 태어난 순간부터 다른 '어른들'에게 의존한다.
조부모, 이웃, 선생님, 성직자, 노동자, 정치가, 그 밖에도
아이들의 삶에 직간접적으로 관여하는 익명의 사람들 말이다.[1]

힐러리 로댐 클린턴

사회학자 퍼트리샤 힐 콜린스는 고전이 된 저서 『흑인 페미니즘 사상』에서 생물학적 자식이 아닌 아이들의 양육을 거드는 '대안엄마들othermothers'의 역할을 다룬 바 있다.[2] '대안엄마들'은 친척으로서 아이들의 삶에 관여하기도 하지만 생물학적 부모의 파트너, 이웃, 친구, 동료 관계일 수도 있다. '대안엄마들'은 아이들의 대변자나 안내자 노릇을 하거나 일상적으로 육아를 돕거나 가끔 필요할 때 아이들을 돌보고 식사를 챙길 수도 있다. 콜린스에 따르면 이는 아프리카인과 아프리카계 미국인 전통에 뿌리를 두고 있지만 어느 정도는 불가피하게 생겨난 관행이었다. 아프리카계 미국인 엄마는 종종 '대안엄마들'의 도움을 받았다. 처음에는 노예로, 이후에는 저임금 장시간 일꾼으로 과도한 부담을 짊어져 아이들 곁을 지키기 어렵다는 이유도 있었지만, 한편으로는 공동체의 가치를 신뢰하기 때문이었다.

  '대안엄마들'은 공동체의 안녕과 미래를 보호하는 사회 운동에 참여하기도 한다. 이런 관행의 핵심은, 공동체의 모든 구성원에게는 다음 세대의 삶에 더 많은 가능성을 부여할 책임이 있다는 믿음이다. 이런 믿음은 콜린스가 연구한 집단이나 시대에만 한정되지 않는다. 1910년 미국 내 가정을 대상으로 진행된 설문조사 분석 결과, 당시 가정을 잃은 친척 아이를 받아들인 사람들은 아이를 둔 부모가 아니라 아이를 갖지 않은 커플일 확률이 높았다.[3] 메건 리드와 앤드루 골럽의 최근 연구에 따르면 아프리카계 남성은 종종 파트너의 아이들에게 '사회적 아버지' 노릇을 한다.[4] 그리고 4장에서 살펴보았듯 아이티와 이스라엘에서도 공동 육아 관습이 존재한다. 내가 인터뷰한 아이를 갖지 않은 사람들 상당수도 이 같은 가치관에 공감했다.

  이번 장에서는 아이를 갖지 않은 사람이 아이들의 삶에 어떤 역할을 하는지 살펴겠지만, 그 내용이 우리가 아이를 갖지 않은 데 대한 사과는 아니라는 점을 명백히 밝혀두고 싶다. 우리의 선택에 대한 변명도 정당화도 아니다. 아이가 주는 기쁨을 찬양하거나 아이를 갖는 일의 끔찍함을 늘어놓으려는 것도 아니다. 아이 없는 사람들이 아이들과 어떻게 다양한 관계를 갖고 아이들에 대해 어떤 관점을 갖는지 현실적으로 보여주려는 것이다. 우리 모두가 아이를 싫어하는 건 아니지만, 그렇다고 아이를 얼마나 사랑하는지 기나긴 선언문을 써서 우리의 선택을 정당화해야 할 필요는 없다.

아이를 갖지 않은 사람은 종종 자신의 선택을 변명해야 하는 입장에 처한다. 어떤 이들은 자기가 아이를 갖지 않기로 선택했다는 사실을 알리면 인간관계가 바로 끊어질까봐 걱정하기도 한다. 아이를 기르지 않는 사람이라면 분명 아이와 연관된 모든 사람에게 관심이 없을 거라는 지레짐작 때문에 말이다. 아이를 갖지 않은 사람이 미성년자를 무조건 싫어할 거라는 생각은 틀렸다. 이런 억측에 대한 두려움 때문에 우리 중 일부는 자기가 얼마나 아이를 좋아하는지 드러냄으로써 자신의 선택을 과잉 변명하거나 사과하기도 한다(물론 나 역시 그런 적이 있다). 나는 이런 종류의 사과를 '나도 아이는 좋아하지만' 전략이라고 부른다.

'나도 아이는 좋아하지만' 전략은 아이를 갖지 않은 점에 대한 비난을 피하려는 유명인들에게서 특히 자주 나타난다. 코미디언 엘런 디제너러스도 아이를 가질 생각이 없느냐는 질문에 이런 식으로 대답했다. 디제너러스가 2012년 〈투나잇쇼〉에 출연했을 때 진행자 제이 레노는 이렇게 물었다. "당신과 포샤가 아기를 가질 거라던데요, 정말입니까?" 디제너러스는 그렇지 않다고 명확히 밝힌 후 해명을 덧붙였다. "아이들은 정말 사랑스럽죠. 저도 아이를 좋아하고요. 조카딸들을 끔찍이 아낀답니다. 하지만 저희는 아이를 가질 생각이 없어요." 디제너러스는 2011년에 출간한 저서 『정말로…… 농담이야』에 자신과 배우자 포샤 드 로시에게 자식 계획이 있는지 "끊임없이 질문을 받는다"고 적었다. 그리고 이에 대해 다음과 같이 밝혔다. "우리도 생각은 해봤다. 주변에 아이가 있는 건 좋다. 배불리 먹이고 잘 씻긴 상태라면 말이다. 하지만 결국 우리는 자식을 갖지 않기로 결론 내렸다. 우리집엔 유리가 너무 많으니까."

우리가 얼마나 진심으로, 절절하게, 열렬하게 아이를 사랑하는지 늘어놓으면 오히려 '아이를 갖지 않은 사람들은 아이를 싫어하는 게 맞구나'라는 편견이 강화될 수도 있다. '지나친 부정은 긍정'일 수 있으니까. 또한 우리가 아이라면 껌벅 죽는다는 식으로 주장하면 아이를 키우지 않겠다는 우리의 선택을 사과해야 한다는 편견, 자신에게 알맞은 선택을 했다는 이유로 남들에게 사과해야 한다는 편견이 정상화된다. 하지만 아이 부모든 아이를 갖지 않은 사람이든 자신이 어떤 가족을 꾸릴지 심사숙고하여 결정한 바를 사과할 이유는 없다. 우리 같은 사람이 아이를 싫어한다는 고정관념에서 특히 이상한 부분은, 정작 연구 결과를 살펴보면 아이에 관한 우리와 부모들의 생각이 그리 다르지 않다는 점이다.

부모들도 우리와 똑같아요!

돌아보면 아이 부모와 아이를 갖지 않은 사람을 갈라놓는 폭언들은 종종 있어왔다. 에이미 글라스가 2014년 인터넷에 올린 「나는 아이와 남편이 있는 젊은 여자들을 업신여기며 그러는 게 미안하지

222

않다」에는 댓글이 만 개 이상 달렸다.[5] 글라스는 아이를 낳고 결혼하는 것이 "세계사에서 가장 흔해빠진 일"이며, 이런 통과의례를 "진정한 업적"이나 성취와 동일시하는 관념이야말로 여성을 뒤처지게 만든다고 적었다. 자식을 열두 명 가진 기독교인 블로거 크리스 제웁은 곧바로 똑같은 폭언으로 응수했다. "우리는 아이를 갖지 않은 사람들을 업신여기며 그러는 게 미안하지 않다."[6] 제웁은 글라스만큼 가차없고 무례한 글을 써서 자신의 블로그에 많은 사람을 끌어들이는 데 성공했다. 제웁은 아이를 갖지 않은 사람을 이기적인 '인간 혐오자'로 상정하는 전형적인 고정관념에 호소한다. 글라스도 제웁도 잠시 멈추어 서로의 관점을 이해하려고 하지 않았다. 두 사람은 아마도 클릭을 유도하기 위해 그렇게 글을 썼겠지만, 이런 글 대부분은 아이 부모와 아이를 갖지 않은 사람이 완전히 다르다는 전제하에 쓰인다. 하지만 연구 결과는 그와 정반대다.

2015년 멀리사 그레이엄을 비롯한 의료 연구원들은 아이에 대한 여성의 태도가 향후 그 여성이 엄마가 될 가능성과 부합하는지 조사했다.[7] 대중의 믿음과 달리, 아이에 대한 여성의 태도는 향후 그 여성이 아이를 낳을지 안 낳을지를 보여주지 못한다는 결과가 나왔다. 또한 육아를 부담스러워하는 여성이라고 해서 나중에 엄마가 되지 않는 것도 아니었다. 엄마든 엄마가 아니든 여성들은 아이가 자신의 경력에 미치는 영향에 관해 비슷하게 생각했다. 이 연구는 선행 연구와 마찬가지로 집밖에서 일하는 여성은 "아동에 적대적"

이고 아이 엄마는 "직업에 적대적"일 것이라는 신화를 무너뜨렸다.[8] 실제로 여성이라면 엄마든 아니든 간에 엄마가 되는 일에 장점과 단점 모두가 따른다는 사실을 알게 마련이다. 심지어 인생에서 가장 큰 기쁨은 아이라고 믿는 여성이라고 해서 나중에 반드시 엄마가 되는 것도 아니었다.

멀리사 그레이엄의 연구가 진행되기 한참 전에, 심리학자 빅터 캘런은 아이 부모와 아이를 갖지 않은 사람이 아이에 대해 대체로 비슷하게 인식한다는 사실을 밝혀냈다. 특히 아이를 갖는 데 따르는 경제적(그 외에도 이런저런) 비용에 대해 그러했다.[9] 양쪽 모두 "아이를 갖는 데 따르는 전반적 제한과 불편"을 비슷한 수준으로 예측했다. 양쪽 모두 아이를 갖는 단점으로 "경제적 비용"을 꼽았다. 하지만 캘런은 이처럼 비슷한 관점 외에 둘 사이의 몇 가지 차이점도 발견했다.

캘런의 연구에 따르면 아이를 갖지 않은 여성이든 아이 엄마든 아이를 갖는 일의 장단점을 파악하고 있었지만, 장단점 중 무엇을 중시하는지는 서로 입장이 달랐다. 예를 들어 아이 엄마는 엄마가 아닌 여성에 비해 아이가 자신의 경력에 미칠 영향을 간과하는 편이었다. 이들은 그보다도 육아에 따르는 신체적 부담을 중요한 단점으로 꼽았다. 아이를 갖지 않은 사람과 아이 부모는 아이를 갖는 일의 장점에 관해서도 서로 견해가 달랐다. 아이를 갖지 않은 사람들은 늙은 뒤 아이가 곁에 있으리라는 점, 아이를 직접 훈육할 기회, 아이가 자라는 과정을 지켜보는 기쁨을 자주 거론했다. 반면 부모들은 아이를 갖는 일차적 이유로 애정, 인간관계, 자존감을 더 많이 꼽았다.

캘런은 성별에 따른 몇 가지 흥미로운 차이도 발견했다. 아이들에 대한 인식 차이에 실제 육아 여부보다 성별이 더 많은 영향을 미칠 수도 있다는 것이다. 캘런의 연구에 참여한 남성들은 아이 아빠든 아니든, 아이를 가지면 생기는 경제적 부담에 대해 여성들보다 더 주목했다. 후속 연구도 캘런의 발견을 뒷받침했다. 1991년에 캐런 세컴은 아이를 갖는 데 따른 구매력 변화를 여성보다 남성이 더 심각하게 받아들인다는 사실을 밝혀냈다. 내가 2016년 수행한 연구 결과도 이에 부합한다.[10] 반면 캘런의 연구에 참여한 여성들은 경제적 우려보다도 아이를 가지면 부부관계가 흔들릴까봐 우려하는 경향이 있었다. 하지만 이를 제외하면 참여자들은 여성이든 남성이든, 아이를 가졌든 안 가졌든 아이와 양육 문제에 대해 비슷하게 생각했다.

캘런의 연구와 그레이엄 및 동료들의 연구에 중요한 차이가 있다면, 아이가 부모의 삶에 어떤 영향을 미치는지에 관한 인식이 변화했다는 점이다. 캘런의 1982년 연구에 따르면 엄마들은 엄마가 아닌 여성들보다 아이가 자신의 경력에 미칠 부정적 영향을 낮잡아봤다. 그리고 아이가 경력에 영향을 미치지 않을 거라는 엄마들의 긍정적 사고는 여성의 노동 참여율 증가로 이어졌다. 1948년에는 아이가 있는 기혼 여성 중 17퍼센트만이 노동시장에 참여했지만 1985년에 그 비율은 61퍼센트까지 상승했다.[11] 하지만 1990년대가 되면서 그 비율은 감소해 2000년 이후로 큰 변화가 없는 상황이다. 엄마들은 아이가 자신의 경력에 부정적 영향을 주지 않을 것으로 여긴다고 캘런이 밝힌 지 삼십 년 뒤, 그레이엄의 연구에 참여한 엄마들은 엄마가 아닌 여성들만큼이나 아이가 여성의 경력에 지장을 준다고 믿는 것으로 나타났다.

이런 통계들을 고려해보면, 아이가 자신의 경력에 해롭진 않을 거라던 1980년대 초반 엄마들의 신념은 앞서 십 년간 진행됐던 2차 페미니즘 운동 덕분에 집단 페미니즘 의식이 고취된 결과라 할 수 있다. 여성들은 자신이 "전부 다 가질" 수 있다고 믿게 되었으며 여성의 노동 참여율 증가는 이런 믿음을 반영했다. 하지만 한 세대가 지난 뒤 우리는 그런 믿음이 무척 매력적이긴 했지만 현실보다는 허구에 가까웠음을 깨달았다. 육아와 가사 분담을 둘러싼 직장 내 정책, 법적 보호 장치, 문화 규범 모두가 오늘날 대다수의 가족이 맞벌이라는 현실을 따라잡지 못한다. 그 결과 아이를 가진 기혼 여성은 집밖에서의 역할이 확장되긴 했지만 그만큼 집안에서의 부담이 줄진 않았다는 현실과 마주하게 되었다.[12]

경제학자 애나 마티시액과 동료들의 2016년 연구에 따르면, 아이를 가진 이후 커플의 행복도는 엄마가 된 여성이 일과 가정 사이에서 겪는 갈등의 강도에 따라 감소한다.[13] 이런 엄마들에게 "전부 다

가진다"는 말은 엄청난 스트레스까지도 포함하는 듯하다. 프린스턴 대 교수이자 전 국무부 정책기획국장 앤마리 슬로터는 2012년 『디 애틀랜틱』에 「왜 여성들은 아직도 전부 다 가질 수 없는가」라는 중요한 글을 기고했다. "나는 여전히 여성들이 '전부 다 가질' 수 있다고 확신한다. 하지만 지금 당장은, 현재 미국의 경제와 사회 구조 아래에서는 불가능하다."

물론 아이에 관한 여성의 생각이 자신의 경력에 아이가 미칠 영향에 따라서만 좌우되는 것은 아니다. 아이 부모와 아이를 갖지 않은 사람이 비슷하게 생각한다고 해서 아이를 갖지 않은 모든 사람이 똑같이 생각한다는 의미도 아니다. 나와 랜스는 여러 면에서 의견이 일치하는 편이지만, 우리처럼 아이를 갖지 않은 사람들이 전부 아이에 관해 비슷하게 생각하진 않는다는 것은 우리의 경험만 봐도 장담할 수 있다.

나도 어른이 되기 전까지는 언젠가 아이를 낳을 거라고 생각했다. 어쨌든 나는 엄마 역할을 위해 준비된 인재였으니까. 베이비시터 경험부터 교회 유아원 근무와 보모로 일한 경력까지, 모든 징조가 나도 반드시 아이를 가질 거라고 암시했다. 나 역시 그런 역할을 즐겼고 내가 중요한 일에 기여한다고 생각했다. 지금까지도 그 생각은 바뀌지 않았다. 나는 여전히 내가 아이들을 키우는 데 크게 기여했다고 믿는다. 아이 하나를 키우려면 마을 전체가 필요하다는 관점에도 전적으로 동의한다. 다만 어른이 되면서 내가 사는 마을에 아이가 없다고 해도 나로서는 전혀 불만스럽지 않다는 점을 깨달았다. 그렇다고 해서 아이들이나 미래에 관심이 없는 것은 아니다. 그저 아이들과 활발하게 소통하지 않고서도 인류 전체의 행복에 긍정적으로 기여할 수 있다면 더 좋겠다는 얘기다.

랜스는 나보다 아이들을 좋아하는 편이다. 아이들도 그를 따른다. 내 경우 아이들과 데면데면한 반면, 랜스가 나타나면 아이들이 우르르 몰려든다. 갓난애들은 그를 향해 옹알대고 아기들은 그에게 아장아장 다가오며, 더 큰 아이들은 그 특유의 빈정대는 유머를 아주 좋아하는 듯하다. 내 생각에는 랜스가 항상 상대의 나이를 고려해서 적절한 태도로 대해주기 때문인 것 같다(반면 나는 굳이 그럴 생각도 없고 그만한 인내력도 없다). 랜스가 우리 블로그에 올린 글을 인용해보겠다.

솔직히 나는 사람들의 나이를 신경쓰지 않는다. 상대가 한 살, 두 살, 다섯 살, 열두 살, 열여섯 살, 스물다섯 살, 쉰 살, 혹은 여든아홉 살이라도 상관없다. 그 사람이 마음에 드는지, 성격이 어떤지, 나와 잘 맞는지가 중요하다. 하지만 상대의 연령대에 따라 어느 정도는 포용력을 가지려고 한다. 예를 들어 한 살배기라면 모두(그리고 상당수의 여든아홉 살 노인도) 소변을 못 가리게 마련이다. 상대가 그런 나이라면 오줌을 쌌다고 비난할 생각은 없다.

아이에 관한 랜스와 나의 관점은 아이를 갖지 않은 사람들을 인터뷰하며 들은 이야기와 별로 다르지 않다. 그중 일부는 (부모 중에도 그런 경우가 있듯이) 아이와의 소통을 즐기지 않는 편이고, 상당수가 (부모 중에도 그런 경우가 있듯이) 아이보다 어른과 함께하는 걸 선호한다. 하지만 아이든 어른이든 간에 어떤 사람을 단지 나이 때문에 싫어한다면 그건 나이 차별일 뿐이다. 2015년 『살롱』에 실린 「난 당신 애들이 싫고 그렇다는 게 미안하지도 않다」 같은 낚시성 기사가 퍼뜨리려는 편견과 달리, 아이를 갖지 않은 사람들 대부분은 아이를 싫어해서 부모가 되지 않은 게 아니다.[14]

샤론 하우스넥트는 사람들이 아이를 갖지 않는 이유에 관한 설문지 스물아홉 개를 검토해서 그 내용을 아홉 개 항목으로 정리했는데, '아이들에 대한 반감'은 5위 안에도 들지 못했다.[15] 그보다는 육아라는 책임으로부터의 자유, 자아실현과 즉흥적 이동 기회의 확보, 만족스러운 부부관계 유지, 경력에 대한 고려와 경제적 여유 추구, 인구 증가 염려 등의 순위가 더 높았다. 아이들에 대한 반감 다음에는 유년기의 사회화 경험과 자신의 양육 능력에 대한 회의, 출산과 회복에 따른 신체적 영향 우려, 현재 지구에 발생하는 문제를 보며 느끼는 미래에 대한 불안이 근소한 차이로 이어졌다.

설문지에 '아이들에 대한 반감'이라는 항목이 있다는 것 자체가 이들이 아이를 싫어한다는 증거 아니겠느냐고 주장하는 사람도 있을 것이다. 하지만 하우스넥트가 정리한 항목은 설문지 스물아홉 개에 포함된 내용을 요약한 것이지 참여자들의 말을 인용한 게 아니다. 내가 이 설문조사에 참여했다면 그 항목을 선택했을지도 모른다. 아이보다 어른과 함께 있는 게 편하다는 내 생각을 그 외의 항목보다 그나마 잘 나타내고 있으니까. 한편으로 설문조사에서 그 항목을 선택했다 해서 어린 세대를 증오하는 것은 아니라고 생각한다. 아이들이라는 집단을 싫어한다기보다 갑작스러운 짜증, 교체해야 하는 기저귀, 소음, 고집스러움, 개인 공간에 대한 무시 등 아이들의 일부 면모를 선호하지 않는다는 의미에 가까울 것이기 때문이다. 아이가 있든 없든, 아이를 좋아하든 아니든 어른이라면 대부분 같은 인간을 존중해야 한다는 사회 규범을 이해하고 제대로 수행할 수 있다. 상대가 몇 살이든 말이다.

이런 연구가 명확히 보여주는 점이라면 사람들이 아이를 갖지 않는 이유는 아주 다양하다는 것, 그리고 대체로 함께 있고 싶은 사람의 나이가 아니라 어떻게 살고 싶은가에 따라 달라진다는 것이다. 아이의 삶에 직접 관여하지 않는 사람이 아이에게 느끼는 감정은 단순히 사랑과 미움이라는 이분법으로 드러나는 것보다 한층 미묘하게 마련이다. 심지어 내 인터뷰만 살펴보더라도 아이를 갖지 않은 사람들 상당수가 아이들과 의미 있고 만족스러운 유대관계를 맺고 있음을 알게 된다.

아이들과의 유대관계

아이를 갖지 않은 사람도 아이들과 다양한 유대관계를 맺는다. 친척 아주머니나 아저씨, 멘토나 교사 혹은 주변 아이들의 친구로서 말이다. 아이들 삶의 모든 측면에는 부모가 아닌 어른이 존재한다.[16] 인터뷰를 하면서 아이를 갖지 않은 사람들이 아이들의 삶에 어떤 역할을 하는지 조사했고, 그 과정에서 다양한 주제를 확인할 수 있었다. 첫째로 아이를 갖지 않은 사람들 상당수는 교사, 상담사, 사회 복지사 등 아이들의 삶에 관여해야 하는 직업에 종사하며 아이들과 유대를 맺는다. 이는 아이를 갖지 않고서 그런 역할들을 수행하는 어른과 그들의 보살핌을 받는 아이 모두에게 중요하다.

아이를 갖지 않은 사람 중에는 자신에게 생물학적 자식이 없다는 바로 그 이유 때문에 아이들과 특별한 관계를 맺을 수 있었다고 말하는 이들도 있다. 이 주제는 선행 연구에서도 드러난 바 있다. 예를 들어 퍼트리샤 소티린과 로라 엘링슨은 고모나 이모가 조카의 삶에 어떤 역할을 하는지 연구하여 이런 무자녀 여성들의 역할이 양육과 친척관계에 관한 구시대적 관념에 도전하며 이를 바꿀 "진보적 잠재력"을 보여준다고 분석했다.[17] 소티린과 엘링슨은 고모나 이모가 엄마와 뚜렷이 구분되는 존재이며, 그들이 조카의 삶에 어떤 영향을 미치는지 무시한다면 양육과 친척관계의 구조뿐만 아니라 "여성성의 힘"이 가진 다양함과 복잡함을 깊이 이해할 기회를 놓치는 셈이라고 지적했다.

내가 인터뷰한 아이를 갖지 않은 사람 중에는 아이들에게 양가감정을 표현하는 이들도 있었지만, 그들도 대부분 아이들을 싫어하지는 않았다. 다만 나이 외의 더욱 복잡한 측면(예를 들면 개인적 유대관계)에 따라 아이에 대한 감정도 달라진다고 했다. 하지만 그런 사람이라고 해서 아이들의 삶에 아무 역할도 하지 않는 것은 아니다. 이제부터는 아이를 갖지 않은 사람이(아이들을 사랑하는 경우부터 아이들에게 양가감정을 느끼는 경우까지) 아이들의 삶에서 어떤 역할을 하는지 살펴보겠다.

직업적 연결

아이를 갖지 않은 사람이 아이들과 소통하는 가장 일반적인 경로는 직업을 통해서다. 사실 내 연구 참여자 중 사분의 일 이상이 아이들과 소통하고 아이들의 삶에 관여해야 하는 직업을 일부러 선택한 경우였다. 아이를 갖지 않은 사람에 관한 일레인 타일러 메이의 연구에서도 비슷한 경향이 나타났다.[18] 메이의 표현에 따르면 "아이가 없는 사람들 중에는 가정보다 더 넓은 세계에서 아이들을 보살피는 일을 진지하게 받아들이는 경우가 있다. 과거에도 아이 없는 사람들이 그랬듯이 말이다. 이들은 자신과 엮인 아이들에게 책임감을 느끼며, 생물학적 자식을 두지 않고 공동체 내의 아이들에게 필요한 것을 지원해주던 어른들의 유구한 전통을 계승"한다.[19] 내 연구 참여자 중에는 아이를 갖지 않은 교사, 치료사, 사회 복지사, 캠프장 지도자, 소아과 의사, 경찰관도 있다. 상당수는 나처럼 보모로 일한 적이 있었다. 그런가 하면 이제 막 일을 시작했을 뿐이지만 앞으로 아이들과 그들의 보호에 초점을 맞춰 경력을 쌓아가려는 사람들도 있었다.

쉰세 살의 캠프장 지도자 수전은 열두 살 때부터 베이비시터 일을 했다. 수전은 항상 언젠가는 아이를 낳을 거라고 생각해왔지만, 대학생 시절 백화점에서 일하면서 생각이 변했다. "정말이지 혐오스러운 부모를 많이 봤어요. 그들이 자기 아이를 다루는 방식이라니! 팔을 질질 잡아끌고, 이리저리 밀치고, 소리지르고, 바닥에 주저앉히기도 했죠. 제가 보기엔 완전히 잘못된 행동들이었어요." 이런 일을 겪으며 수전은 어떻게 하면 아이들의 삶을 긍정적으로 변화시킬 수 있을지 심사숙고하게 되었다. "저는 다양한 나이대 아이들과 함께 많은 경험을 했어요. 정말 즐겁고 행복한 일이었지만, 문득 이런 생각이 들더군요. '이 세상에는 이미 너무 많은 아이들이 있어. 돌봐주거나 편들어줄 사람도 없는 아이들 말이야.' 그래서 제가 아이들에게 그런 사람이 되어줘야겠다고 느꼈죠."

그러니까 수전은 퍼트리샤 힐 콜린스가 말한 '대안엄마들'과 아주 비슷한 방식으로 아이들의 수호자가 되어주자고 결심했던 것이다. 자신의 목표를 방해할지도 모르는 친자식을 갖는 대신 다른 사람의 아이들이 더 나은 미래를 누리게 지켜주기로 한 것이다. "저는 캠프장에서 일하면서 기쁨을 찾았어요. 마땅히 누려야 할 관심을 못 받은 아이들, 자신의 성취와 생각을 칭찬해주고 긍정해줄 사람이 없었던 아이들을 여럿 도울 수 있었죠. 제게는 경이롭고 엄청난 경험이었어요. 스무 살 이후로 줄곧 자식을 낳는 건 제 길이 아니라고 확신해왔어요. 하지만 아이들의 삶을 변화시키는 건 저도 할 수 있는 일이었죠. 이 세상엔 사랑과 관심이 필요한 아이들이 이미 충분히 많아요. 친자식을 낳는 것보단 그 아이들을 보살피는 게 더 중요하죠."

실제로 수전은 아이들의 삶을 긍정적으로 변화시키는 것을 일생의 목표로 삼았다. 이런 계획이 수전에게는 합당했지만 남들은 이해하기 어려울지도 모른다는 걸 수전도 알았다. "제가 일한 분야는 캠프에서 교육까지 전부 아이들과 관련된 것이었지요. 자기 자식을 갖지 않기로 선택한 사람이 이렇게 사는 걸 이상하게 여길 이들도 있을 거예요. 하지만 정말로 아이들과 함께하는 것이 제 삶의 전부였어요. 어떤 사람들은 이해를 못하겠지만, 세상에는 도움이 필요한 아이가 이미 너무 많으니까요."

제시카도 수전과 비슷한 경우다. 다양한 비영리 단체에서 조직책으로 경력을 쌓아온 제시카는 이렇게 말한다. "저는 아이들을 사랑해요. 제 일은 대부분 아이들과 관련된 것이었고요. 아이들의 삶을 변화시키고 싶어요. (…) 항상 제 나름의 방식으로 아이들을 이해할 수 있다고 생각했어요. 아이들에게는 엄청나게 참을성 있고 관대해질 수 있죠. 아이들이 (부모 외의) 다른 어른들과도 소통할 수 있다는 걸 확인하고 싶어요." 제시카가 일터에서 만난 아이들은 친자식을 낳지 않겠다는 선택을 이상하게 여기지 않는 듯하나 일부 부모들은 그 점을 마뜩잖아하는 듯하다.

수전과 제시카의 언급처럼 사람들의 당황과 혼란, 자기 자식은 없으면서 다른 아이들을 돕느라 헌신하다니 이해할 수 없다는 인식은 아이를 갖지 않은 사람이 흔히 부딪치는 난관 중 하나다. 사십대 초반의 소아과 의사 켈리는 다년간 교육을 받았고 직업적으로도 성공했음에도 단지 아이가 없다는 이유로 동료들이 자신의 전문성을 의심한다고 말했다. 켈리의 말을 들어보자. "저한테 아이가 없다고 제 직업적 능력까지 의심하는 사람들이 있나봐요. 그런 일을 직접 겪기도 했어요. 그렇다니까요, 정말로 업무 평가에서 그렇게 말한 관리자가 있었어요. 처음에는 제가 가족중심적이고 아이들을 잘 대한다며 아주 좋게 말하더군요. 담당한 가족들에 대한 요청 사항도 합리적이라고요. 예를 들면 운동 프로그램이라든지, 가정에서 아이들에게 해줄 만한 것들 말이죠. 그러더니 갑자기 이러는 거예요. '당신은 자식이 없는데도 부모들의 상황을 아주 잘 이해하는 것 같네요.' '자식이 없는데도'라니! 정말로 그렇게 말했다니까요! 그 말을 듣고 속으로 생각했죠. '정말요? 그게 제가 일을 잘하는지랑 관계있는 줄은 몰랐네요.' 전 이 일을 하도록 훈련받은 사람이에요. 실제로 잘해내고 있고요. 제 관리자도 그 사실을 잘 알지만 그런 제게 아이가 없다는 걸 도무지 납득할 수가 없나봐요."

"항상 어떤 식으로든 청소년을 돌보는 청소년 관련 단체에서 일해왔다"고 자신의 경력을 밝힌 에린에 따르면, 아이가 있느냐는 질문을 직장에서 받을 때마다 "정말 어색한" 상황이 벌어지곤 했단다. "직장 동료들은 아이가 없다면 아이를 이해할 수도 없다고 생각하는 것 같더군요. 경력도 그렇고 그동안 받은 교육도 전부 아이들에 집중된 것이니 저도 어느 정도는 일터에 공헌할 능력이 있다고 생각하거든요. 하지만 제게는 항상 전문가로서 민망한 상황이 발생했죠. '아뇨, 전 아이가 없는데요'라고 말할 때마다 사람들이 절 비난하듯 바라본다고 느꼈고요."

내가 인터뷰한 사람 중에는 아이들이 좋아서 그들과 관련된 직업을 선택했지만 아이들과 함께하지 않는 근무 외 시간도 소중하다고 응답한 경우도 있었다. 대학생인 샬은 아이를 낳지 않을 계획이기에 오히려 교사로서 헌신할 수 있을 거라고 말했다. 샬의 말을 들어보자. "저는 교육학을 전공했어요. 담당 교수님 한 분이 그러시더군요. 자기 아이를 키우면서 교사로 일하는 사람은 정말 존경스럽다고요. 그런 사람은 말 그대로 하루 이십사 시간을 아이들과 함께하는 셈이니까요. 세상에, 저는 상상도 못하겠더라고요. 날마다 일곱 시간씩 아이들과 함께 보내는 건 충분히 상상 가능하고 재미도 있을 거예요. 하지만 이십사 시간을 아이들과 함께 보낸다니, 정말 상상도 못할 일이죠." 샬은 아직 교사로 일하진 않지만, 아이들에게 집중해야 하는 직업에 종사하면서 성공하려면 아이를 갖지 않는 게 문제가 되지 않으며 오히려 유리할 거라고 믿는다.

　교사 부부인 킴과 잭의 경험담은 샬의 예상을 뒷받침해준다. 이들은 자신의 직업을 좋아하지만 아이들에게서 벗어나 학교 밖에서 보내는 시간도 소중하게 여긴다. 잭에 따르면 "아이 투여량"은 직장에서 충분히 채우고 있다는 것이다. 잭의 말을 들어보자. "저희는 줄곧 아이들 곁에 있어요. 어떤 면에서는 걔들을 키우는 셈이죠. (…) 저희 둘 다 교실에서 아이들과 맺는 관계를 아주 중요시해요. 제 인생에는, 아니 저희 인생에는 아주 많은 아이들이 있죠. 그러니 (친자식을 낳지 않았다고 해서) 뭔가를 놓친 기분은 안 들어요." 마찬가지로 교사로 일하는 타냐도 이렇게 말한다. "저는 교사예요. 칠년 동안 교사로 일했죠. 이 일이 좋아요. 교육학 학위도 땄고요. 하지만 아이를 좋아한다고 해서 엄마가 되고 싶은 건 아니에요. 교육적인 환경에서 아이들과 함께하는 시간이 즐거운 거죠. 대학생 때 보모로 일한 적이 있어요. 그때 제가 아이들과 잘 맞긴 하지만 부모가 된다는 일은 쉽게 결정할 게 아니고 저한테도 부적합한 일임을 깨달았죠."

아이들과의 독특한 유대관계

인터뷰를 진행하며 뚜렷해진 주제 하나는 아이를 갖지 않은 어른이 바로 그 점 때문에 아이들과 각별하고 중요한 관계를 맺을 수 있는 특이한 위치에 선다는 사실이다. 마흔 살의 앤절라는 업무상 전 세계를 돌아다니는데, 그의 남동생 제임스는 자기 누나와 아들 그레이슨의 유대관계를 이렇게 표현한다. "아주 멋지지. 누나에겐 뭔가 전설적인 분위기가 있거든. 누나가 전 세계를 여행하며 엽서나 음반을 보내주고 영상통화로 세계 곳곳에 있는 모습을 보여주기도 하잖아. 그레이슨에게 누나는 멋지고 전설적인 존재야. 엄청 좋아한다니까."

내 인터뷰에서 드러나는 이런 양상은 다른 연구자들의 보고와도 일치한다. 마케팅 회사 디브리스글로벌에서 아이를 갖지 않은 여성 천 명을 대상으로 시행한 설문조사에 따르면 이 여성들 중 80퍼센트는 (조카나 친구의 자식을 포함한) 아이들이 자신의 삶에 중요한 존재라고 응답했다.[20] 남성들 역시 비슷한 역할을 한다. 로버트 밀라도는 조카 서른한 명과 삼촌 스물한 명을 인터뷰하여 삼촌이 조카에게 멘토, 친구, 때로는 대리 부친 노릇을 하며 양육자로서의 역할과 다음 세대에 관해 진지하게 고민한다는 점을 밝혀냈다.[21] 고모나 이모에 관한 연구 또한 그들이 조카에게 교사, 역할 모델, 대화 상대, 경험 많은 친구, 제2의 엄마 노릇을 한다는 점을 드러냈다.[22]

마찬가지로 '대안엄마들'에 관한 연구도 이러한 역할이 친척 어른이나 어쩌다 아이들의 삶에 끼어들게 된 어른에게만 한정되지 않는다는 점을 보여준다.[23]

킴은 절친한 친구의 세 살짜리 딸과 맺은 관계를 "저는 그애의 놀이 친구예요"라고 설명한다. 이는 아이 부모의 역할과는 전혀 다르다. 킴의 남편 잭은 이렇게 덧붙였다. "그애는 킴을 이름으로 부르지만 저는 '킴네 아빠'라고 부른답니다. 킴을 자기 또래 친구처럼 생각해서 그런 것 같아요".

잭도 마찬가지로 주변 아이들과 특별한 유대를 맺고 있다. "저희는 아이들과 사이가 좋아요. (친구들의) 아이를 집으로 초대하곤 해서 저희 집을 농담으로 '여름방학 캠프'라고 부르기도 하죠. 친구들은 대부분 아이가 있는데 저흰 아이가 없다보니 아무래도 가끔씩 다른 집 애들이랑 놀아줄 여유가 생기거든요. 저희가 돌봐야 할 자식이 없으니까 친구 집에 가면 정말로 그 집 아이들을 대신 봐줄 수 있죠. 친척 아주머니나 아저씨처럼 불쑥 찾아가서 즐겁게 노는 거예요. 가끔은 정말 재미있는 게, 아이들이 저희를 그저 덩치 크고 나이 많은 친구로 여기더라고요. 저희가 아이들과 그렇게나 사이좋게 지내는 건 그럴 만한 시간 여유가 있어서죠. 그래서 걔들이랑 놀아주는 데 집중할 수 있는 거예요. 신경도 많이 써줄 수 있고요."

십 년 이상 부부로 살아온 잰과 프레드도 아이들과 잰의 유대관계에 관해 이야기했다. 두 사람은 이웃집 가족과 친하게 지내는데,

잰은 특히 열한 살짜리 엠마와 돈독한 사이다. 잰의 말을 들어보자. "엠마는 제 꼬마 친구예요. 저희가 이사 왔을 땐 두 살 정도였을 거예요. 자라면서 저희 집 정원이나 뒷마당에서 저와 많은 시간을 보냈죠. 그러니 구 년 동안 친구로 지낸 셈이네요."

보조금 유치자*로 일하는 앨리슨은 친구들의 아이를 만나는 게 무척 즐겁다고 말했다. "지금도 절친한 친구 둘이 임신중이에요. 그 아기들을 만날 일이 너무 기대되네요." 또한 앨리슨과 그의 남편은 자신들이 아홉 살짜리 조카딸에게 더 넓은 세상을 보여줄 특별한 위치이며 자기네 말고는 그럴 사람이 없다고 믿는다. "저희는 조카랑 시간을 보내는 게 정말정말 즐거워요. 작년 크리스마스에는 그 애더러 저희 집에서 며칠 묵고 가면 어떻겠느냐고 했죠. 주말 연휴나 특히 여름방학 동안에도요. 조카를 만나러 갔다가 돌아올 때마다 그 애가 무척 슬퍼 보이거든요. 저희 집에 머물면 그 애 부모한테도 좋겠지만 특히 그 애에게 유익한 변화일 거라고 생각했죠. 그냥 제가 그 애의 고민을 엄마나 할머니와는 다른 관점에서 이해할 수 있을 것 같아요. 평상시에 만나고 얘기하는 사람들과 다른 시각으로 그 애를 바라보는 사람이 있다는 건 본인한테도 좋을 거예요."

앨리슨은 조카딸의 고민을 남과는 다른 관점에서 '이해'한다고 언급했는데, 이는 고모나 이모와 친하게 지내는 아이들에 관한 연

*기업, 정부, 재단, 부유한 개인에게 비영리 단체 자금을 요청하는 역할.

구 결과와도 일치한다. 로라 엘링슨과 퍼트리샤 소티린은 고모나 이모와의 소통을 다룬 아이들 일흔 명의 기록을 분석한 뒤 이들의 무비판적 조언, 개방적인 태도, 부모와 이야기하기 망설여지는 주제도 함께 의논하려는 자세를 아이들이 고마워한다고 밝혔다.[24] 엘링슨과 소티린에 따르면 "친척 아주머니는 제삼자적 관점을 취하기 때문에 이상적인 대화 상대일 수 있다. 그들은 조카와 그 부모 양쪽을 모두 잘 알기 때문에 문제의 성격, 연관된 사람들, 최선의 대처법까지 간파하기 좋은 입장이다".[25]

인터뷰 참여자들은 아이들과 특별한 우정을 맺을 뿐만 아니라, 친자식이 없기 때문에 주변 아이들의 친구라는 비공식적 역할 말고 더욱 공식적인 양육자 역할까지 맡을 수 있다고도 얘기했다. 때때로 그들은 법적 후견인이나 대부모가 되기도 한다. 교수인 애넷은 친자식이 없어서 "많은 아이들의" 대모가 될 수 있었다고 말했다. 앞으로도 대모 요청을 받아들일 생각이 있느냐고 묻자 "이미 충분해요!"라고 덧붙였지만 말이다.

타냐와 전남편 척은 이혼하기 전 척의 조카를 집으로 데려와 몇 달 동안 함께 지낸 적이 있다. 척의 조카는 대학생활에 적응을 못하다가 결국 퇴학당한 상태였다. 타냐는 이렇게 설명했다. "척의 가족 중에는 정신질환을 겪는 사람이 많아요. 조카아이의 부모도 별로 출세하지는 못했죠. 그래서 조카아이가 대학에서 어려움을 겪다가 쫓겨났을 때 저희는 그애를 받아들이기로 했어요. 그애는 대여섯 달 동안 저희와 함께 지냈죠. 좀 기묘한 방식이었지만, 어리지 않은 아이에게도 도움의 손길을 건네고 싶었거든요. 아직 많은 가능성을 지닌 아이에게 인생을 다르게 바라볼 기회를 주고 싶었어요. 저희에게도 정말 좋은 경험이었지요. 고양이를 키운 것을 제외하면 아이의, 적어도 청소년의 부모가 되는 일에 가장 가까운 경험이었으니까요. 그 경험 덕에 조카아이도 변할 수 있었다고 생각하고요. 즐거운 시간이었어요. 그애를 데리고 여기저기 다녔죠. 멋진 레스토랑, 콘서트장, 뉴욕 여행, 전시회 개막 행사도 갔어요. 펜실베이니아로 데려가서 저희 친구들도 소개해줬고요. 다들 학자라 그애가 자란 환경과는 전혀 다른 세상 사람들이었거든요."

킴과 잭도 주변 아이들을 위해 한층 공식적인 역할을 맡은 적이 있다. 그들과 절친한 한 커플이 혹시라도 무슨 일이 생기면 자기네 두 아이의 후견인이 되어달라고 요청한 것이다. 서로의 가족에 관해 대화하던 중에 그런 얘기가 나왔는데, 친구 커플은 자기네 형제자매가 조카들에게 딱히 관심이 없다고 했다. 그런 친지들에게 아이들의 후견인 노릇을 부탁하는 건 상상이 안 가니 킴과 잭이 그 역할을 맡아줬으면 좋겠다고 말이다. 잭은 이렇게 말했다. "저희로서도 가볍게 받아들일 이야기는 아니었죠." 킴은 이렇게 말했다. "이렇게 중요한 관계를 맺으니까 이 친구들이 한층 더 가족처럼 느껴지더라고요. 서류에 정식으로 서명하고 나면 더욱 그렇겠죠. 말하자면 이런 거예요. '그래, 이제 무슨 일이라도 생기면 내가 저 아이들을 법적으로 책임져야 해.' 이 사실이 친구들과의 우정을 더 끈끈하게 해주는 것 같아요. 전과 달리 한 가족이 된 기분이랄까요. 그 아이들 역시 저희를 전과 달리 본다고 해도 놀랍진 않을 거예요. 저도 부모님이 돌아가시면 누가 절 보살펴주기로 되어 있는지를 알고서 그분들을 두번째 부모처럼 생각했었거든요. 어린 시절 느꼈던 안도감이 아직도 생생해요. 그분들이 절 보살펴주리라는 걸 알았으니까요."

아이들의 삶을 변화시키는 일이 천직 같다는 캠프장 지도자 수전 역시 조카들과 주말을 함께 보내면 즐겁다고 했다. 수전은 형제자매들이 지쳐 있을 때면 조카들을 자기 집으로 부른다. 수전은 조카들과 사이가 돈독한데다 경제적으로 안정된 상황이라 양육비를 보태주기도 하며 조카들에게 직접 베풀기도 좋아한다. "조카들이 놀러올 때면 지극정성으로 돌보죠. 아낌없이 돈을 쓰고 신나게 놀아요. 원하는 건 뭐든 들어주고요."

수전만 그런 것은 아니다. '고모 노릇' '이모 노릇'이라는 건 보통 조카들을 격려해주고 선물을 사주고 후하게 대해준다는 뜻이다. 고모나 이모를 둔 아이들은 친부모와 일상적으로 하지 못했던 특별한 식사와 여행이 정말로 고맙고 소중한 추억으로 남았다고 말했다.[26]

'새비 앤티'의 멜라니 놋킨과 웨버 샌드윅의 연구에 따르면 고모나 이모는 종종 아이들에게 돈을 쓰고 그 부모도 경제적으로 지원하게 마련이다.[27] 2012년 조사 결과 이들은 친척 아이들에게 한 명당 평균 387달러를 썼으며 그중 사분의 삼은 500달러 이상을 썼다. 또한 이런 여성들은 친자식이 있는 경우보다 없는 경우가 더 많았다. 핀란드에서 진행된 세대 간 전수에 관한 조사를 봐도 아이 없는 여성이 형제자매의 아이들에게 더욱 많이 투자함을 알 수 있다.[28] 또다른 조사에 따르면 아이 없는 고모나 이모가 조카들과 더욱 자주 연락하며 지낸다고 한다.[29] 이로써 아이를 갖지 않은 여성이 직접 출산을 하지는 않았을지언정 감정적으로나 경제적으로나 유의미하게 주변 아이들을 보살핀다는 사실을 분명히 알 수 있다.

아이도 그냥 사람이다

아이를 갖지 않은 사람들 상당수가 많은 돈과 시간을 들여 아이들의 삶에 상당한 기여를 하고 있지만, 그와 달리 대체로 어른들과 어울리는 편을 선호하는 사람도 있다. 이들은 아이를 독립적이고 자율적인 개체로 여기며, 마음에 들고 같이 있으면 즐거운 아이도 있지만 군이 친하게 지내고 싶지 않은 아이도 있다고 말했다. 아이를 갖지 않은 사람이 일부 아이들과 교감하지 못하는 건 대개 아이들이라는 집단보다도 아이 개인의 특성 때문이었다. 하지만 아이들과 거리를 두는 편이 낫다고 응답한 사람조차도 아이들이 싫다기보다는 불편하다는 표현을 썼다. 한편 그냥 아이들과 자연스럽게 교감할 수 없다고 응답한 사람도 있었다.

앞서 랜스가 아이들에 관해 말한 것과 비슷하게, 서른두 살 애넷은 아이들이 집에 놀러오거나 아이들 수준에 맞춰서 소통하면 즐겁다고 말했다. "도서관에서 책을 빌려다놓고 아이들이 좋아하는 영화도 몇 편 준비해두죠. 빨대 달린 컵 같은 기본적인 아이 용품도 오래전부터 구비해뒀고요. 저희 집에 놀러오는 사람은 누구든 편안했으면 좋겠거든요. 아시다시피 '아, 넌 아이를 안 좋아하는구나. 그러니까 아이를 안 가졌겠지'라고 추측하는 사람이 많잖아요. 하지만 전혀 그렇지 않아요. 아이들이 고집불통이긴 하지만요." 내가 인터뷰한 다른 사람들처럼 애넷도 아이들을 있는 그대로 받아들이면서도 자신이 어떤 점을 받아들이기 어려워하는지도 인지했다. 랜스에게는(아마 킴 캐트럴에게도) 그것이 기저귀였다면 애넷에게는 그것이 고집부리기인 셈이다.

아이를 갖지 않은 사람 중에는 아이 자체보다도 아이에 대한 기대나 문화 규범이 자기 어린 시절과 달라졌다는 점을 불편해하는 경우도 있다. 빌은 이렇게 말한다. "제가 어렸을 때만 해도 저희 부모님은 파티에 절 데리고 다니셨어요. 거기 가면 분별 있고 얌전하게 굴어야 했죠. 부모님이 어른으로서 즐기는 동안 저는 다른 어른들과 소통할 줄 알아야 했죠. 저는 사회 활동에서 아이들을 무조건 배제할 것이 아니라 아이들이 사회 활동을 어떻게 하는지 직접 배워야 한다고 봐요. 요즘 아이들은 어른과 소통하는 법을 전혀 배우지 않죠." 빌도 다른 참여자들처럼 아이들과 소통하기를 즐긴다고 응답했다. 또한 아이들도 분별 있고 점잖게 행동하는 법을 배울 수 있으며 그런 자세로 어른과 소통할 기회를 더 많이 누려야 한다고 말했다.

아이를 갖지 않은 사람도 아이들에게 이런 기회를 제공하기가 쉽진 않다는 건 이해한다. 바브는 자신이 목격한 사례를 이야기했다. "지난 주말에 소풍을 갔는데 주변에 사람들이 많았어요. 저랑 같은 테이블에 부모랑 딸, 그애의 사촌인 여자애가 앉아 있었어요. 그 부부는 하루종일 여자애들을 상대하고 있었죠. 그 두 사람이 여자애들을 대하는 태도가 정말 흥미로우면서도 감탄스러웠어요. 아이들 나이에 맞추어 얘기하고 계속 농담을 주고받으면서도 아이들과 진지하게 소통하더라고요. 그 모습을 지켜보면서 무척 감동했어요. 정말로 훌륭한 양육 사례를 직접 볼 수 있었으니까요. 하지만 오후가 끝날 무렵엔 제가 다 지치더라고요. '내가 저 사람들 입장이 아니라서 다행이야!'라는 생각이 들었죠."

아이들이 어른과 소통하는 법도 배워야 하지만 독립적으로 행동하도록 허락받아야 한다는 참여자도 있었다. 스티브의 말을 들어보자. "아이를 품에 끼고 다니며 감싸서 보호해야 한다는 사고방식 자체가 저 어릴 때랑은 너무 달라요. 저희 엄마는 저더러 항상 밖에 나가라고 말씀하셨거든요. 여름방학이면 더욱 그랬죠. '밖에 나가서 뭔가 할일을 찾아보렴. 저녁식사 때까지는 들어오지 말고.' 요즘 아이들은 그때 아이들처럼 지낼 수 없죠." 스티브가 말한 이런 변화는 아동의 안전에 관한 인식과 유괴 우려의 증가 때문이기도 하겠지만, 집중적 육아문화라는 사회적 추세도 어느 정도 영향을 미쳤을 것이다. 그러나 3장에서 살펴본 바와 같이 헬리콥터 육아는 안전과 그리 상관이 없으며, 아이 자신이나 그들의 성장에 항상 최선은 아닌 극단적 양상을 띠기도 한다.

아이들과 가깝게 지내고 싶진 않지만 마찬가지로 어른들과도 가까이 지내지 않는다고 말한 참여자도 있었다. 교수인 밥은 아이들과 함께하는 게 특별히 더 불편한 건 아니라고 서두를 뗐다. 그러고는 아이들 문제가 아니라 그냥 자기 "성격이 비사교적"인 거라고, 하지만 자기도 노력하는 중이라고 덧붙였다. "아이들 곁에서 좀더 편안해질 수 있게 의식적으로 노력하려고요. 저도 아이들과 더 많은 시간을 보내고, 가능하다면 아이들을 더 잘 이해하고 싶거든요. 아이로 사는 게 어떤지를 이해하면 아이들이 더 편해질지도 모르죠." 밥은 이렇게 고백했다. "아이가 있는 집을 방문하면 아이들과 노는 게 더 편해요. 재미있기도 하고요. 사실 부모보다 아이들과 어울리는 쪽이 더 쉬울 때도 많죠." 밥은 동료가 남편과 데이트하도록 동료의 아이들을 저녁 내내 돌봐주겠다고 자원한 적도 있다. 그 경험을 돌이켜보면서 밥은 이렇게 말했다. "정말 즐거웠어요. 하지만 열시에 동료 부부가 돌아와서 아이들을 데려갔을 때도 정말 좋았죠."

자칭 '컴퓨터광'인 로빈과 조엘 부부는 자기네끼리 보내는 시간을 충분히 누리고 싶다고 말했다. 조엘에 따르면 "저희도 사람들을 좋아하지만, 저희가 만나고 싶을 때 잠깐씩 만나는 편이 더 좋아요". 로빈은 이렇게 덧붙였다. "사실 저희 둘이 있을 때도 저 사람은 거실에서 텔레비전 채널을 돌리고 저는 다른 방에서 컴퓨터를 하며 따로 시간을 보내곤 해요. 그렇다고 해서 서로를 생각하지 않거나 좋아하지 않는 건 아니에요. 그냥 각자 하고 싶은 일을 할 때도 있는 거죠. 저흰 그러는 게 좋아요." 로빈과 조엘처럼 아이를 갖지 않은 커플들은 가정에 아이든 어른이든 다른 사람을 들이면 자신들의 소중한 일상이 망가진다고 여긴다.

자신의 삶에 다른 사람을 맞아들일지 말지는 그 사람의 나이와 상관없이 심각하고 중대한 문제다. 그저 나와 맞지 않을 뿐인 사람은 항상 있게 마련이며, 그중에는 아이들도 있을 수 있다. "아이들이라고 전부 사랑스러운 것은 아니에요. 제가 아이들을 싫어한다는 게 아니라, 가능하다면 항상 곁에 있고 싶진 않은 아이도 존재한다는 거죠"라는 킴의 말처럼 말이다. 킴의 말에서 '아이'를 '사람'으로 바꾼다면 아무도 이의를 제기하지 않을 것이다. 아이를 갖지 않은 사람이 아이를 그냥 사람으로 여긴다고 해서 아이를 싫어한다고 오해해선 안 된다.

사실 아이 부모도 아이들에 관해 비슷하게 생각하는 경우가 있다. 아이를 키우는 몇몇 친구도 자기 아이는 정말 사랑스럽지만 남의 아이에게는 관심이 안 간다고 고백한 바 있다. 매우 헌신적이며 훌륭한 양육자인 친구 하나는 솔직히 아이들을 그렇게 좋아하진 않는다고 털어놓기도 했다. 우리가 아이를 갖지 않았다고 얘기하면 "하지만 네 아이가 생기면 너도 달라질걸!"이라는 반응이 돌아오는데, 어쩌면 이런 말도 아이들을 딱히 좋아하진 않지만 부모가 된 사람들이 있기에 생긴 게 아닐까.

'아이도 그냥 사람이다'라는 강령은 소위 자유방임 육아 운동에서도 드러난다. 2008년 뉴욕선에 실린 작가 레노어 스케나지의 글은 큰 논란을 일으켰다. 스케나지는 아홉 살짜리 아들이 몇 주 동안 간곡히 부탁하자 결국 아이 혼자 버스와 지하철을 타고 뉴욕 시내에서 집까지 오도록 허락했다. 지하철노선도, 교통카드, 20달러 지폐, 그리고 혹시 엄마에게 전화해야 할 경우를 대비해 25센트 동전 몇 개를 가지고 말이다.[30] 스케나지에 따르면 "이 이야기를 들은 사람들 중에서 절반은 나를 아동학대로 고발하겠다고 했다". 하지만 스케나지는 아이들이 스스로 아무것도 못한다고 생각하면 어느새 정말로 그렇게 된다는 입장을 고수했고, 그로부터 이 년 뒤에는 '자유방임 육아' 철학을 정리한 일종의 선언문을 발표했다.[31]

스케나지는 결국 체포되지 않았지만, 작가 킴 브룩스는 "공포의 시대"에 엄마로 산다는 것을 2018년 뉴욕타임스 사설로 다루며 전혀 다른 사연을 들려주었다.[32] 브룩스는 자기 앞으로 체포영장이 나왔다는 것을 알게 되었다. 미성년자의 비행에 일조했다며 기소를

당한 것이다. 창이 열려 있고 문에는 아동 보호 잠금장치가 달린 차 안에 네 살짜리 아들을 5분간 방치했다는 이유였다("온화한 3월 날씨였다"). 결국 브룩스는 백 시간의 지역사회 봉사 활동을 대가로 기소를 면제받을 수 있었다. 브룩스는 자기가 운이 좋았다고 말한다. 직장에서 잘리지도 않았고 가족과 친구 모두 그의 편을 들어주었으니까. 하지만 이 일을 계기로 브룩스는 "위험과 도덕적 분개라는 두 개의 머리를 단 공포가 우리 삶을 지배해야 마땅하다는 사고방식에 은근히 반발"하게 되었다.

여성이 아이와 관련해 어떤 선택을 하든, 아이를 몇 명 낳든 아예 낳지 않든 비난받는 것과 마찬가지로, 브룩스에 따르면 여성은 아이를 최소한의 독립성과 그에 따른 위험 가능성에 노출시키기만 해도 "'게으른' 가난뱅이 엄마라고 경멸당한다. '정신 나간' 워킹맘이라고 경멸당한다. '이기적인' 부자 엄마라고 경멸당한다. 어쩔 수 없이 나가서 일해야 하는 엄마도, 일하지 않아도 되는 주제에 맹목적 모성이라는 불가능한 이상을 실현하지 못하는 엄마도 경멸당한다." 브룩스와 그가 인터뷰한 '나쁜 엄마들'(브룩스와 마찬가지로 아이 혼자 놀게 내버려뒀거나 차 안에서 기다리게 했다는 이유로 비난받은 엄마들)의 경험은 아이를 '사람'으로 대하며 최소한의 독립성과 자유를 허용해주려고 했다가 낙인이 찍히거나 심지어 체포될 수도 있음을 보여준다.

저울추가 다시 반대 방향으로 움직인다는 징조도 있다. 집중적 육아에서 '아이도 그냥 사람이다'에 가까운 양육방식으로 돌아가려는 낌새가 보인다는 것이다. 킴 브룩스와 그가 인터뷰한 엄마들이 신문 사설로 목소리를 내야겠다고 느꼈다는 사실은 많은 점을 시사한다. 2018년에는 미국 최초로 유타주에서 '자유방임 육아'가 합법화되었다.[33] 이 법률은 아동 방치를 재정의하여 "적당히 나이들고 성숙한" 아이라면 자기들끼리 야외 활동을 하거나 혼자 집에 있어도 된다고 허용했다. 아이들은 보호자 없이 걷거나 뛰거나 자전거를 타고 등하교할 수 있으며, 안전하고 통풍이 잘되는 환경이라면 차 안에 혼자 있어도 된다. 이 법률을 통과시킨 입법자들이 아이를 싫어할 거라고는 생각하기 어렵다. 오히려 이들은 아이들의 자율성과 인격을 충분히 인식한 것처럼 보인다. 내가 인터뷰한 아이를 갖지 않은 사람들 대부분이 그랬듯 말이다.

지역사회 전체의 과제

아이 하나를 키우려면 마을 전체가 필요하다는 말을 종종 듣는다. 그리고 아이를 갖지 않은 사람 입장에서 말하자면 우리 또한 그 마을의 중요한 일원이다. 훌륭한 부모가 될 수 있음에도 자식을 원하지 않는 사람이 존재한다는 것은 아이들과 다른 모든 주민들에게 유익한 일일 수 있다. 이런 무자녀 성인들은 아이들에게 꼭 필요한 존재다. 이들은 부모들에게 필요한 도움을 제공하며 스스로도 아이들과의 유대관계를 소중히 여긴다. 실제로 '빅 브라더스 빅 시스터스 오브 아메리카'가 조사한 바에 따르면 부모 말고 다른 어른에게도 사랑받으며 자란 아이는 자신감, 성적, 사회성이 뛰어나다고 한다.[34]

페미니스트 작가이자 『행복한 엄마의 조건』을 통해 오늘날 양육자가 느끼는 압박을 날카롭게 비판한 제시카 발렌티는 이렇게 주장한다. "이제 우리 아이들의 양육을 지역사회의 과제로 생각할 필요가 있다."[35] 나 역시 백 퍼센트 동의한다. 아이를 갖지 않은 사람은 이 과제에서 중요한 역할을 맡는다. 아이를 갖지 않은 사람 모두가 그래야 한다는 것은 아니지만, 그중 상당수가 아이들의 삶에서 그 나름의 역할을 맡기로 선택했다는 사실은 널리 인식되어야 마땅하다. 아이를 갖지 않은 사람 중에 아이를 싫어하는 경우도 있다는 사실로 난리법석을 떠느라 너무나 자주 간과되는 지점이다. 지금까지의 연구들에 따르면 아이를 갖지 않은 사람 모두가('대부분'이라고 해도 마찬가지다) 아이를 싫어한다는 건 전혀 근거 없는 편견이다.

아이를 갖지 않은 사람과 아이들의 유대관계는 아이들과 그 부모들뿐만 아니라 당사자에게도 의미가 깊다. 사회과학자 로버트 밀라도는 조카와 친척 어른 104명을 인터뷰한 결과 친척 어른이 조카의 멘토가 되어주기도 하지만 반대로 조카가 어른들의 삶에 멘토가 되기도 한다는 것을 발견했다. 아이들은 어른들에게 다른 식구와의 관계에 대해 조언해줬으며 그 밖에도 이런저런 도움을 주었다.[36] 밀라도의 연구는 아이들이 부모나 다른 어른들의 도움에서 혜택을 입듯 부모나 다른 어른들도 주변 아이들에게서 무언가를 얻는다는 점을 보여준다.

아이를 갖지 않은 사람들의 이야기를 직접 들어보면, 그들 대부분은 아이 때문에 그런 선택을 한 게 아니라는 사실을 알게 된다. 그들은 피하고 싶은 삶에 대한 두려움 때문이 아니라 그들이 만들어가려는 삶의 전망 때문에 그런 선택을 했다. 일부 논객, 설교자, 정치가 들은 우리 모두가 아이들 때문에 그런 결정을 내렸다고 선전하려 들겠지만, 아이를 갖지 않는다는 선택이야말로 확실히 아이들과는 상관없는 문제다.

7장

노인을 위하지 않는
세상에서 행복하게 나이들기

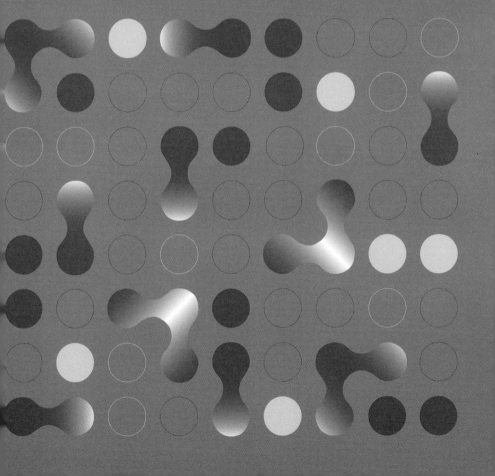

결국 이런 부부들은 고독과
쓰라린 외로움 속에 늙어가게 마련입니다.

프란치스코 교황

랜스와 내가 영원히 공동으로 소득세 신고를 할 법적 권리를 누리기로 결정한 것은 이십여 년 전 기온 0도의 화창한 날 미네소타에서였다. 적어도 둘 중 하나가 죽거나 서로 못 견딜 만큼 사이가 나빠지기 전까지는(어느 상황이 먼저 일어나든 간에) 말이다. 우리는 사랑과 결혼을 적합한 차례대로 완수했으니 자연히 이젠 아기가 올 차례라고 생각했다. 우리가 낳는 아이들은 랜스를 닮아 사랑스럽고 똑똑하며 유머러스할 것만 같았다. 우리도 아기를 가질 거라고 생각했던 이유는 그저 결혼하고 나면 다들 그러기 때문이었다. 하지만 우리는 결국 그 길로 가지 않았고 둘만의 가정을 유지하기로 결심했다. 랜스와 내가 아이를 갖지 않기로 한 이유 중 하나는 우리 관계를 돈독히 할 시간과 에너지를 지키고 싶어서였다. 그렇다고 해서 우리 블랙스톤 가족이 항상 단란하고 정답기만 할까? 당연히 아니다. 하지만 대체로 우리는 아주 행복하다.

많은 커플이 파트너와의 관계를 돈독하게 유지하기 위해서 아이를 갖지 않았다고 말한다.[1] 성인이라고 해서 (아이가 있든 없든 간에) 무조건 다른 사람과 꾸준하고 정답고 유익한 관계를 맺는 게 아님은 말할 필요도 없이 당연하지만, 지난 사십 년간의 연구에 따르면 무자녀인 사람은 그런 관계를 맺을 수 없다고 여겨졌다. 우리는 아이 부모보다 감정적으로 불안정하고 이기적이고 냉랭하며 물질만능주의자로 취급된다.[2] 이런 편견 때문에 아이를 갖지 않은 사람은 홀로 쓸쓸하게 죽어갈 운명이라고들 한다. 사회학자 페아를 데이크스트라와 군힐트 하게스타드가 지적했듯이 "아이 없는 노인의 삶을 결핍이라는 렌즈를 통해 관찰하려는 경향이 뚜렷이 나타난다. 그들은 인생 전반의 체계, '정상적' 발달, 가정생활, 사회화 메커니즘이 결여된 존재"라는 것이다.[3]

이기주의 신화를 설파했던 프란치스코 교황은 이런 거짓을 퍼뜨리는 데에도 크게 기여했다. 2014년 교황은 아이를 갖지 않은 부부들에 관해 이렇게 언급했다. "아이를 안 낳는 게 더 좋겠죠! 좋고말고요! 세계를 돌아다니고, 휴가를 떠나고, 시골에 별장도 장만하면서 속 편히 살 테니까요. (…) 개 한 마리랑 고양이 두 마리를 키우면서 그놈들에게 애정을 쏟는 게 더 낫고 편하겠지요. 정말 그럴까요, 아닐까요? 어떻게 될지 아십니까? 결국 이런 부부들은 고독과 쓰라린 외로움 속에 늙어가게 마련입니다."[4] 교황의 발언은 과장된 이야기겠지만, 내가 인터뷰한 사람들은 자신이 늙으면 맞게 될 운명을 친구와 가족, 심지어 낯선 사람이 어떻게 예언했는지 어처구니없는 사연들을 들려주었다.

랜스가 우리 블로그를 위해 인터뷰한 코미디언 젠 커크먼은 이렇게 말했다. "제가 들은 가장 어이없는 말은 '아이를 안 낳으면 결국 고독사할 거야'였어요. 더 어이없는 점은 그 말을 들은 게 여자친구와 바닷가를 거닐며 서로 속깊은 고민을 나누는 훈훈한 상황도 아니었다는 거죠. 전혀 모르는 사람들이 그런 말을 한다니까요. 결혼식, 칵테일파티, 대기실, 하여간 자기네 생각을 내뱉을 수 있는 모든 장소에서요."[5]

아이를 갖지 않은 사람이 홀로 고통스럽게 죽어갈 것이라는 편견에는 몇 가지 전제가 달린 듯하다. 일단 그렇게 말하는 사람 본인은 늙은 뒤에도 자식들이 곁에서 보살펴줄 것이라는 생각이다. 둘째로 아이를 갖지 않은 사람이 감정적으로 불안정하고 냉정하며 인간관계에 서툴다는 흔해빠진 선입견이다. 게다가 그들은 삶의 마지막 순간에 뒤늦게 후회할지도 모른다는 많은 사람들의(아이가 있든 없든 공통적인) 두려움을 그대로 받아들인다. 죽음을 앞둔 사람이 가족과(다시 말해 자식들과) 더 많은 시간을 보내지 못했음을 후회하는 밈meme은 우연히 생긴 것이 아니다. 이런 메시지는 출산장려주의를 영속시키며, 아이를 갖지 않은 사람이 지금은(건강이 유지되는 동안에는) 아주 즐겁겠지만 언젠가는 자기 선택을 후회할 거라는 편견을 전달한다. 물론 연구 결과에 따르면 이런 전제들은 모두 사실이 아니다.

그러다 후회할지도 몰라

아이를 갖지 않은 사람 중 상당수가 자신의 생각을 남에게 알렸다가 나중에 후회할지도 모른다는 말을 듣는다. 실제로 사회 복지사 캐럴린 모렐은 박사논문을 책으로 출간하며 이렇게 지적했다. "후회할 것이라는 협박은 출산장려주의를 퍼뜨리는 방식 중 하나다."[6] 하지만 모렐은 "자의로 아이를 갖지 않은" 중노년 여성 서른네 명을 인터뷰한 결과 지속적이거나 심각한 후회의 증거를 거의 찾지 못했다. 오히려 이 여성들은 "지속적인 안정감을 느꼈고 시간이 지날수록 아이를 갖지 않겠다는 생각이 굳어졌다"고 답했다. 노년의 웰빙을 연구한 카르스텐 행크와 마이클 와그너는 무자녀 노인보다 유자녀 노인이 경제적, 심리적, 사회적으로 잘 지낸다는 증거를 찾지 못했다.[7]

후회할지도 모른다는 가능성 때문에 안달하는 것은 아이를 갖지 않은 당사자가 아니다. 오히려 제삼자가 그들 대신 나중에 후회할지도 모른다는 말을 꺼내곤 한다. 모렐의 말마따나 후회할 것이라는 협박이 출산장려주의를 강화하는 셈이다. 내가 아이를 갖지 않기로 했다고 얘기하자 한 우버 운전사는 "언젠가는 그런 선택을 후회할

겁니다"라고 주장했다(물론 나는 그에게 조언을 구한 적이 없다). 하지만 아이를 갖지 않은 사람 본인은 좀처럼 후회할까봐 두려워하지 않는다. 부모가 되지 않겠다는 결정은 어느 정도의 나이가 지나면 번복하기 어려우니 다소 두려움을 느끼는 것도 충분히 이해할 수 있다. 하지만 아이를 갖지 않은 당사자도 아니면서 그들 대신 두려움 운운하는 사람은 대개 아이를 갖지 않는 것과 아이가 없는 것의 중대한 차이를 간과한다. 항상 아이를 원했지만 이런저런 이유로 갖지 못한 사람이라면 아이가 없음을 후회할 수도 있을 것이다.

우버 운전사가 내게 던진 말은 매우 해롭게 작용할 수 있다. 아이를 갖지 않은 사람은 묻지도 않았는데 후회할 거라는 억측을 듣게 되며, 자신의 타당한 선택을 변호해야 하는 상황에 지치고 좌절하게 된다. 하지만 만약 내가 아이 없는 삶을 자발적으로 선택한 게 아니었다고 가정해보자. 그 운전사도 내 상황을 정확히 몰랐으니까. 물론 내가 그에게 우리 부부는 아이 갖기를 포기했다고 말하긴 했지만, 원치 않은 불임의 고통을 굳이 떠올리지 않기 위한 자기 보호 수단으로 그렇게 말한 것이었다면 어땠을까? 게다가 애초에 왜 그 사람에게 내 상황을 설명해야 하는가? 아이 부모도 때로는 아이를 하나 더 가지라느니, 지금 있는 아이와 성별이 다른 아이를 가지라느니 하는 달갑잖은 참견에 시달리곤 한다. 부부가 아이를 하나만 갖거나("아이가 왜 형제자매를 안 낳아줬느냐며 원망할지도 모르잖아요!") 아들과 딸을 골고루 갖는 걸 포기한다 해도("하지만 딸의 손을 잡고 신부 입장을 하고 싶지 않아요? 아들과 캐치볼을 하고 싶지 않나요?”) 그건 두 사람이 선택할 문제다. 아이를 갖지 않은 사람의 선택을 존중하는 것이 어떤 면에서는 아이 부모를 비롯해 모든 성인의 선택을 존중하는 태도와 맞닿아 있다는 게 중요하다.

후회 얘기가 나왔으니 말인데, 지금까지의 연구 결과에 따르면 아이를 갖지 않은 사람보다는 결혼하지 않은 사람이 후회할 확률이 더 높다.[8] 하지만 그렇다고 해서 독신을 고수하는 일이 위험하다는 결론이 나오는 것은 아니다. 최근의 여러 연구를 보면 독신자들도 아주 잘살고 있음을 알 수 있다.[9] 심리학자이자 행복한 독신 여성인 벨라 드폴로가 2017년 테드TED 강의에서 말했듯, 독신생활에 관한 긍정적 이야기는 좀처럼 듣기 어렵지만 그렇다고 그런 이야기가 존재하지 않는 것은 아니다.[10] 사실 드폴로는 사람들의 행복 지수가 결혼 직후에는 대체로 다소 상승하지만 시간이 지나면 기혼자나 독신자나 비슷해진다는 사실을 밝혀냈다. 독신자는 기혼자보다 친구가 많고 지역사회에 더 많이 참여하며 형제자매와 더 자주 연락하고 양친에게도 더 신경쓰는 경향이 있다.

부모가 되지 않기를 선택했다는 후회에 대해서라면, (한정적이지만) 지금까지의 연구로 볼 때 아이를 갖지 않은 사람(아이를 원치 않는다고 분명히 결정한 사람)은 대체로 후회할 가능성이 낮다. 재생산이 가능한 시기가 끝나가며 사람들의 염려에 따르면 슬슬 후회할 시점인 중년 여성들도 아이를 갖지 않아서 후회하진 않는다고 응답했다.[11] 나 역시 중년에 이른 여성으로서 양가감정을 느꼈을망정 후회는 하지 않았다고 단언할 수 있다. 아이를 갖지 않은 것이 내게는 적합한 선택이었다고 확신하지만, 임신과 출산은 어떤 느낌일까 하는 호기심은 여전히 남아 있다. 대리모 역할을 맡을까 생각해보기도 했지만 한 번도 이를 심각하게 고려한 적은 없었다. 그토록 많은 여성들이 공유하는 경험을 나도 이해하고 싶기는 했다. 하지만 난관수술을 받기로 결심하고 그뒤로 완경의 첫 징조가 나타났을 때 결국 내가 주어진 기회를 그냥 떠나보내리라는 것을 알았다.

후회에 관한 다른 연구들을 살펴보면, 자의로 아이를 안 가진 노인이 아이를 원했지만 못 가진 노인보다 아이 없는 상태를 긍정적으로 언급할 확률이 훨씬 더 높았다.[12] 또한 일흔두 명의 중노년 여성이 참여한 웰빙 연구에 따르면 부모가 되지 않기를 선택한 여성은 아이를 원했지만 못 가진 여성에 비해 아이 없는 삶을 아쉬워할 확률이 낮았다.[13] 놀랍게도 조사 초반에는 자신이 아이를 원했지만 못 가진 경우라고 말했던 여성 중 삼분의 일이 시간이 지나면서 아이 없는 삶을 받아들이고 즐길 뿐만 아니라 결국에는 '아이 없는 삶을 선택했다'고 생각하게 되었다.

혹시 아이를 갖지 않아서 생긴 단점이 있느냐고 내가 물었을 때 인터뷰 참여자 대부분은 전혀 없다고 응답했다. 노년에 후회하거나 고독해질 가능성을 언급한 사람들도 있었지만, 이에 대비하여 긍정적으로 생각하려고 노력하거나 후회와 고독에 맞서 싸울 방법을 궁리한다고 했다. 베키는 이렇게 말했다. "지난 추수감사절에는 친구네 집에서 와인에 맛있는 음식을 곁들여 만찬을 즐겼어요. 제 평생 손꼽을 정도로 즐거웠던 저녁이었어요! 앞으로도 계속 그렇게 추수감사절을 보낸다고 생각하니 기대되네요. '아, 나도 예순쯤이면 외로워지겠지' 하는 생각은 집어치우고 말이죠." 추수감사절thanksgiving을 가족 대신 친구와 함께하는 프렌즈기빙friendsgiving은 CNN머니 웹사이트에 따르면 밀레니얼 세대가 유행시킨 2015년 최신 트렌드지만,[14] 사실 이는 새로운 현상이 아니다. 동성애자들은 밀레니얼 세대가 그런 생각을 떠올리기 훨씬 전부터 자신이 선택한 가족과 한자리에 모여 명절을 보냈다.[15] 랜스와 나는 미국에서 십오 년간 지내면서 줄곧 "멀리서 온"(메인주 사람들이 우리 같은 이주자들을 가리키는 표현이다) 친구들을 모아 명절을 보내곤 했다. 모임 장소와 참석자 명단은 매년 바뀌지만 훌륭한 음식, 유쾌한 친구들, 넘쳐나는 와인만큼은 항상 마찬가지다.

재닛도 비슷한 경험을 들려주었다. "제가 아이를 안 가져서 생긴 문제라면 크리스마스를 누구와 함께 보내느냐겠죠. 하지만 생각해보니 제 주변에 아이를 갖지 않은 친구가 많은데 그 친구들도 크리스마스를 같이 보낼 사람이 필요하겠다 싶더라고요. 정말 멋진 생각이죠! 어쩌면 다 함께 콜로라도주나 바하마로 놀러갈 수도 있을 거예요. 트리 아래 놓인 선물이나 쳐다보고 있는 것보다는 훨씬 근사하게 들리잖아요? 이번 추수감사절도 시애틀에 사는 친구들과 함께 보냈어요. 저랑 제 남자친구 말고도 열세 명이 있었죠. 아이 없는 열다섯 명의 어른이 거실에 임시로 만든 대형 식탁에 둘러앉아서 와인을 마시면서 한바탕 놀았죠!"

　나 역시 친구들과 함께 와인을 마시며 저녁을 보내는 명절이 나쁘지 않을 것 같다. 나처럼 아이를 갖지 않은 동지들도 대체로 이런 모임에 호의적인 듯하다. 사실 아이 없는 사람은 아이 부모에 비해 음주를 즐길 확률이 높다.[16] 게다가 흡연도 더 많이 하는 편이라지만, 이는 아이 없는 여성이 아이 엄마보다 신체 활동을 즐길 확률이 더 높다는 또다른 연구 결과로 상쇄될 수 있을 것이다.[17]

　이런 생활 습관 때문에 수명이 최대 22개월까지 줄 수 있다는 연구 결과도 있지만,[18] 내가 인터뷰한 아이를 갖지 않은 사람들은 주어진 시간 동안 자신이 선택한 삶을 사는 대가로 몇 달 정도는 기꺼이 내놓을 수 있다고 말했다.[19] 내 인터뷰 참여자들과 우리 SNS 팔로워들의 응답을 참고한다면, 이처럼 위태로운 행동방식은 수명이 줄어들 가능성만큼 소중한 가족 및 친구와 함께하는 즐거운 시간과 유쾌한 추억도 가져올 것이다. 그렇다고 해서 아이를 갖지 않은 사람이 파티광이라는 말은 아니지만, 연구 자료에 따르면 그들이 집에서 혼자 술을 마시는 우울하고 외로운 사람이 아니라는 것은 분명하다. 그들은 호감 가고 사랑받는 사람들이며, 사회적 관계를 끈끈하게 맺으면서 그 혜택을 즐기고 멋진 시간을 보낸다.

누가 당신을 돌봐주겠어요?

아이를 갖지 않은 사람이 남들과 후회에 관해 이야기하다가 가장 흔히 듣는 질문은 "당신이 늙으면 누가 돌봐주겠어요?"이다. 하지만 킴은 나이들어 후회할 가능성이나 아이를 통해 얻을 수도 있었을 애정의 부재를 염려하지 않는다. 설사 아이를 키웠더라도 자기가 늙은 뒤 그들이 돌봐줄 것을 바라거나 기대하진 않았으리라고 말이다. "늙어가는 부모를 돌보는 일은 아주 힘들죠. 제 아이들이 저를 돌보느라 인생의 상당 부분을 포기하기를 바라진 않았을 거예요. 저는 무척 충만한 인생을 살았다고 생각해요. 그러니까 아이들도 저만큼 충만하게 살기를 바라겠죠. 절 돌보겠다고 겨우 마흔 살에 자기네 인생을 포기하지 말고요."

킴처럼 아이를 갖지 않은 사람의 '충만한 인생'에는 친구와 친지로 이루어진 끈끈한 사회적 관계도 포함된다. 늙은 뒤 친구들의 조직망에 기대는 것이 새로운 현상처럼 느껴지는 사람들도 있겠지만, LGBT 공동체에서는 오래전부터 노년기에 서로 의지해온 전통이 있다. 이들은 개인의 선택에 따라 후천적 가족을 구성하거나 노인을 돌봐주는 '자발적 친지' 관계를 이뤄왔다.[20] 2014년 캐서린 크로핸과 동료들이 조사한 결과에 따르면 배우자에서부터 자식, 여타 친지, 최후에는 친구와 이웃으로 이어지는 노년기의 전형적인 '지원 요청 위계'가 LGBT 공동체에는 적용되지 않았다.[21] 파트너 없는

LGBT 개인을 돌보는 사람으로는 친구나 이웃이 가장 많았다. 아이 없는 이성애자들에게는 생소한 발견이겠지만, 이를 통해 나이가 들수록 고려해봐야 할 돌봄 인력의 가능성과 더욱 포용적인 돌봄 정책의 필요성을 알 수 있다. 연구자들에 따르면 "연방 그리고 주의 여러 정책 및 법률은 법적 관계가 있는 사람을 돌보는 이들에게만 한정된다".

이런 정책은 돌봄을 받는 사람에게만 유익한 것이 아니다. 사회학자 애나 무라코와 카렌 프레드릭센골드센이 만성질환을 앓는 동성애자 및 양성애자 노인을 돌보는 간병인들에게 왜 그 일을 하느냐고 질문했을 때 가장 많이 나온 응답은 '나 자신의 기쁨을 위해서'였다. 한 간병인은 이렇게 답하기도 했다. "친구라면 당연히 해야 할 일이지요."[22] 하지만 간병인들과 환자들은 돌봄이 우정의 한 측면일 뿐이며, 그 과정에서 더욱 관계가 돈독해지기는 하지만 그들이 다른 활동도 함께한다는 점을 분명히 밝혔다. 연구 참여자들은 그들이 단순한 친구 사이가 아니라 가족 같은 사이라고 단언했다. 무라코와 프레드릭센골드센은 이들 동성애자 및 양성애자 노인들이 성년이 되었을 무렵엔 지금보다도 사회가 덜 관용적이었기 때문에 상당수는 지금까지도 혈육과의 관계가 거의 끊긴 상태라고 지적한다.

무자녀 노인은 유자녀 노인에 비해 소수 집단이지만,[23] 일부 연구에 따르면 아이가 없는 노인도 사회적 관계를 통해 아이가 있는 노인과 거의 비슷한 정도의 도움을 받는다고 한다.[24] 사실 개인이 늙었을 때 누가 돌봐줄지 예측하려면 아이가 있느냐보다 결혼을 했느냐가 더 중요한 변수다*.[25] 아이를 갖지 않은 사람들 상당수가 기혼자이긴 하지만, 그렇다고 독신자들의 상황이 반드시 더 나쁜 것도 아니다.

사회학자 에릭 클라이넨버그에 따르면 혼자 늙는 일은 점점 더 흔해지고 있으며, 독신자 노인은 역사상 그 어느 때보다 잘 지내고 있다. 게다가 엄밀히 말하면 그들 대부분은 고독하지도 않다.[26] 사실 벤저민 콘월과 동료들은 독신 노인이 기혼 노인만큼 친구가 많으며 친구나 이웃과 활발하게 교제할 확률은 오히려 더 높음을 발견했다.[27] 또한 무자녀 노인을 지원하는 조직망은 유자녀 노인의 경우보다 더 다양한 구성원들로 이루어지는 듯하다. 무자녀 노인은 유자녀 노인에 비해 형제자매나 조카, 사촌 같은 '방계 친척'과 가깝게 지내며 이들과의 교류를 더욱 중요시한다.[28] 젊은 시절부터 인간관계 조직망을 다져놓았고 가능하다면 탄탄한 재정 계획까지 갖춘 사람에게는 아이가 있든 없든 낙관적인 노년이 보장된다는 연구 결과도 있지만 말이다.

내가 인터뷰한 서른여덟 살 '컴퓨터광' 로빈은 나이들었을 때 주변에 아이들이 없을까봐 염려된다고 말하긴 했지만 이를 유머러스하게 돌려서 표현했다. "여든아홉 살이 됐을 때 저한테는 손주가 없

---

* 돌봐주는 사람이 자식보다 배우자인 경우가 훨씬 많다는 뜻이다.

는데 요양원 복도 건넛방에 사는 여자가 손주 자랑을 해댄다면 아쉬울지도 모르죠. 하지만 저는 언제든 방문을 닫고 온라인 세상으로 돌아갈 수 있어요." 그리고 로빈의 상상 속 요양원 동료가 손주 자랑을 한대도 자식이나 손주가 정말로 요양원에 찾아올 거라는 보장은 없다. 노인 중 삼분의 이는 적어도 한 명 이상의 손주가 쉽게 찾아올 만한 거리에 살지만 나머지 39퍼센트는 손주들과 팔백 킬로미터 이상 떨어져 산다고 응답했다.[29] 심리학자 빅터 캘런에 따르면, 자식이나 손주가 노인을 돌볼 거라는 기대는 전통적 가치관에 들어맞긴 하지만 이 또한 "부모 되기의 신화" 중 하나일 뿐이다.[30]

세상에 돌봐줄 사람 하나 없이

부모 되기의 신화에 따르면 부모는 자식에게 시간, 에너지, 돈, 사랑을 투여하는 한 노년의 고독을 피할 수 있다. 하지만 노년의 고독을 다룬 온갖 언론 보도를 살펴보면 이는 우리 세대가 직면한 전염병이며 아이가 있는 사람이라도 예외는 아닌 듯하다. 워싱턴포스트의 기사에 따르면 2017년 중국에서는 한쯔청이라는 여든다섯 살 남성이 자신을 입양해달라는 전단지를 붙였다고 한다.[31] 전단지 문구는 다음과 같았다. "외로운 팔십대 남성입니다. 나를 입양해줄 친절한 개인이나 가족을 찾습니다. 내가 죽을 때까지 돌봐주시고 죽으면 매장해주십시오." 많은 사람들이 노년의 고독은 아이를 갖지 않은 사람들의 문제라고 생각하지만, 아이가 있다고 해서 그런 상황이 면제된다는 보장은 없다. 한쯔청의 경우도 마찬가지였다. 심지어 중국에는 자식이 늙은 부모를 찾아뵈어야 한다는 노인법이 있는데도 말이다.[32]

캘리포니아대 샌프란시스코캠퍼스 연구팀에 따르면 노인의 43퍼센트가 외로움을 느낀다고 한다.[33] 독거노인만 외로움을 느끼는 게 아니다. 캘리포니아대 연구에 참여한 노인 중에 혼자 사는 사람은 18퍼센트뿐이었다. 혹자는 이를 공공 보건의 위기라고 말한다. 심지어 이 문제가 공공 보건에 있어 비만보다 더 큰 위험 요소라고 주장하는 이들도 있다.[34] 실제로 노인에게 고독은 신체 기능의 저하와 죽음을 예고한다는 연구 결과가 있다.[35] 2017년에 이 문제를 다룬 논문들을 검토한 연구에 따르면 128편 중 126편에서 고독이 건강에 해롭다고 결론을 내렸다.[36] "고독의 악순환을 깨려면 가족, 의료인, 자원봉사자의 공동 참여가 필수적이다"라고 결론지은 과학 논문 리뷰도 있었다.[37] 다시 말해 아이 하나를 키우려면 마을 전체가 필요한 것처럼 한 사람이 노년을 잘 보내기 위해서도 마을 전체가 필요하다. 어떤 이에게 그 마을은 성인이 된 자식들을 포함할 수도 있겠지만, 그렇다고 그 사람이 자기 자손에게만 의지할 수 있게 해서는 안 된다.

각 세대가 대물림을 하며 요람에서 무덤까지 서로를 돌본다는 이상적 관념과 달리, 대부분의 현실은 그렇지 못하다. 특히 독거노인이 천백만 명 이상이고 전문가들에 따르면 앞으로 수십 년간 "최소 수백만 명이 늘어날" 미국에서는 더더욱 그렇다.[38] 내가 인터뷰한 아이를 갖지 않은 사람들은 아이가 항상 부모의 바람대로 자라거나 행동하진 않는다고 지적했지만, 조사 결과 오히려 아이 부모들은 늙은 뒤 아이에게 도움받는 일을 덜 기대하는 편이었다. 아이를 갖지 않은 사람과 부모인 사람의 아이에 대한 태도를 비교 연구한 빅터 캘런에 따르면, 아이가 있는 것의 장점이 노년에 누군가 곁을 지켜주는 것이라고 응답한 참여자는 엄마 중에 6퍼센트뿐이었으며 아빠의 경우 0퍼센트였다. 반면 아이를 갖지 않은 사람의 경우 여성의 12퍼센트와 남성의 14퍼센트가 이를 아이가 있는 것의 장점으로 꼽았다.[39] 물론 아이를 갖지 않은 사람이든 부모든 대부분은 그렇게 된다고 보장할 수 없다는 걸 안다. 극좌파 성향의 헌신적인 동물권 활동가 바브는 이렇게 말한다. "젠장, 제 애가 공화당 지지자일 수도 있잖아요!"

성인이 되어 늙은 부모를 돌보는 사람들도 있기는 하지만 대부분은 사회적 기대만큼 헌신적으로 노부모를 보살피진 않는다. 스물다섯 살 애슐리의 말을 들어보자. "저희 엄마는 아이를 셋 낳았지만 지금 엄마를 돌보는 건 셋 중에 저뿐이죠. 나머지 둘은 아무것도 안 해요. 하나는 엄마 집에서 5분 거리, 하나는 말 그대로 1분 거리에 사는데도요. 이주일 전에 엄마가 수술을 받으셨는데 둘 중 아무도 문병을 안 왔다니까요." 2015년 퓨 리서치센터의 조사에 따르면 예순다섯 살 이상의 부모를 둔 미국인 중 58퍼센트가 부모를 위해 심부름을 하거나 잡일을 거든다.[40] 14퍼센트는 옷을 입히거나 몸을 씻기는 등 좀더 손이 많이 가는 돌봄 행위를 한다. 노인 친지를 돌보는 성인 대부분은 기껏해야 일주일에 한 번 정도 돌봄에 참여하며, 일상적으로 노인을 돌보는 성인은 20퍼센트에 지나지 않는다.[41]

노부모를 돌보는 성인의 수가 예상에 못 미치는 것도 사실이지만, 조사에 따르면 '가족 신화'가 불러일으키는 착각과 달리 성인이 된 자식이 부모를 만나지 않는 경우도 적지 않다. 심리학자 루시 블레이크는 부모와 자식의 관계 단절을 다룬 논문 51편을 체계적으로 검토한 뒤 이렇게 결론지었다. "이 자료들에 따르면, 가족관계는 무의식적이고 영원한 것이라는 사람들의 기대나 전제와 달리 부모 자식 관계가 서먹하거나 격조한 경우도 없지 않다."[42] 이런 경우가 정확히 얼마나 되는지는 불분명하지만, 2014년 영국에서 성인들을 대상으로 조사한 결과에 따르면 다섯 가족 중 하나는 부모 자식 관계가 단절된 상태라고 한다.[43]

성인이 되어서도 부모와의 유대관계를 돈독히 하거나 유지하는 경우가 우리의 문화적 이상에 따른 선입견보다 더 적게 나타나는 반면, 부모의 지원을 받는 성인 자녀의 수는 점점 더 늘고 있다. 성인 가운데 28퍼센트가 노부모를 경제적으로 지원한 적 있다고 응답한 반면, 61퍼센트는 성인이 된 자식을 경제적으로 지원한 적이 있다고 응답했다.[44] 성인 자식을 뒷바라지하는 부모 이야기 중에서도 가장 경악스러웠던 것은 (흔한 경우는 아니겠지만) 2017년 『트래블 앤드레저』에 실린 내용이었다. 아흔여덟 살 어머니가 여든 살 아들을 돌봐주려고 같은 요양원에 들어간 것이다.[45]

게다가 부모가 성인 자식의 교육비로 지는 빚은 점점 더 늘고 있다. 그들이 자신의 노년을 위해 돈을 모아야 할 바로 그 시기에 말이다.[46] 미국 연방준비제도이사회에서 실시한 소비자 금융조사 결과에 따르면 자식에게 경제적으로 '상당한' 액수를 지원받는 가구는 1퍼센트도 되지 않았다.[47] 부모, 조부모, 고모나 이모, 삼촌 같은 손위 친지에게 경제적 지원을 받는 가구는 조금 더 많았다. 또한 2장에서 살펴봤듯 오늘날 열여덟 살에서 서른네 살까지의 성인 중 거의 삼분의 일이 부모와 함께 사는데, 이는 해당 항목의 조사가 시작된 1880년 이후로 유례가 없는 비율이다.

언젠가는 밀레니얼 세대가 부모 세대에 보답하여 그들을 돌볼 수도 있다. 개인적으로는 반드시 그래야 한다고 생각진 않지만, 그렇게 된다면 우리의 문화적 가치와는 일치할 것이다. 부모를 부양하는 성인 자식보다 성인 자식을 부양하는 부모가 더 많은 현실에도 불구하고 사람들은 그 반대 상황이 이상적이라고 믿는다. 대중의 75퍼센트는 성인이 된 자식이 부모를 경제적으로 지원해야 한다고 말하는 반면, 부모가 성인이 된 자식을 경제적으로 책임져야 한다고 믿는 사람은 52퍼센트에 불과하다.[48] 밀레니얼 세대가 결국 사회 구성원 다수가 옹호하는 가치에 순응하여 자신을 키워낸 세대를 돌볼지는 시간이 흘러 그들이 지금의 부모 나이에 이르면 밝혀질 것이다. 혹은 누가 누구를 돌볼 책임을 지는지에 관한 문화적 관념이 바뀔지도 모른다.

물론 오늘날의 추세를 보면 부모가 노년에 자식과 함께 살기를 바랄 확률은 낮다. 사회학자 에릭 클라이넨버그가 지적하듯 "독신 노인들은 가족과 함께 살기보다 혼자 사는 편을 선호하는데 자식들이 흔히 동거하는 대가로 부모에게 육아, 요리, 심지어 청소까지 시키려 들기 때문이다".[49] 젊은 시절 자식을 돌보느라 많은 시간을 보낸 부모가 노년까지 그러기를 거부하는 것은 당연하다. 사람들 대부분은 노년에도 계속 남을 돌보기보다는 뭔가 새로운 생활을 하고 싶어한다. 아이를 갖지 않은 사람도 예외는 아니며, 그들 상당수는 자신의 노년을 상상하고 미리 계획한다.

노년 계획하기

인터뷰하며 만난 사람 중에는 나중에 후회하거나 아이들이 곁에 없어서 아쉬워할 가능성보다 자신을 돌봐줄 사람이 없을지도 모른다는 현실적 문제를 걱정하는 이들도 있었다. 서른다섯 살 브루스에게 아이를 갖지 않아서 아쉬운 점이 있느냐고 묻자 그는 이렇게 대답했다. "저희 부부가 죽으면 어떻게 될지 걱정이에요. 그러니까 제 말은, 아이 없는 사람이 죽으면 누가 뒤처리를 해주지요? 아무래도 저희 같은 사람들은 준비를 좀더 많이 해야겠지요. 죽고 나면 어떻게 뒤처리를 할지 알아봐야겠어요." 잰도 비슷한 의문을 드러냈다. "저희 부부가 죽으면 누가 알아차리긴 할지 모르겠네요. 결국 누군가 알게 되긴 하겠지요. 저희가 이사회 같은 데 나타나지 않으면요. 하지만 집안에서 죽은 채로 오래 방치된다면 꼴이 엉망일 텐데요!"

아이를 갖지 않은 사람은 노후를 미리 준비해야 한다는 사실을 안다. 서른두 살의 교수 애넷은 학생들에게 이렇게 농담하곤 한다. "나한테는 나를 돌봐줄 아이가 없지만, 그 대신 나를 돌봐줄 사람한테 지불할 돈은 충분할 거야. 언젠가 너희나 너희 애들이 일자리가 필요하게 되면 나를 돌봐주는 일을 맡을 수도 있어! 물론 그만큼 비용은 지불할 거야. 난 아이 키우는 데 돈을 몽땅 쏟아붓지 않았으니까 너희에게 돈을 줄 여유가 있겠지." 연구자들에 따르면 실제로 여성의 임금노동 참여율 상승과 육아노동자 고용이 증가하는 추세이니 노인 돌봄노동자도 점점 더 늘 것이다. 한때는 사적 영역에 맡기는 게 최선이라고 여겼던 서비스에 돈을 지불하는 일이 일반화된 것이다.[50] 조사 결과에 따르면 노르웨이 노인들은 가족이 돌봐주는 것보다 가사노동자를 고용하는 걸 선호한 지 오래라고 한다. 심지어 자식이 가까이 살더라도 장기적으로 도움이 필요한 경우에는 가사노동자를 선호한다는 것이다.[51] 애넷이 노후의 돌봄을 미리 계획하는 것은 아이를 갖지 않았기 때문이다. 요양원에 있는 여성들 중 유자녀인 경우와 무자녀인 경우를 비교한 연구에 따르면, 무자녀인 여성은 노후를 주도적으로 계획하며 타인에게 조언을 구하지 않고 자신의 돌봄과 주거 방식을 선택한다고 한다.[52] 반면 유자녀인 여성은 좀더 수동적이며 자신의 노후에 관한 결정을 다른 사람들에게 맡기는 경향이 있다.

  내가 인터뷰하며 만난 사람들은 전반적으로 노후를 크게 걱정하지는 않았다. 대부분 이 문제를 충분히 고민했고 자신은 충분히 준비되었다고 확신했기 때문이다. 하지만 모두가 애넷만큼 태연자약하지는 않았다. 서른다섯 살 밥은 이렇게 속내를 털어놓았다. "사실 제가 늙었을 때 손아랫사람이 아무도 없을 거라고 생각하면 엄청 두려워요. 제가 실제로 책임을 지고 그쪽에서도 저한테 책임감을 느낄 사람 말이에요. 정말 이기적인 얘기라는 건 알지만, 어쩌면 사람들은 자활 능력을 잃었을 때 자기를 돌봐줄 사람이 필요해서 아이를 갖는 게 아닐까요. 저도 그 두려움을 잘 알거든요." 밥의 말은 아이 없는 남성이 항상 아이 없는 여성만큼 잘 지내지는 못한다는 현실과 닿아 있는지도 모른다. 연구 자료에 따르면 아이 없는 이혼남, 홀아비, 미혼남은 비슷한 상황의 여성보다 노년에 외로워할 가능성이 높다.[53] 밥의 두려움은 아이를 갖지 않겠다는 생각을 바꿀 정도까지는 아니었지만, 연금저축 금액을 법률상 허용된 최대치로 설정하기엔 충분했다.

  코리 역시 연금저축을 언급했다. "제 직장 동료는 아이가 셋이에요. 자기가 원해서 아이 셋을 가진 거죠. 하루는 은퇴 이야기를 나눴는데, 그 사람이 은퇴할 때 연금 총액이 오십만 달러일 거라더군요. 문득 이런 생각이 들었죠. '난 이 사람보다 백오십만이나 이백만 달러를 더 모았겠네. 월급도 비슷하게 받는데 말이야.'" 코리가 관찰한 바와 같이 개인의 순자산은 총수입만으로 결정되지 않는다. 아이를 갖는 것은 자산 축적에 부정적인 영향을 미친다.[54] 물론 유자녀 노인이 은퇴할 때 필요한 액수가 수입이 비슷한 무자녀 노인보다 더 적은 것도 사실이다. 그들은 대체로 더 낮은 생활수준에 익숙하기 때문이다. 하지만 그렇다고 해서 무자녀 노인이 걱정할 필요는 없다. 아이의 수와 부는 반비례한다는 자료들이 존재하기 때문이다.[55] 아이를 갖지 않은 사람은 은퇴한 뒤 생활수준을 유지하기 위해 유자녀인 사람보다 더 많은 돈이 필요할 수 있지만, 돈을 잘 모아두었을 가능성도 그만큼 더 높다.

우리 부부의 블로그에 에리카가 올린 글을 인용해보겠다. "저는 아이를 가졌다면 아이에게 썼을 돈을 잘 모아두고 있어요. 나이들어 좋은 요양원에 들어가기 위해서죠. 이쪽이 훨씬 합리적인 해결책이라고 봐요. 수십 년씩 아이를 돌보지 않아도 되니 시간이 충분하고, 그런 시간은 친구들을 위해 쓰죠. 제가 함께 시간을 보내기로 선택한 사람들 말예요. 아이를 갖지 않았거나 자식과 멀어진 친구들과 연대해서 노후에 서로를 돌볼 거예요." 노후의 인간관계 전략으로 우정에 투자하는 것은 충분히 납득할 만한 선택이다. 나는 사십대 초반에 몇 년간 롤러더비를 즐겼는데, 그 덕분에 나보다 훨씬 젊은(그중 몇몇은 내 나이의 절반도 안 된다) 여성들과 우정을 쌓을 수 있었다. 내가 늙으면 찾아와서 돌봐줄 사람이 필요하기 때문에 그들과 친해진 거라며 농담하곤 했지만, 사실 절반 정도는 진담이었다.

마찬가지로 우리 블로그 방문자인 글로리아의 이야기를 들어보자. "쉰다섯 살이 넘은 제 동년배 여자들은 자식이 있든 없든 간에 친구 공동체를 만들거나 되살리자는 계획을 입이 닳도록 얘기하죠. 한동네에 모여 살자거나 심지어는 주거 구역과 공동주택을 조성하자는 얘기도 해요. 노인 '수용 시설'은 옛말이 될 거예요. 신기술 덕분에 다양한 대안이 생길 테니까요. 베이비붐 세대도 나이를 먹을 테고 돌봄노동을 새로이 생각해보게 되겠죠. 자기네 부모 세대가 겪었거나 지금 겪는 상황을 지켜봤으니까요. 앞으로 노인들의 생활 방식은 엄청나게 달라질 거예요. 무섭지만 흥미로운 주제기도 하죠." 내가 인터뷰한 타냐도 지금까지 주변에서 본 것보다 더욱 창의적인 노후 계획을 모색하는 중이었다. "여자친구 중 하나랑 얘기를 해봤어요. 그애도 아이가 없으니까 어쩌면 둘이 같이 살 수 있겠다고요."

글로리아와 타냐에게는 계획이 있다. 〈골든걸스〉*식의 주거 형태

---

* 마이애미에서 함께 사는 노년 여성 네 명이 등장하는 시트콤.

는 점점 더 흔해지며, 베이비붐 세대는 공동체에서 늙어가는 것에 관한 획기적인 해결책을 모색하는 중이다.[56] 2014년에 퇴직한 변호사 보니 무어는 노년 거주 공동체를 만들고자 하는 "성인 독신 남녀를 위한" 전국 범위의 룸메이트 매칭 서비스 '골든걸스 네트워크'를 창설했다.[57] 그로부터 삼 년 뒤에는 미국 공동거주조합이 '거주 공동체에서 나이들기'라는 캠페인을 시작했는데, 미국 전역에서 노인 친화 거주 공동체의 개발을 촉구하는 내용이었다.[58] 다세대 공동 거주 역시 젊은 세대와 뚜렷한 연결점이 없는 노인들이 수용하는 생활방식이다. 이 모델에서 노인 거주자는 아파트를 비롯한 다가구주택에 살며 청년 이웃과 어울리게 된다. 노인들은 젊은이들과 친하게 지낼 수 있고 필요할 경우 도움을 받을 수도 있으며, 양쪽 세대 모두가 공동생활에 따른 인간관계를 누릴 수 있다. 공동 거주를 해본 작가 미셸 코엘러는 노인 거주자가 젊은 세대의 도움을 받는 대신 차후 '주택에 대한 지분'을 양도할 수 있다는 점도 지적한다.[59]

세대 간 봉사는 이처럼 거주에 초점을 맞추기도 하지만, 그 외의 프로그램도 대체로 노인과 청년 모두에게 유익하다. 요양원에 유아원을 설치한다거나, 젊은 예술가가 퇴직자 공동체에서 주거를 제공받는 대신 노인 거주자들에게 재능기부를 하는 레지던스 프로그램도 있다. 샌프란시스코에서는 '노인들의 친구 작은형제회'가 자원봉사 단체를 구성하여 65세 이상 노인에게 조언과 친교를 제공한다.[60] 프랑스에서 시작된 이 수도회는 미국 전역에 여러 교구를 두고 있다.

이런 프로그램들은 매우 인기가 좋다. 2018년 제너레이션 유나이티드와 아이스너 재단의 공동 보고서에 따르면, 미국인 중 85퍼센트는 노년에 돌봄 서비스를 받는다면 동일한 연령대로 구성된 집단보다 다양한 세대와 접촉이 가능한 쪽을 선호할 것이라고 응답했다.[61] 이 보고서에는 오하이오주립대 소속 연구자들이 미국 전역의 세대 간 프로그램 105개를 조사한 내용이 담겼다. 연구자들은 세대 간 프로그램이 연령차별주의와 외로움을 감소시키며 노인의 참여 의식과 젊은이의 공감력을 높여준다고 결론 내렸다.

미국 은퇴자협회를 비롯한 여러 단체는 공동 거주에 대한 관심이 계속 증가할 것으로 추정한다. 아이 없는 노인이 늘면서[62] 점점 더 많은 노인이 이웃과의 친교, 생활비 절감, 자신의 무사함을 확인해줄 이들의 존재 등 공동 거주의 장점을 깨닫기 때문이다. 인류학자 마거릿 크리치로 로드먼은 2013년 국제 공동체학회의 11차 대회에서 노인들의 공동 거주가 "사회적·경제적·환경적으로 지속 가능한 공동체를 창출"한다고 발언했다.[63] 앞으로는 아이 없는 노인들이 더욱 증가할 것이다. 부동산 웹사이트 리얼터닷컴realtor.com에 실린 글을 인용하자면, "노인 집단 거주 유행에 동참하는 사람들에게 이는 오륙십 년이 흐른 뒤 대학 기숙사 생활을 다시 경험하는 일과 같다. 다만 술 게임은 빼놓고 말이다".[64]

더 행복할까, 더 우울할까?

아이 없이도 행복하다는 여자는 거짓말쟁이거나 멍청이다.

케이트 스파이서, 데일리메일

술 게임을 하든 말든, 대학 기숙사 생활이 딱히 끔찍한 경험은 아닌 듯하다. 하지만 오늘날의 출산장려주의 문화에서는 아이 없는 사람이 불행해야 마땅하다는(설사 우리 자신은 그렇게 인정할 수 없다 해도) 편견을 떨치기 어렵다. 2001년 아이 없는 노인의 행복에 관해 연구한 결과 "아이가 없으면 더 외롭거나 더 우울해진다고 할 통계적 근거는 전혀 없다"고 밝혀졌음에도 불구하고 말이다.[65] 사실 오히려 정반대인 것처럼 보인다. 부부에게 아이가 생기면 서로 멀어지는 경향이 있으며 결혼생활 만족도도 크게 감소한다.[66] 또다른 연구에 따르면 기혼자 중에서는 아이 없는 중년과 노년 집단이 "가장 덜 우울해하는 것으로 보인다".[67] 아이가 정말로 인생에 의미를 주는 축복이라고 생각하는 사람들도 있겠지만, 지금까지 나온 연구 자료를 보면 아이를 갖지 않은 사람이 훨씬 감정적으로 안정되어 있음을 알 수 있다.

지난 수십 년간 언론 매체는 "어느 쪽이 더 행복할까?"를 다룬 연구들을 수차례 대대적으로 보도해왔다. 2004년 로빈 사이먼과 레다 나트의 연구에 따르면 미성년 자식과 함께 사는 부모는 아이가 없는 성인들보다 공포, 불안, 걱정, 분노를 더 많이 느낀다고 응답했다. 또한 아이 부모들은 평온하거나 만족스럽게 느끼는 빈도도 훨씬 낮았다.[68] 노벨상 수상자 대니얼 카너먼과 동료들은 같은 해에 일하는 엄마가 아이를 돌볼 때 느끼는 행복도가 이메일을 읽거나 가사 일을 하거나 낮잠을 잘 때의 행복도와 비슷하다는 연구 결과를 발표했다.[69] 또한 육아가 주는 행복은 식사, 텔레비전 시청, 사교 활동이 주는 행복에 훨씬 못 미쳤다. 카너먼의 연구가 발표되기 직전에는 기존의 여러 연구를 분석하여 아이 없는 부부의 결혼생활 만족도가 아이 부모보다 훨씬 높다고 결론지은 연구도 있었다.[70] 또한 유자녀 성인이 무자녀 성인보다 더 자주 우울해하고 수면시간이 부족하며 전반적으로 덜 행복하다는 연구들도 있다.[71]

지금까지의 연구에 따르면 대체로 유자녀 성인보다 무자녀 성인이 자기 생활에 더 만족한다고 말할 수 있겠지만, 그렇다고 모든 연구 결과가 일치하는 것은 아니다. 2008년에 이 주제를 다룬 사회학 논문들을 검토하자 복합적인 결과가 나왔다. 유자녀 성인이 무자녀 성인보다 인생의 의미를 더 깊이 생각하지만 감정적 안정감은 덜하다는 것이다.[72] 막스 플랑크 통계조사연구소의 보고서에 따르면, 미코 뮈르스퀼레와 레이철 마골리스는 영국과 독일의 통계 자료를 바탕으로 부모의 행복이 둘째 아이를 가질 때까지는 증가하지만 셋째가 태어난 이후로는 감소한다는 것을 밝혀냈다.[73]

2013년 발표된 연구 결과는 "어느 쪽이 더 행복할까?"라는 문제를 더욱 모호하게 만들었다. 이 연구에서는 행복하다고 응답한 유자녀 참여자가 그렇게 대답한 무자녀 참여자보다 상대적으로 더 많았다. 2013년의 연구자들은 카너먼이 내린 결론과 반대로 부모가 대부분의 일상 활동보다 육아를 할 때 더 행복해한다고 주장했다.[74] 하지만 해당 연구는 이 결과를 재현하려고 시도했으나 실패한 다른 연구자 집단의 비판을 받았다. 이에 따르면 유자녀 성인이 무자녀 성인보다 행복하다는 연구의 결론은 "섣부른" 것이며 실제 연구 결과와 분석 내용이 부합하지 않는다고 한다.[75] 아이가 행복을 가져다준다는 2013년의 결론과 달리, 해당 연구의 재분석에 따르면 아이의 존재와 부모의 행복 간의 관계를 결정하는 변수는 부모의 결혼 여부와 연령대였다.

이런 연구들을 통해 과학자가 자료를 수집하고 분석하여 결론을 제시할 때는 정확히 누구와 무엇과 언제에 관한 내용인지 밝혀야 한다는 사실을 알 수 있다. 예를 들어 부모의 행복도는 아이를 키우는 동안 크게 변동하며, 출생 직후나 청소년기에는 상당히 낮지만 다른 시기에는 더 높아진다. 물론 문화적 맥락도 중요하다. 예를 들어 연구자들 대부분은 아이가 있는지 없는지와 노년기의 안정은 별로 상관이 없다고 말하지만, 2014년 중국에서 진행된 연구에 따르면 예순 살 이상 독신자는 자식이 있는 경우에 더 잘 지낸다고 한다.[76] 연구자들은 이를 "중국인들은 가족에게 감정적·물질적으로 도움을 받는 경향이 있으며" 중국에서는 "효성스러운 자식의 중요성을 강조하기"때문이라고 설명했다.

그렇다면 유자녀 성인이 무자녀 성인보다 불행하다는 연구 결과에 제기 가능한 합리적 질문은 여기서의 부모가 어떤 부모냐 하는 것이다. 확실히 문화적 맥락은 중요하다. 아마도 한부모의 경우 커플보다는 스트레스를 더 많이 받을 것이다. 또한 갑자기 새로운 경험에 부닥친 새내기 부모는 이미 그 단계를 지난 노련한 부모보다 스트레스를 더 많이 받을 것이다. 내가 인터뷰한 어맨다의 말을 들어보자. "물론 제가 알 수 없는 측면도 있겠지요. 하지만 주변에서 초보 부모가 겪는 곤경을 보면 '맙소사, 정말로 저런 상황을 자초했다고? 엄청 힘들어 보여!' 하는 생각이 들죠." 파트너가 있는 경우에는 커플관계의 만족도가 부모 역할 만족도에도 명백히 영향을 미친다. 이런 차이가 존재하긴 해도, 라네이 J. 이븐슨과 로빈 사이먼은 전미 가족 및 가구 조사 자료를 살펴본 결과 "가족 형태나 결혼 여부와 관계없이 유자녀 성인이 무자녀 성인보다 더 우울해하는 것으로 나타났다"고 말했다.[77]

앞서 살펴보았듯이 부모가 되는 것과 행복의 관계는 국가적 맥락에 따라 결정되기도 한다.[78] 레이철 마골리스와 미코 뮈르스퀼레가 86개국의 조사 자료를 비교한 바에 따르면 소련 붕괴 이후 러시아에서는 유자녀 성인의 행복도가 무자녀 성인보다 더 높게 나타나는데, 이는 "노인 부모를 돌보는 데 성인 자식의 역할이 더욱 중요해졌기"때문이다.[79] 2016년에는 제니퍼 글라스가 이끄는 사회학자팀이 22개국의 자료를 비교했는데, 그 결과 유자녀 인구와 무자녀 인구의 행복도 격차가 가장 큰 나라는 미국으로 무자녀 인구의 행복도가 훨씬 높았다. 연구자들에 따르면 이는 미국의 부모 지원 정책이 빈약하기 때문이다.[80] 세라 매클너핸과 줄리아 애덤스는 거의 삼십 년 전에 이렇게 예견한 바 있다. "유자녀 성인과 무자녀 성인의 (행복도) 격차는 경제적 부담과 시간 부족 때문이다. (…) 아이를 원하는 사람이 감소하는 추세는 가까운 미래에도 이어질 듯하다. (…) 부모의 부담은 일종의 국가 보조 육아체계나 아동 수당으로 경감 가능할 것이다."[81]

글라스와 동료들은 더 나아가 부모 지원 정책이 유자녀 집단뿐만 아니라 무자녀 집단의 행복도도 높여주는 듯하다고 보고했다. 다시 말해 행복이란 모두에게 확산된다는 것이다! 그렇게 놀라운 결론은 아니지만 미국의 정책 입안자라면 명심해야 할 이야기다. 연구자들은 피고용자에게 유급 휴가와 병가를 제공하면 모든 피고용자가 행복해진다고 설명한다. 물론 무자녀 집단보다는 유자녀 집단이 (아이가 아프다든지 하는 이유로) 이런 제도를 더 자주 활용하겠지만, 이런 제도가 유자녀 집단에게 더 많은 혜택을 준다고 해서 무자녀 집단의 행복도가 낮아지는 것 같지는 않다. 연구마다 결과가 엇갈리는 이유는 유자녀 집단과 무자녀 집단의 행복도를 비교한 연구 대부분이 자의로 아이를 안 가진 경우와 여의찮아 못 가진 경우를 구분하지 않아서일지도 모른다. 아이를 갖지 않기로 선택했고 자신이 결정한 대로 사는 사람과 아이를 원했지만 이런저런 이유로 갖지 못한 사람의 행복도가 다르리라고 생각할 근거는 충분하다.

사람들은 아이야말로 인생에서 가장 큰 기쁨이라고 믿을 뿐만 아니라, 아이가 자라는 동안엔 힘들어도 일단 다 키우기만 하면 충분한 보답을 받을 거라고 말한다. 심지어 내가 인터뷰한 아이 없는 사람들 중에도 그렇게 믿는 경우가 있었다. 시간이 지남에 따라 부모의 행복도가 변하며 아이가 다 크면 시간과 돈이 그렇게 많이 들지 않기는 하지만, 아이들이 둥지를 떠난 뒤의 만족감이 집중적으로 육아에 매달려야 하는 시기의 고통보다 더 클 거라고는 장담할 수 없다.

1970년대의 조사 자료를 활용한 어느 연구 결과에 따르면 "부모가 노년에 현저한 심리적 보상을 받는다는 증거는 딱히 없다".[82] 아이들을 집에서 떠나보낸 유자녀 집단의 행복도가 무자녀 집단과 비슷한 정도로 증가하는 것은 사실이다.[83] 밥이 들려준 이야기는 이런 현실을 건드린다. "기본적으로 아이가 생기면 삶의 질을 최대한 낮추게 돼요. 거의 18년을 그렇게 살아야 하죠. 언젠가는 삶의 질을 회복할 수도 있겠지만, 불만족하며 지내기에 18년은 긴 시간이거든요."

아이를 갖지 않은 사람은 인간관계에 서툴다는 선입견이 있지만, 오히려 그들이 아이를 갖지 않기로 선택하는 주된 이유는 감정적 유대와 만족스러운 성생활을 유지하고 싶어서다.[84] 아이를 갖지 않은 커플에게는 명확한 목표가 있다. 이런 커플과 새내기 부모를 이십일 개월 동안 비교한 연구에 따르면, 서로의 자존감이나 결혼생활 만족도에 있어 후자가 전자보다 확연한 감소를 보였다.[85] 빌은 가까운 친구가 아이를 가진 뒤 결혼생활에 문제가 생기더라는 얘기도 했다. "아이가 생기니 퇴근하고 나서 외출할 수가 없죠. 이제는 반드시 아내에게 허락을 받아야 하고 '그래, 오늘밤은 나가도 된대'라고 말하곤 해요. 그렇게 사는 게 즐거울 리 없잖아요? 두 사람 모두에게 말이죠!" 사실 내가 4장에서 살펴본 주제 중 하나가 바로 성인 가족 구성원에게는 아이 있는 가정보다 아이 없는 가정이 만족스러울 수 있다는 부분이었다.

지난 오십 년간의 연구를 살펴보면 언제나 아이 없는 부부의 결혼생활 만족도가 아이 부모보다 더 높게 나타났다. 예를 들어 1970년에 사회학자 캐런 렌은 아이 없는 부부보다 아이 부모가 결혼생활에 불만이 더 많다고 이야기했다.[86] 1980년대 제이 벨스키와 동료들의 연구에 따르면 새내기 부모는 첫아이가 태어나면 한 달쯤 "밀월 기간"을 겪지만 이후로는 "대체로 부부관계에 쏟는 시간이 현격히 감소"한다.[87] 1990년대에는 마샤 서머스가 아이를 갖지 않은 커플이 아이 부모보다 대체로 사이가 좋으며 서로에게 만족한다는 것을 밝혀냈다.[88] 2000년대에 진 트웽이와 동료들은 부모 되기가 결혼생활 만족도에 주는 영향을 다룬 연구들을 메타 분석하여, 아이가 생기면 서로의 자유가 제한되며 새로운 가족 구조에 따른 역할 갈등이 나타나면서 결혼생활 만족도가 감소한다고 결론지었다.[89] 최근에 심리학자 알렉산드라 총과 크리스틴 미컬슨이 밝힌 바, 가사와 육아 분담의 불공평함을 인식한 새내기 엄마는 아이를 가진 뒤 결혼생활 만족도가 감소했다고 응답할 확률이 특히 더 높다.[90] 지난 오십 년간 다양한 후속 연구를 통해 가족에 아이가 추가되면 결혼생활에 갈등이 생긴다는 사실이 드러났다.[91]

사회학자 미셸 자구라의 2012년 석사학위 논문은 아이 없는 부부가 아이 부모보다 결혼생활에 더 만족한다는 명백한 사실에서 출발하여 이런 경향을 유발하는 메커니즘이 무엇인지 파헤친다. 자구라에 따르면 아이 없는 부부와 아이 부모의 결혼생활 만족도를 가르는 결정적 원인은 둘이 함께 보내는 시간의 차이다.[92] 같은 해에 토머스 핸슨은 이 주제를 다룬 논문들을 분석하여 "아이들은 결혼생활 만족도를 높여주고 부부의 행복에 기여한다"는 일반적 전제가 실증적 자료와 부합하지 않는다고 발표했다.[93] 핸슨에 따르면 육아는 오히려 "직접적(성관계와 애정, 함께 보내는 시간이 줄어들면서) 그리고 간접적(심리적 괴로움을 통해)으로" 결혼생활에 부정적 영향을 미친다.

핸슨의 연구 결과는 재닛이 인터뷰에서 말한 내용과도 부합한다. "부모가 된 친구들이 아이를 가져서 얼마나 보람찬지 모르겠다며 얘기하는 걸 들으면 정말 이상해요. 분명 저한테 전화해서 자기가 얼마나 힘들고 피곤한지, 자기 남편이 얼마나 개자식인지, 도무지 쉴 틈이 없고 단 하루도 혼자 조용히 보낼 수 없다고 얘기하던 바로 그 친구인데 말이에요." 재닛의 관찰은 경제학자 루이스 앙헬레스가 영국 가정을 다룬 연구 결과와도 일치한다. "아이가 생기면 배우자에 대한 만족도가 감소한다."[94]

  하지만 부모들에게 좋은 소식이 아예 없는 것은 아니다. 아이가 있는지 없는지보다 결혼을 했는지 안 했는지가 삶의 만족도에 더 중요한 변수라는 연구도 있으니 말이다.[95] 요양원의 여성 노인들에 관한 연구를 보면 삶의 만족도 전반에 있어서 엄마 되기는 그리 큰 변수가 아니라는 사실을 알 수 있다.[96] 다른 연구들을 봐도 노년의 안정감에 있어서는 유자녀든 무자녀든 차이점보다 유사점이 많다고 한다. 2011년에 요세핀 빅스트룀과 동료들이 '최고령 노인' 496명을 조사한 결과, 여든다섯 살 노인의 심리적 안정은 아이 유무와 상관없다는 것이 밝혀졌다.[97] 연구자들은 더 나아가 아이가 있든 없든 "말년에 친구나 이웃과 가깝게 지내기 위해 요양원을 선택할 확률은 비슷하다는" 것을 발견했다.

  "어느 쪽이 더 행복할까?"라는 문제의 답이 아직 확실하지 않다고 주장하는 연구자들도 있다. 한편 그래도 부모 쪽이 더 행복하다고 주장하는 (상대적으로 소수이며 인용하는 연구 자료의 신빙성도 떨어지지만) 연구자들도 있다. 어떤 주장이 옳든 간에, 어느 쪽이 더 행복한지보다 어느 쪽이 각자에게 가장 행복한 삶인지가 더 중요하지 않을까.

이 세상에는 부모가 되기 위해 태어나지 않은 사람들도 있다. 그 사실을 부끄러워할 필요는 없다. 부모가 되라고 밀어붙이는 문화적 메시지가 아무리 강력하든 간에, 부모 되기가 모두에게 만족스러운 삶을 보장하는 열쇠는 아니다. 심지어 아이가 있는 사람에게도 만족스러운 삶을 위해서는 부모 역할 말고도 다른 것이 필요하다. 그리고 어떤 사람들에게 부모 되기는 만족스러운 삶의 조건과 완전히 무관하다. 재닛의 말을 인용해보자. "저는 제 인생과 경력에 아주 만족해요. 그렇게 살기 위해 아이가 필요하지도 않고요. 뭔가 끔찍한 경험을 했거나 끔찍한 일이 일어난 가정에서 자란 것도 아녜요. 그와 정반대로 저는 행복하기 그지없다고요! 제가 왜 지금 이 상태를 바꾸고 싶겠어요?" 아이 갖지 않고 살기에 관해 사람들이 알아주었으면 하는 점이 무엇인지 묻자 팀은 이렇게 대답했다. "아이를 갖지 않겠다고 선택해도 행복하고 충만하게 살 수 있어요. 선택은 자유라고요!"

8장

새로운 가족의 탄생

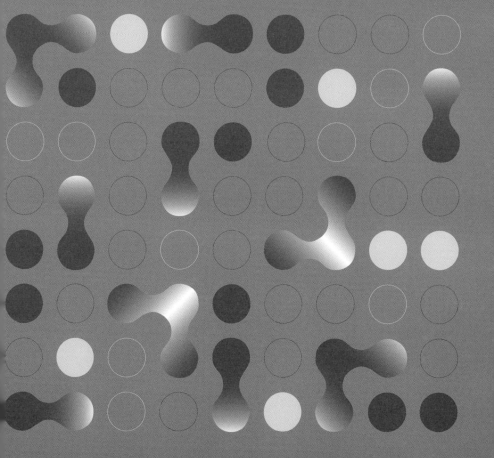

신문에서 네가 '올해의 무자녀 상'을 받았다는
기사를 읽는 게 어떤 기분인지 알아? (…)
신문을 폈더니 가장 친한 친구가 나치가 되었다고
적혀 있는 거나 마찬가지라고.[1]

**댄 웨이크필드(1974년 미국비부모기구가 선정한
'올해의 무자녀 남성')의 친구**

마샤 드럿데이비스는 서른한 살이던 1974년 처음으로 텔레비전에 출연했다.[2] 초등학교 교사였던 마샤와 당시 그의 남편이었던 워런은 아이를 '아예' 안 가질 생각이라고 워런의 부모에게 알렸으며, 이 대화는 탐사 보도 프로그램 〈60분〉을 통해 방송되었다. 마샤 부부는 이런 식으로 자기네 의사를 공개할 계획이 아니었다. 사실 이들은 워런의 부모와 대화를 해보라는 제안을 너무도 갑작스럽게 받았기 때문에, 정말 이런 식으로 (당시의 표현에 따르면) 자발적 비부모임을 선언하고 싶은지 고민할 시간이 거의 없었다. 게다가 두 사람은 그들을 초청한(그리고 노골적으로 자기네 제안을 받아들이라고 종용했던) 〈60분〉 피디와 『아기라는 덫』의 저자 엘런 펙이 있는 자리에서 곧바로 결정을 내려야 했다. 마샤는 『아기라는 덫』이 자신의 삶을 바꿔놓았다며 펙을 열렬히 떠받들고 있었다.

팩은 뉴욕에서 열린 미국비부모기구 1차 총회의 일부를 촬영하도록 〈60분〉 제작진을 초청한 터였다. 총회가 끝나가자 피디들은 아이를 갖지 않은 커플과 그들이 겪는 갈등을 밀착 촬영하고 싶다는 의사를 밝혔고, 이에 팩은 막 집에 돌아가려던 마샤 부부를 소개해주었다. 피디는 마샤를 설득해 그 자리에서 시모와 통화하도록 했다. 마샤 부부와 제작진이 함께 시가로 가서 워런의 부모가 손주를 볼 일은 없을 거라고 전달받는 광경을 촬영하도록 말이다. 마샤는 "그렇게 연출된 내용은 원하지 않는다"고 말했지만, "시청자를 위해서라도 메시지를 확실히 전해야 한다"는 피디의 말에 넘어가서 "뭐 큰일이야 나겠어?"라고 생각하며 제안에 동의했다.

프로그램이 방송되었을 때 문제의 대화 장면은 마샤의 표현에 따르면 "끔찍하게 난도질당하고 왜곡되어 있었다". 몇 시간 동안 나눈 내밀한 대화가 "3분 길이의 완벽한 프로파간다 영상"으로 편집되어 있었다. 마샤와 워런은 부모 되기의 긍정적인 측면이나 두 사람이 선택한 삶이 대중의 거부와 적대감에 부딪힐 수 있다는 서글픈 현실에 관해서도 이야기했지만, 〈60분〉 제작진은 대화에서 워런의 말을 전부 들어내고 마샤의 말만 남겨놓았다. 드럿데이비스가 회고록에 쓴 내용을 읽다보면 문제의 방송이 전파를 탔던 시기가 선명히 떠오른다. 2차 페미니즘 운동이 절정에 이른 시기였고, 남편을 대신해 말하거나 가정사를 직접 결정하는 여성에 대한 편집증이 사회를 장악한 시기이기도 했다. 마샤 부부와 시부모가 나눈 솔직하고 힘겨운 대화를 〈60분〉 제작진은 당시 대중의 공포에 완벽히 부역하게 편집했다.

마샤에 따르면 그들 부부는(같은 방송에 등장한 아이를 갖지 않은 여타 커플들과 마찬가지로) "정말이지 서글프고 이기적이며 스스로 무슨 짓을 하는지도 모르는 미숙한 인간들"로 묘사되었다.[3] 해당 회차를 어머니날 방송한 것만 봐도 〈60분〉 피디들이 노린 바를 분명히 알 수 있다. 게다가 그날 저녁 마이크 월리스가 방송을 마무리하면서 한 말도 명백히 시청자들의 공분을 일으키도록 의도된 것이었다. "어머니날 이런 내용을 보여드린 악취미에 양해의 말씀을 드립니다."

그때까지 마샤는 꾸준히 대리 교사로 일해왔다. 항상 그를 찾는 학교가 많아서 부부가 생계를 유지하는 데 큰 도움이 되었지만, 방송이 나간 뒤로는 모든 학교에서 연락이 끊겼다. 얼마 뒤에는 협박 편지도 날아왔다. 이웃 사람들은 〈60분〉을 봤다며 마샤에게 남편이 불쌍하다고 말하곤 했다. 유독 신랄했던 어느 편지 내용을 인용하자면, 마샤는 "아기를 갖다버리는 사악한 마녀"였으니까. "당신 같은 인간은 스스로 여자라고 말해서도 안 돼. 여자가 아이를 안 갖겠다는 것은 부자연스러운 일이니까." 마샤더러 몸조심하는 편이 좋을 거라든지 아기 대신 개를 애지중지하는 게 아니냐고 경고하는 사람들도 있었다. "애초에 왜 개를 키우는 거야? 개를 당신 같은 인간 집에 두느니 그냥 죽여버리는 게 낫지 않아?"

1974년 마샤가 텔레비전에 출연한 뒤로 세상은 여러 면에서 바뀌었다. 2013년 일흔 살이 된 마샤는 『아이를 갖지 않은 여자의 고백: 평생 비주류로 살다』라는 회고록을 출간했다. 지금도 그는 아이를 갖지 않은 결정을 후회하지 않는다고 말하며 두 개의 페이스북 페이지를 통해 수많은 동지들을 응원한다. 하나는 마샤와 같은 선택에 관심 있는 사람이라면 누구든 환영하는 공개 게시판이며, 다른 하나는 실제로 아이가 없다고 인증한 사람만 접근할 수 있는 회원제 공간이다. 마샤는 꾸준히 성장하는 시스템의 일부분이라고 할 수 있다. 아이를 갖지 않기로 한 사람뿐만 아니라, 아직 결정은 못했지만 부모가 되기를 선택한 이들뿐만 아니라 거부한 이들의 얘기도 들어보려는 사람을 위한 시스템 말이다.

　2014년 마샤는 아이 갖지 않기 운동에 대한 공헌을 인정받아 작가와 블로거 집단이 수여하는 '아이 갖지 않기 평생 공로상'을 수상했다. 이 집단은 미국비부모기구가 기념했던 '무자녀의 날'을 '세계 아이 갖지 않기의 날'로 새롭게 구성한 사람들이기도 했다.[4] 삼 년 뒤인 2017년에는 제2회 낫맘서밋에서 마샤를 강연자로 초청했다. 현재 마샤는 페이스북 그룹 외에도 블로그를 운영하며 아이를 갖지 않은 사람들을 위한 단체 크루즈 여행을 조직하기도 한다. 마샤의 사연을 들으면 그의 선택이 처음 공개된 후 우리 같은 사람들에 대한 지원이 늘어났고 더욱 많은 동지들이 자신의 선택을 공론화했음을 알 수 있지만, 아직도 갈 길은 멀다. 2013년 마샤 본인이 나와 랜스에게 이렇게 말했으니 말이다. "관용적인 세상이 되었다고 말하고 싶지만 (…) 아직은 그렇지 않아요. 아이를 갖지 않은 사람은 여전히 가족과 친구에게 배척당하죠. 부모가 유언장에서 자기를 빼버렸다는 사람도 있어요. 손주를 낳아 가족의 유전자를 이어가지 않을 자식은 필요 없다고요! (…) 결국은 우리에게 달렸어요. 계속 싸우고 또 싸워나가야죠. 자부심과 품위를 가지고 우리의 선택을 이야기해야 해요."[5]

어찌 보면 많은 것이 바뀔수록 그만큼 바뀌지 않는 것도 많은 듯하다. 하지만 반드시 그래야만 하는 건 아니다. 마지막 장에서는 우리가 어디까지 나아왔는지, 어디까지 나아가야 하는지, 언제쯤에야 부모 되기에 관한 모든 선택지가 받아들여지고 그중 한쪽을 고른다고 해서 '부족한' 삶을 선택하는 게 아님이 이해될지 고민해보려 한다. 아이를 갖지 않은 사람이 그런 선택 때문에 특별대우를 받아야 한다는 게 아니다. 단지 그들도 공평하게 대우받고 존중받을 자격이 있다는 얘기를 하고 싶다. 어떤 형태의 가족이든 똑같이 번성할 기회를 누릴 수 있다면 모든 가족에게 유익한 일이다.

아이를 갖지 않겠다는 공식 선언

마샤보다 열 살 어린 글로리아 더리언은 자칭 "멕시코 혈통의 미국인이자 성숙한 라틴계 여성"이다. 1950년대와 1960년대에 청춘기를 보낸 글로리아는 당연히 자기도 언젠가 엄마가 될 거라고 생각했다.[6] 글로리아는 아이를 갖지 않은 사람으로서 우리 블로그에 자기 이야기를 썼는데, 그 역시 세상이 자기에게 무엇을 기대하는지 알았다고 한다. 언니 넷이 고등학교를 졸업하자마자 결혼하고 법적 음주 가능 연령도 되기 전에 아기 엄마가 되는 모습을 지켜보았기 때문이다. 글로리아도 일찍 결혼해서 바로 아이를 연달아 낳을 거라고 사람들은 기대했지만, 그는 그 길을 따를 생각이 없었다. 그 대신 가족 중 최초로 대학을 졸업하고 엄마가 아니라 자기만의 목적과 정체성을 지닌 역할을 선택하고자 했다. 결국 글로리아는 라틴계 청소년을 위한 비영리 리더십 단체 전미 히스패닉협회의 공동 설립자이자 전무가 되었다.

글로리아의 이야기는 개인의 성공담이기도 하지만, 한 걸음 한 걸음 새로운 영역을 개척하여 자기에게는 없던 길을 후손에게 열어준 사람의 여정이기도 하다. 나 역시 가족 중 최초로 대학에 진학했다는 학생들과 여러 차례 함께 일했기에 그게 얼마나 용감한 선택인지 알고 있다. 오늘날에는 이런 학생들을 지원하는 제도가 캠퍼스에 보편화되었지만, 글로리아가 학교를 다니던 시대에는 그런 학생들을 위한 공식 프로그램을 찾기도 어려웠다. 글로리아의 앞 세대만 해도 가족 중 최초는커녕 여성이 대학에 가는 일 자체가 드물었다. 글로리아의 가족은, 나아가 당시 사회는 여성에겐 대학 교육이 필요 없다고 여겼다. 그 대신 아내이자 엄마가 되는 것이 여성의 성인식이었다.

글로리아는 이렇게 말한다. "저희 세대는 그나마 한줌의 여성이 대학 진학을 선택한 최초의 세대였어요." 글로리아 세대를 거치면서 여성의 대학 진학률은 1960년대에 삼분의 일 수준이었다가 1970년대 중반에는 거의 절반으로 증가했다. 이 시기 성인이 된 여성들은 합법적으로 임신 중단을 하고 피임약을 복용하는 첫 세대이기도 했다. 이런 변화 외에도 다양한 법적 권리가 확장되고 가정과 직장에서 여성을 보호하기 위한 조치가 취해지고 새로운 여성성에 대한 정의가 서서히 부각되면서, 모성에 대한 여성들의 생각은 돌이킬 수 없이 달라진다. 가임기의 이성애 섹스에 따르는 필연적 결과는 사라졌고, 모성은 운명이 아니라 하나의 선택지가 되었다. 이런 변화는 서서히 일어났지만 모든 이에게 환영받은 것은 아니었다.

글로리아와 마샤의 경험에는 십 년이란 간격이 있지만, 두 사람 모두 엄마가 되지 않는 길을 선택한 여성이 드물던, 그런 선택을 한 여성에게 정보가 부족했던 시절에 성장했다. 피임법, 피임 도구 판매처, 모임이나 SNS로 동지들과 접촉할 기회, 아이를 갖지 않은 역할 모델에 관한 언론 보도 등 오늘날 아이 없는 여성들 대부분이 쉽게 접하는 정보 말이다. 글로리아와 마샤 이후로 아이를 갖지 않은 사람은 점점 더 거침없이 '커밍아웃'을 하고 있다. 파트너나 부모에게 자기 생각을 털어놓거나 심지어 이런 선택을 발표하는 파티를 열기도 한다. 작가 애나 데이비스는 뉴욕포스트에서 이런 추세를 다루며 "과연 새 생명의 기적에 비견될 만한 것이 존재할까?"라는 질문을 던진다.[7] 이 기사를 계속 인용해보자. "시에라 프레슬러는 그렇다고 말한다. 서른일곱 살 비즈니스 전략가이자 사업가인 프레슬러는 자신의 최신 프로젝트를 공개한다며 토요일 오후에 선물 증정 파티를 열었다. 초대장 이메일에는 아마존닷컴의 온라인 선물하기 링크가 첨부되어 있었다." 하지만 이런 식의 발표를 비판하는 사람들도 있으며, 데이비스의 기사도 이 같은 트렌드를 맹비난하는 내용으로 이어진다. "작년에는 강아지를 아이처럼 어르는 커플 사진이 온라인에서 화제를 끌기도 했다. 자아도취에는 한계가 없음을 증명한 셈이다. (…) 자신이 특별하다고 여기는 이들의 사회에서는 아기를 갖지 않겠다는 별것 아닌 선언도 '좋아요'와 칭찬, 심지어 선물까지 받아야 마땅할 순간이 되고 있다. '나 좀 봐. 난 아기 안 낳을 거야/결혼 안 할 거야/평범한 집들이 파티는 안 할 거야!'"

데이비스는 우리 블로그의 '탄생' 선언도 언급했다. 아니나다를까 일부러 유치하고 가볍고 유머러스하게 쓴 선언이라는 사실은 쏙 빼놓고 말이다. 사실 데이비스가 내게 전화로 인터뷰를 요청했을 때는 정확히 그런 취지라고 설명했지만(인생의 이정표를 기념하는 다양하고 유쾌한 방식을 다루려 한다고), 지금 와서 생각해보면 그가 그런 떡밥을 내건 것도 딱히 놀랍지는 않다. 내가 아이를 갖지 않는다는 선택에 관해 사설을 쓰거나 언론 인터뷰를 할 때마다 사람들은 굳이 이렇게 상기시켜주니까. "아이를 갖지 않기로 선택하는 사람이 있다는 걸 아직 받아들이지 못하는 이들도 있는데요." 내가 쓴 글에 사십 년 전 마샤 드럿데이비스가 들은 말과 별 차이 없는 독자 댓글이 달린 적도 있다. "맙소사. 이 여자 남편이 불쌍하네." 자기도 아이 없는 여성이라는 어느 독자는 이렇게 적었다. "아무래도 당신은 아이 부모들만큼 관심을 못 받아서 질투가 났나보네요. 나 역시 아이는 없지만 그 사실을 자랑하고 다니거나 나도 똑같이 존중해달라고 징징대진 않아요. 내가 보기에는 당신과 당신의 이기심이 문제에요."

데이비스가 뉴욕포스트에 묘사한 우리의 모습은 상당히 악의적이지만, 글로리아 더리언과 마샤 드럿데이비스가 엄마 되기를 거부하고 자신이 바라는 삶을 선택했던 반세기 전과 비교하면 상황은 뚜렷이 변했다. 우리는 지금도 여전히 반발에 부딪치지만 우리의 선택에는 '아이 갖지 않기'라는 이름이 붙었으며, 마우스 클릭 한 번으로 우리와 같은 상황에서 같은 선택을 한 사람들을 쉽게 찾을 수 있다. 지금만큼 우리 같은 사람들이 외롭지 않은 시대도 또 없었을 것이다. 게다가 우리는 스스로의 인생과 선택을 축하할 수도 있다. 데이비스가 기사를 쓰려고 인터뷰 요청을 했을 때 내가 언급했듯이, 우리 문화에서 사람들은 인생의 모든 중요한 이정표를 축하하곤 한다. 약혼이나 결혼을 했을 때, 학교를 졸업했을 때, 새집을 샀을 때도 축하 파티를 연다. 하지만 우리가 흔히 떠올리는 이런 이정표야말로 지극히 협소한 인생 경로를 보여준다. 브라이덜샤워,

총각 파티, 아기의 탄생과 세례와 첫 영성체를 기념하는 파티, 돌잔치, 유치원 졸업 파티를 모두가 경험하지는 않는다. "난 아기 안 낳을 거야" 축하 파티는 이처럼 제한된 레퍼토리를 확장하여 연애-결혼-출산이라는 궤도를 따르지 않는 사람도 자기 인생의 중요한 선택을 남에게 보이고 들려주고 축하받게 하는 셈이다.

피임 수단의 다양화

사람들은 아이를 갖지 않았다고 점점 더 자유롭고 당당하게 선언할 뿐만 아니라, 생식력을 제어하는 의료 기술을 역사상 그 어느 때보다도 손쉽게 이용할 수 있다. 우리는 대체로 여성의 생식력에 초점을 맞춘 피임 수단에 더 익숙하다. 경구 피임약, 접착 패치, 질 내고리, 임플란트, 그리고 난관수술과 임신 중단 등의 외과적 방식 말이다. 하지만 남성도 과거 어느 때보다 더 다양한 선택을 할 수 있다.

정관수술은 역사적으로 우생학자들이 취약 계층의 생식력을 통제하기 위해 사용해왔던 방식이지만, 이제는 효과적이고 안전한 피임 수단으로 각광받으며 남성 자신의 동의하에 이뤄진다.[8] 사실 효과로 보나 안전성으로 보나 난관수술보다는 정관수술이 낫다.[9] 여성 불임수술을 할 때는 드물긴 하지만 감염, 출혈, 마취제 관련 합병증이 생길 위험이 있으며, 난관수술의 치사율은 십만 건 중 한두 건

302

에 이른다.[10] 반면 정관수술은 학술지 『산부인과 리뷰』에 보고된 것처럼 "특별한 합병증이 존재하지 않는다".

정관수술은 비용 면에서도 효율적이다. 남성건강센터에 따르면 정관수술의 평균 비용은 750~850달러인 반면 난관수술의 평균 비용은 2500달러 정도다.[11] 위험성과 비용은 낮고 효과는 뛰어나다는 면에서 브루킹스연구소도 난관수술보다는 정관수술을 추천한다.[12] 그런데 어째서 효과가 높고 안전성이 뛰어나며 비용도 저렴한 정관수술이 미국에서는 난관수술의 절반밖에, 그리고 세계적으로는 오분의 일밖에 시행되지 않는 것일까?[13]

정관수술에 대한 부정적 사회통념이 이 수술의 활성화에 걸림돌이 된다는 연구 결과가 여러 국가에서 나왔다. 『글로벌 헬스』에 실린 연구에 따르면 이는 정관수술이 거세와 다를 바 없으며 남성 신체를 허약하게 만든다는 남성(그리고 여성)들의 오해 때문이다.[14] 그뿐만 아니라 정관수술을 하면 남성의 성기능에 문제가 생긴다는 속설도 있는데, 메이오 클리닉은 이를 다른 네 가지 괴담(생식기 손상, 암 위험성, 심장병 위험성, 극심한 통증)과 함께 정관수술에 대한 "근거 없는 우려"로 꼽는다.[15]

4장에서 살펴보았듯 정관수술을 영웅적이고 반항적인 행위로 포장하는 남성도 있지만, 많은 남성이 이 수술을 일종의 상실로 받아들인다. 정관수술은 남성성, 자기 통제, 위력의 상실이라는 것이다. 이런 남성들에게 정관수술이란 자신의 성별을 확인하기보다 그것에 의문을 제기하는 경험에 가깝다. 어느 의학 연구팀이 남성의 정관수술 경험 연구에서 지적했듯 "수술을 받을 무렵에는 성역할을 둘러싸고 심각한 자기 평가가 이루어진다". 또한 정관수술 초창기의 연구에 따르면 남성은 정관수술을 받은 뒤 "남성성이 약화된 느낌"을 보상받기 위해 "한층 더 전형적인 남성상에 따라" 행동하곤 한다.[16]

최근의 연구 또한 남성들이 정관수술을 남성성 약화와 연결짓는다는 점을 밝혀냈다. 남성의 정관수술 경험을 연구한 심리학자 개러스 테리와 버지니아 브라운에게 한 남성은 (농담조였지만 의미심장하게) 이런 말을 했다. "이제 저는 진짜 남자가 아니에요. 게다가 그걸 증명할 서류도 받았죠."[17] 사회학자 라이언 크러건이 직접 정관수술을 받고 기록한 자문화기술지에 따르면, 그 역시 다른 남성들처럼 수술 뒤에 스스로 "심란한 질문"을 던지게 되었다고 한다. "생식력을 잃은 나는 예전보다 덜 '남성적'인가?"[18] 정관수술이 남성성에 미치는 영향에 대한 남성 개인의 불안은 무엇이 남성을 만드는가 하는 광범위한 문화 관념뿐만 아니라 정관수술의 위험성 및 후유증을 둘러싼 보편적 오해의 원인이자 결과이기도 하다.

연구들에 따르면 사람들은 정관수술의 안전성을 모를 뿐만 아니라, 여성보다 남성의 불임수술이 훨씬 덜 위험하다는 사실에 대해 이해도 관심도 없는 듯하다. 생식력 있는 정자가 없으면 남자도 아니라는 공허한 이상과 정관수술의 실제 결과에 대한 보편적 몰이해 때문에 현재 대부분의 국가에서는 정관수술이 난관수술보다 훨씬 덜 시행된다. 다큐멘터리 제작자이자 세계 정관수술의 날 공동 창립자인 조너선 스택은 이렇게 얘기한다. "이제 정관수술은 바늘이나 메스가 필요 없을 만큼 발달했고 회복도 대부분 며칠밖에 안 걸리죠. 그런데도 남자들은 여전히 수술받기를 꺼려요."[19]

스택은 비뇨기과 의사 더그 스타인과 손잡고 정관수술에 대한 남성의 우려를 덜어주는 활동에 나섰다. 세계 정관수술의 날 공동 창립자인 스택과 스타인은 남성과 그 가족에게 가족계획의 더욱 다양한 선택지를 알려가고 있다.[20] 세계 정관수술의 날은 연중 계속되는 커뮤니케이션 프로젝트로, '정관수술 마라톤'이 개최되는 매년 11월에 정점을 이룬다. 이 행사는 전 세계에서 정관수술을 받는 남성들을 생중계하며 정관수술 전문의와의 질의응답도 진행한다. 2017년 제5회 세계 정관수술의 날 행사에는 세계 오십여 개국 이상에서 천이백 명이 넘는 남성들이 정관수술을 받았다.[21] 이는 상당히 고무적인 숫자지만, 스택과 스타인은 가족계획 커뮤니티가 남성을 끌어들이려면 더욱 노력해야 한다고 말한다. 그들은 이런 강령을 내세운다. "우리는 전 세계 남성들이 가족계획에 관한 논의에 참여해 그들 자신과 가족과 인류의 미래를 위해 옳은 선택을 할 준비가 되었다고 믿는다."[22]

하지만 설사 남성이 가족계획에서 더욱 적극적인 역할을 맡을 준비가 되었다 해도, 미국의 의료체계는 이들을 포용할 준비가 되지 않았다. 의료 정책은 정관수술의 비율에 영향을 미치는 요소 중 하나인데, 정책을 만드는 입법자들은 정력과 생식력이 남성성에 필수라는 구시대적 신념에 집착한다. 건강보험개혁법*을 만든 개혁가들도 변화의 기회를 거부했다. 의료보험 보장 범위에 난관수술은 포함시켰으나 정관수술은 제외한 것이다. 실제로 영국이나 캐나다처럼 정관수술을 무료로 진행하는 국가에서는 정관수술이 난관수술보다 두 배 더 많이 이루어진다.[23]

정관수술이 남성 생식력을 제어하는 유일한 수단은 아니지만, 선택지를 늘리려면 꾸준한 의학 연구가 필요하다. 오늘날 의학 연구자들은 남성을 위한 비영구적 피임 수단을 개발하고 있다. 아직 개발중이기는 하지만 남성호르몬 경구 피임약도 언젠가는 출시될 것이다. 남성용 임플란트는 2016년에 임상실험이 중단되었는데, 여러 언론 매체의 보도에 따르면 남성 참여자 삼백이십 명 중 스무 명이 우울증, 근육통, 감정 기복, 여드름, 성욕 변화 등의 부작용을 견디기 어렵다고 호소했기 때문이다. 하지만 이는 모두 여성용 경구 피임약을 복용해도 일어나는 증상들이다.[24] 해당 연구 보고서를 보면 남성 스무 명이 감정 변화, 여드름, 첫번째 접종시의 공황 증세, 심계항진, 고혈압, 발기 부전 등 부작용을 겪은 후 실험에서 이탈했으며, 자체 안전위원회가 "연구 참여자들의 잠재적 이득보다 위험성

---

* 미국의 의료보장제도를 저소득층까지 확대하는 법안, 일명 '오바마 케어'.

이 더 크다"고 결정하면서 실험이 중단되었다.[25]

"합의 부재, 자세한 내용 은폐, 제대로 된 정보의 결여, 위험성에 대한 의학 연구 부족"으로 점철된 여성용 경구 피임약의 역사를 생각해보면, 2016년 진행된 남성용 경구 피임약 실험에서는 놀라울 만큼 다른 결정이 이뤄졌다는 것을 알 수 있다.[26] 남성도 여성만큼 부당한 대우를 견뎌야 마땅하다는 얘기는 결코 아니다. 하지만 애나 로즈가 인디펜던트에 기고했듯 "실험에서 이탈한 남성들을 비난하려는 게 아니다. 내가 비난하고 싶은 건 여성을 짐승처럼 취급하는 의료 기관이다. 원치 않는 아기가 넘쳐나는 상황을 막기 위해서라면 여성의 암이나 혈전 위험성 따위는 무시할 수 있지만, 남성이 피임을 할 경우에는 가벼운 두통조차도 겪어선 안 된다는 그들의 사고방식 말이다".[27]

적어도 일부 남성 참여자들은 가벼운 두통보다 더 심각한 증상을 호소했던 게 사실이지만(발기 부전을 즐길 남성은 없을 테니까) 로즈의 말도 충분히 일리가 있다. 증거가 필요하다면 전원 남성으로 구성된 미국 공화당 내 초강경 세력인 프리덤코커스 의원들의 사진(이제는 유명해진)만 봐도 될 것이다. 이들은 2017년 트럼프 대통령에게 로비를 진행해 보험사가 모든 상품에 임산부 진료를 포함해야 한다는 건강보호개혁법의 요구 사항을 삭제하게 만들었다. 이들의 사진은 여성에게 가장 직접적으로 영향을 미치는 결정을 하면서도 여성을 배제해온 정책 입안자들의 유구한 무신경함뿐만 아니라,

의학 연구비를 제공하는 개인과 단체에서도 여성은 빠져 있다는 것을 단적으로 보여준다.

2018년 내분비학회는 새로운 남성용 경구 피임약 연구 결과를 발표했다. 남성 여든세 명이 한 달간 시약을 복용한 결과 "피임 효과를 보기에 충분한 호르몬 반응"이 나타났다.[28] 보고서에 따르면 장기적 효과에 대해서는 아직 연구가 진행중이지만 "이처럼 고무적인 결과는 남성용 피임약 시제품 개발 사상 유례없는 것"이다. 남성의 가족계획 참여도 아직까지는 전례가 없지만 아마도 언젠간 실현될 것이다. 여성과 남성은 자신의 생식력을 제어할 권리와 책임을 나누어야 하니까. 여성과 남성이 재생산 계획에서 서로 동등한 파트너로 여겨질 때까지 남성을 위한 피임 수단은 계속 오해받고 기피되며 무시당할 것이다. 유엔의 보고에 따르면, 현재 "남성 불임수술(정관수술), 콘돔, 성교 중단 등 남성이 직접 참여하는" 방식으로 피임하는 경우는 전 세계 피임법 중 21퍼센트에 불과하다.[29]

피임 수단 대부분은 여성의 참여가 필요한데다 피임이 실패할 경우 그 영향을 직접 받는 것도 여성이기 때문에 난관수술과 임신 중단, 그 외 비영구적 피임 수단에 대한 여성의 접근성도 개선해야 한다. 정관수술은 커플과 독신 남성에게 적합한 선택지이지만 아이를 가질 생각이 없는 독신 여성에게는 난관수술이 더 적절할 수 있다. 여성이든 남성이든 자신의 생식력을 제어하는 의료 서비스에 접근할 수 있어야 아이를 가질지 말지와 그 시기 및 방식을 선택할 모두의 권리가 보장된다.

좋은 의료보험에 가입할 수 있는 소수의 행운아들은 별문제가 없겠지만, 그렇다고 다수의 생식력을 운명에 맡길 수는 없다. 건강보험개혁법이 생기면서 미국인들도 캐나다와 서유럽 사람들 대부분이 누리는 의료 접근권에 한층 가까워졌다. 하지만 아직도 갈 길이 멀다. 고용주가 여성 고용자에게 기본 의료 보장을 제공하길 거부할 수 있는 한, 여성이 임신을 중단할 법적 권리를 효과적으로 제한해온 하이드 헌법 수정조항이 존재하는 한, 주州법원이 의학적으로 안전하고 합법적인 임신 중단 경로를 차단할 수 있는 한, 다른 선택지가 없어서 부모가 되는 사람은 계속 생길 것이다.

의료 접근성만 중요한 건 아니다. 더욱 관용적인 성교육 또한 이루어져야 한다. 원치 않은 임신을 줄이려면 어린이와 청소년에게 포괄적 성교육을 해야 한다. 과학적 증거는 이런 판단을 뒷받침할 뿐만 아니라 성교육 프로그램이 청소년의 성행위를 부추긴다는 편견도 반박한다.[30] 최근 들어 청소년 임신율이 급격히 떨어지긴 했지만, 인종과 지역에 따라 큰 차이가 나타난다. 청소년 임신과 출산 및 성병 감염 확률이 가장 높은 지역에서는 성교육이 제대로 이뤄지지 않거나 성교육에서 금욕의 중요성을 강조한다.[31] 청소년 1719명이 참여한 2008년의 연구에 따르면, 포괄적 성교육을 받은 청소년이 임신하거나 상대를 임신시킬 확률은 성교육을 전혀 받지 않은 청소년보다 60퍼센트 낮았고 금욕을 강조하는 성교육을 받은 청소년보

다는 50퍼센트 낮았다.[32]

무자녀 집단의 지갑 문제

교육체계뿐만 아니라 학교를 떠난 성인이 부딪히는 고용, 저축, 납세체계도 바뀌어야 한다. 아이를 갖지 않은 가난한 노동자에게도 불리하지 않은 세금 정책이 필요하다. 미국에서 근로소득 세액공제는 본래 소득이 빈곤 수준 이하인 사람에게 소득세를 면제해줘 가난을 구제하려는 제도였다. 아이가 있는 가족은 이 제도를 제대로 활용할 수 있다. 하지만 독신자든 커플이든 아이가 없는 사람은 세액공제를 거의 혹은 아예 받지 못해서 소득이 빈곤 수준 이하라도 세금을 내야 한다. 2016년 예산 및 정책 우선순위 센터가 제시한 사례에 따르면 25세 독신으로 아이가 없고 주당 35시간 일하며 연방 최저임금을 받는 전업 노동자는 소득이 빈곤 수준 이하인데도 연말이면 연방세를 거의 천 달러나 납부해야 한다.[33] 가난하고 아이가 없는 노동자를 더욱 가난에 빠뜨리는 일은 그 누구에게도 이로울 것이 없다.

몇몇 주에서는 상속세법도 무자녀 집단에 불리하게 짜여 있다. 유산세estate tax는 고인의 유산에서 징수되지만 상속세inheritance tax의 경우 개별 상속자가 납세해야 한다. 2016년 현재 상속세를 징수하는 주는 아이오와주, 켄터키주, 메릴랜드주, 네브래스카주, 뉴저

지주, 펜실베이니아주 여섯 곳이다.[34] 물론 이 법에도 예외는 있다. 여섯 주 모두 혼인 상대는 상속세를 면제받으며, 네브래스카주와 펜실베이니아주를 제외한 네 개 주에서는 친자의 상속세도 면제한다. 자선 단체도 종종 상속세를 면제받는다. 하지만 무자녀 성인이 친지나 사랑하는 사람에게 유산을 물려주려면 (상대가 법적 배우자인 경우를 제외하고) 거액의 세금 청구서도 함께 물려줄 수밖에 없다.

아이를 갖지 않은 내 지인 커플은 유산 대부분을 열여섯 살 손아래인 여동생에게 남길 계획이다. 노인병 관련 일을 하는 동생이 차후 두 사람의 주 보호자가 되리라 예상하기 때문이다. 하지만 두 사람이 성년 이후로 계속 살아온 사랑하는 고향 아이오와주에서 사망한다면 동생은 유산 10만 달러마다 1만 달러에서 1만 5천 달러의 세금을 내야 한다. 그들이 동생에게 기대하는 역할은 부모가 자식에게 기대하는 역할과 비슷한데도, 동생은 자식과 달리 상속세를 면제받지 못한다. 무자녀 성인의 상속자가 유자녀 성인의 상속자와 차별을 받아서는 안 될 일이다. 게다가 자식과 사이가 좋지 않은 부모 역시 다른 사람에게 유산을 물려주고 싶을 수도 있는데, 해당 주들의 상속세법은 지극히 협소한 범위의 가족에게만 세금 혜택을 부여한다.

돈과 관련해 또하나 살펴봐야 하는 부분은 아이를 갖지 않은 사람의 소비 항목과 방식이다. 이 문제에 주의를 기울이는 기업은 많지 않다. 무자녀 집단이 공들일 만한 소비자라는 사실을 알아차린

기업도 있지만, 아직은 갈 길이 멀다. 2014년 의류업체 랜즈엔드의 광고에 (아마도) 아이를 갖지 않은 여성이 등장한 것이 시초였다. 해당 광고를 보면 여성이 다섯 살쯤 된 두 아이와 함께 웃는 모습이 담긴 사진 옆에 이런 문구가 적혀 있다. "친척 아주머니가 된다는 것은 아이들과 함께할 때 규칙 따윈 없다는 뜻이죠."[35] 하지만 이 광고도 여성을 좋은 고모나 이모로서 어린 조카들과 함께 놀아주는 모성적 역할로 묘사한다. 더욱 다양한 역할을 맡는 여성들(아이와 함께할 수도 있지만 그렇지 않을 수도 있는)을 묘사한다면 아이가 있는지 없는지와 별개로 모든 여성의 현실을 훨씬 잘 보여줄 수 있을 것이다.

2016년에 8개국 다양한 지역에서 엄마 팔천여 명을 조사한 바에 따르면, 심지어 엄마들도 전형적 모성 비유에 넌더리가 난 상태다.[36] 광고사 사치앤드사치에서 진행한 조사 결과에 따르면, 엄마들은 마케터들이 모성에 대해 "구시대적이고 부정확한" 시각을 가졌다고 느낀다. 또한 자기들도 유쾌하고 즐거우며 영감을 줄 수 있고 박식하다는 점이 광고에 표현되면 좋겠다고 말한다. 아이를 갖지 않은 여성들도 똑같은 것을 원한다. 이 책 앞머리에 서술했듯이 '새비 앤 티'의 멜라니 놋킨과 '낫맘'의 캐런 멀론 라이트는 광고에서 여성의 역할이 주로 엄마로 한정되는 현실을 바꾸기 위해 노력한다.[37] 다른 여성들도 이 여정에 동참해야 마땅하다.

마지막으로, 3장에서 자세히 논의한 것처럼 워라밸 정책도 개선해야 한다. 일하지 않고 지내는 시간은 누구에게나 필요하다. 유자녀 집단과 무자녀 집단은 하나의 파이를 놓고 서로 경쟁한다고 여길 것이 아니라 워라밸 문제를 개선하기 위해 함께 싸워야 한다. 양쪽 모두가 이득을 보려면 서로의 이득이 연결되어 있다는 걸 깨달아야 한다. 고용주 또한 고용자의 여가시간을 보장하는 것이 자신에게도 유익하다는 점을 받아들일 때 더욱 행복하고 건강하며 좀더 생산적인 노동력을 이용할 수 있으리라. 결국 애정이란 서로가 떨어져 지내는 동안 깊어지게 마련이니까.

창의적으로 나이들기

우리는 나이듦에 있어서 더욱 창의력을 발휘해야 한다. 누구나 건강한 노년을 도모하는 체계를 모색해야 한다. 또한 노년의 고독을 방지하기 위해 노인이 핵가족관계에만 의존하지 않는 접근법에 집중해야 한다. 7장에서 살펴본 〈골든걸스〉식의 주거 형태와 세대 간 프로그램이 좋은 사례다. 이와 함께 소개했던 '노인들의 친구 작은형제회' 같은 노인 고독 방지 프로그램도 중요하다. 미국 은퇴자협회의 중재 연구* 분석을 보면 집에서 나오기 힘든 노인들을 위한 원격 의료 요법, 노인 멘토 프로그램, 세대 간 거주 공동체 외에도

---

* 인간 집단을 대상으로 역학적 사실을 검증하고 질병 예방 대책을 연구하는 방식.

이웃 간에 서로 돕거나 교통수단 이용과 사회 참여 기회를 확장해주는 광역도시 캠페인 등 다양한 노인 고독 방지책이 가능하다.[38]

이런 캠페인은 사회적으로도 폭넓은 지지를 얻는다. 오하이오주립대의 조사에 따르면, 미국인 중 79퍼센트는 노인과 청년이 함께 어울리게 해주는 프로그램에 정부가 투자해야 한다고 생각한다. 나아가 미국인 중 82퍼센트는 세금으로 자기 지역사회에 다양한 세대가 공유하는 시설을 짓는 일에 찬성한다고 응답했다.[39] 노년의 고독은 심각한 문제지만 충분히 해결 가능하다. 이 같은 사회적 동의를 토대로 앞 세대(유자녀든 무자녀든)가 다져놓은 프로그램을 확산하여 건강한 노년과 노인 돌봄의 모델을 더욱 늘려가야 한다.

아동 친화적 공간과 성인 한정 공간

오늘날 아이를 갖지 않은 사람은 과거 어느 때보다도 자유롭게 자신의 선택을 얘기할 수 있지만, 그들을 환영하지 않거나 애매하게 대하는 장소도 여전히 존재한다. 5장에서는 가족 친화적이라는 표현의 의미에 의문을 제기하며 이 표현이 종종 아이 없는 성인을 배제하는 현상을 고민해보았다. 또한 아이들을 대상으로 하는 행사나 공간은 당연히 필요하지만 이를 '가족 친화적'보다는 '아동 친화적'이라고 표현해야 적합하다는 점을 지적했다. 마찬가지로 특정 공간의 이용 대상을 성인으로 제한할 수 있지만 나머지 공간은 모든 형태의 가족에게 열려 있어야 한다고도 언급했다.

최근 들어서 아이들의 이용을 제한하는 식당이나 항공사도 생기고 있다. 이런 선택에 사람들은 엇갈린 반응을 보이지만, 적어도 그중 한 곳은 매출이 50퍼센트 늘었다고 한다.[40] 아동 친화적 공간과 성인 한정 공간의 경계선을 어디에 어떻게 그어야 할지는 사람마다 의견이 다르겠지만, 아이가 있든 없든 성인이라면 누구나 성인끼리 보내는 시간이 필요하며 그런 시간을 소중히 여긴다는 점은 인식해야 한다. 성인들의 필요와 흥미에 맞는 공간에서 그에 적절한 방식으로 우정과 인간관계를 다지는 일은 아이들에게 아동 친화적 공간을 제공하는 일만큼이나 중요하다. 유자녀 집단과 무자녀 집단이 더 이상 분열되지 않도록 유의하되, 성인 한정 공간을 요구하는 것이 아이 없는 세상을 원하는 셈이라는 오해에서 벗어나야 한다.

복잡한 현실 인식의 개선

설사 스스로 알맞은 선택을 했다고 확신한다 해도 대부분의 경우 항상 완벽하게 느껴지는 선택지란 없다는 사실을 받아들여야 한다. 아이가 있는 지인 몇몇은 가끔 자유를 누리는 랜스와 내가 부럽다고 말한다. 퇴근길에 가까운 술집에서 맥주 한잔하고 싶을 때 바로 그렇게 결정할 수 있는 자유 말이다. 그런가 하면 아이를 갖지 않았지만 교내 음악회, 무용 발표회, 스포츠 경기 등 흔히 부모와 아이에게 한정된 것으로 여겨지는 활동들을 진심으로 즐기는 사람도 있다. 자신이 선택한 길에 양가감정을 느낀다 해도 결코 문제될 것은 없다. 아이를 가진 사람이든 안 가진 사람이든 자신의 선택에 장단점이 있다고 솔직히 말하는 환경이 조성된다면, 어떤 선택을 할지 아직 못 정한 사람들이 최선의 결정을 내리는 데 큰 도움이 될 것이다.

한 가지 긍정적 추세는 아이를 가진 사람들이 부모 되기의 어려움을 토로하기 시작했다는 것이다. 엄마 블로거들이 급증하는 상황을 두고 이런저런 말들이 많지만, 이런 현상 덕분에 엄마 되기의 기쁨 그리고 고난에 관해 더욱 솔직하고 공개적인 논의가 이루어진다. 그 선구자는 두스닷컴dooce.com을 운영하는 헤더 암스트롱이다. 전직 전업주부 혹은 본인의 표현을 빌리면 '염병할 인간 말종Shit Ass Ho Motherfucker'이자 현재 '전업 싱글 워킹맘Full-Time Single Working Mom' 혹은 '미치겠네 마리화나 어딨어Fuck That Shit Where's Marijuana'라 할 만한 암스트롱은 1990년대부터 블로그를 운영하며 전문 만화가 뺨치는 유머 감각으로 엄마로서의 삶을 기록해왔다.

다른 엄마들도 암스트롱을 뒤따랐다. 그중에서도 질 스모클러는 인터넷 유명 인사로 "'육아가 완벽할 필요는 없다'라는 좌우명 아래 뭉친 수백만 양육자들의 거대하고 활발한 커뮤니티" 스케어리 마미Scary Mommy를 열었다. 그 외에도 많은 엄마 블로거들이 보여주듯이, 엄마 역할을 잘하기가 얼마나 힘든지(그리고 때로는 얼마나 즐거운지) 한 점의 부끄러움도 없이 솔직하게 논의할 수 있어야 한다.

이런 논의를 통해 양육자들은 남들도 힘들 때가 있음을 깨닫고 위안을 얻을 것이며, 부모가 되기를 거부한 사람들도 오명을 덜 수 있을 것이다. 개인의 본질이자 목표가 단 한 가지 역할일 순 없다는 인식이 확산되면 인생 경로를 선택하기 전에 충분한 정보를 구하려는 사람을 비롯해 모두에게 유익할 것이다.

엄마 블로거들이 최초로 엄마 되기의 어려움을 공론화한 것은 아니다. 미국비부모기구의 공동 설립자이자 두 아이의 엄마였던 셜리 로저스 래들은 1973년 발표한 『어머니날은 끝났다』에서 엄마 되기가 결혼생활을 망칠 뿐만 아니라 "후회, 적대감, 분노"의 원인이 되기도 한다고 서술했다.[41] 하지만 엄마 되기의 어려움에 대해 주의를 환기시키는 일은 또다른 문제다. 최근에는 공적 대화의 장이 열리면서 엄마들이 고통스러운 현실에 관해 솔직하게 대화를 나누게 되었으며, 엄마가 된 것을 후회한다는 여성들의 목소리도 들려온다.

엄마가 되는 것은 흔히 "인간적인 후회의 영역 밖에 존재하는 신화적 관계"로 여겨지지만, 사회학자 오나 도나스가 이스라엘에서 2008년에서 2011년까지 인터뷰한 엄마 스물세 명(스물여섯 살에서 일흔세 살까지 다양한 연령대였다)은 실제로 엄마가 된 것을 후회할 때가 있다고 응답했다.[42] 도나스가 연구한 집단은 소규모였지만, 연구 결과에 대한 대중의 반응은 그의 연구가 옳았음을 보여준다. 도나스의 책과 후속 기사들이 발표된 2015년 이후로 BBC, ABC, 더 가디언과 야후닷컴을 비롯해 수많은 언론 매체에서 그의 연구를

다루었다.[43]

엄마들의 후회만 주목받은 건 아니다. 2018년 〈BBC 뉴스〉에 보도되었듯이 "여성만이 부모가 된 것을 후회하는 건 아니다".[44] 해당 보도에 등장한 마흔다섯 살의 아이 아빠 마틴은 이렇게 말했다. "시간을 되돌릴 수 있다면, 지금 아는 걸 그때 알았더라면 결코 아이를 가질 생각을 안 했을 겁니다." 도나스가 인터뷰한 여성들처럼 마틴도 아이 때문에 구속받는다고 느끼며,(심지어 아이들이 성인이 된 지금도) 그때 아이를 안 갖기로 결정했다면 좋았을 거라고 말한다.

자신의 선택을 후회하는 부모도 존재한다는 현실을 대중과 학계에서 인식하게 되면, 아직 아이를 가질 준비가 안 되었거나 앞으로도 아이를 갖지 않겠다고 확신하는 사람을 압박하면 안 된다는 인식도 확산될 것이다. 적어도 나는 그렇게 되길 바란다. 한편으로 이는 양육자에 대한 지원의 중요성도 드러낸다. 예를 들어 오나 도나스는 남편이 아내를 얼마나 지원해주는지, 아이를 키우기 위해 경력을 얼마나 포기해야 하는지 같은 외부 요소에 따라 엄마가 된 것을 후회하는 정도도 다르다고 했다. 인구의 출생률 저하를 우려하는 사람들은 이미 아이를 가진 부모에게 더 나은 지원을 제공해야 후회의 역학관계를 변화시킬 수 있다는 걸 명심해야 한다.

한편 아이를 갖지 않은 사람도 자신의 선택이 얼마나 복잡한 것인지 터놓고 얘기할 공간이 필요하다. 우리는 흔히 수동적 태도를 취한다고 비난받는데, 실제로 이런 태도는 반감을 일으킬 수 있다.

우리가 왜 수동적으로 보이는지(우리와 우리의 선택에 대한 사람들의 적대감, 무자녀 성인과의 교제를 꺼리는 일부 부모의 태도, 우리의 선택 동기에 대한 잘못된 편견 등)는 1장에서 대략적으로 언급했다. 설사 아이를 갖지 않은 사람을 이해할 수 없다고 해도 상대를 존중하고 우호적인 호기심을 보여주면 좋다. 한편 아이를 갖지 않은 사람은 왜 그런 선택을 했는지 호기심을 보이는 사람에게 관대하고 참을성 있게 응답할 때 우리가 원하고 누려야 마땅한 존중과 이해를 끌어낼 수 있다. 물론 양쪽 모두가 출산장려주의 사회의 근거 없는 편견 속에서 자랐다는 인식도 도움이 될 것이다.

탄생 축하 파티에서 정관수술 파티까지

중요한 발표가 있어요! 저희 가족은 이제 아기를 그만 가질 거라고 말씀드리게 되어 기쁘네요! 남편이 폭탄 제거반 역할을 맡기로 했어요. 이 중대한 사건을 축하하기 위해 조만간 수술을 받을 그이에게 '고환 작별 파티'를 열어줘야 할 것 같아요.

킴벌리 헴펄리

2017년 말, 두 아이의 엄마 킴벌리 헴펄리는 텔레비전 리얼리티 쇼 〈오렌지카운티의 진짜 가정주부들〉 속 등장인물에게 영감을 얻어 남편의 정관수술을 축하하는 '고환 작별 파티'를 개최했다. 파티에서 남편은 '이제 수영팀을 은퇴할 때'라고 적힌 티셔츠를, 두 아이는 '수영팀 생존자'라고 적힌 티셔츠를 입었다. 헴펄리의 이 글은 엄청난 화제를 모으며 페이스북에서 사만오천 회 공유되었다.[45] 헴펄리는 유자녀 여성이긴 하지만, 그의 파티는 우리 문화의 중요한 순간을 상징적으로 보여준다. 수백 년 동안 사람들이 개인적으로 처리해왔던 일, 즉 자신의 생식력을 통제하는 일을 자유롭게 공론화한 순간 말이다.

이제 아이를 갖지 않기로 선택한 사람의 비율은 미국 통계청이 조사를 시작한 이후로 거의 두 배나 증가했으며, 우리는 마침내 재생산이 선택의 문제라는 사실을 받아들이게 되었다. 오늘날에도 아이 탄생 축하 파티를 여는 사람은 있지만 누군가는 정관수술 파티를 열기도 한다. 온라인 선물 교환권이 어떤 이에게는 아기의 탄생을 뜻하지만 다른 이에게는 새로운 사업의 시작을 뜻하는 것처럼 말이다.

랜스와 내가 블로그를 시작한 바로 그해에 마샤 드럿데이비스의 회고록이 출간되었다. 마샤의 노력에 힘을 실어주고 싶었던 우리는 '우리 아이 (안) 가져요' 블로그가 어떤 의미가 되었으면 하는지 요약한 성명서를 작성했다. 우리의 선택을 유쾌하게 선언하는 동시에 아이를 갖지 않고 살아가는 삶을 이해하기 쉽게 알려주고자 했다. 우리의 선택을 알렸을 때 다른 사람들이 보인 반응을 우리 역시 (최대한 온화하게) 되받아치고 싶었다. 사람들이 철석같이 믿고 퍼뜨리는 우리 같은 사람들에 관한 신화에 반격하려는 시도였다.

선언문에서 우리는 이렇게 설명했다. "저희는 가족이에요. 여유로우면서도 의미 있는 삶을 살고 있죠. 이기적인 사람들도 아니고 아이를 싫어하지도 않아요. (…) 아끼고 좋아하는 아이들도 있고요. 우리는 실패자가 아니에요. (…) 그냥 다른 삶을 선택한 거죠!"[46] 오늘날 우리는 이 말이 사실이라는 걸 안다. 사십 년 전 공영방송에서 용기 있게 경험을 공유한 커플뿐만 아니라, 수십 년간 수많은 연구를 수행한 사회과학자들과 각자의 진실을 크고 분명한 목소리로 말해준 아이를 갖지 않은 사람들 덕분에 말이다. 그러나 우리가 마샤 드럿데이비스의 끔찍한 경험에서 멀리 나아오게 되었어도 여전히 갈 길은 멀다. 우리 모두는 자신의 가족과 재생산 문제에 있어 최선이라고 판단되는 방식을 선택할 권리가 있다. 그리고 각자 알맞은 선택을 하도록 서로를 지지해줄 책임이 있다.

에필로그

지금 이대로의 삶

랜스 블랙스톤

몇 년 전 나는 한동안 직장을 쉬게 되었다. 마침 에이미가 아이를 갖지 않은 사람에 관해 한창 연구하던 시기였다. 그래서 우리는 에이미의 연구와 이 주제를 다룬 기존 문헌, 그리고 우리의 선택에 관해 긴 시간 동안 대화할 수 있었다.

아이 갖지 않고 살기에 관한 대중의 흥미가 높아진 상황이었기에 우리가 블로그를 시작하기에도 적절한 시기 같았다. 우리 둘 중 좀 더 기술적 지식을 갖췄고 시간 여유도 있었던 내가 블로그를 만들고 SNS로 소통하기로 했다. 우리는 블로그에 글을 올리고 댓글을 달고 대화에 참여했다. 기뻐하고 분노하고 슬퍼하고 흥분하기도 했다. 사람들을 돕기도 했고 짜증나게도 했으며 심지어 폭발하게도 했다.

아주 적절한 균형이었다.

그렇게 나는 아이 갖지 않기 운동에 참여하게 되었다.

우리 부부와 다른 사람들의 웹사이트를 몇 시간, 며칠, 몇 주간 둘러본 끝에 한 가지 사실을 명백히 깨달았다. 이 문제에 대해 남성보다 여성이 훨씬 많이 이야기한다는 점이었다.

사실 여성이 대부분이었다.

우리 페이스북 페이지만 봐도 팔로워 중 84퍼센트가 여성이다. 남성이나 그 외의 성별은 16퍼센트밖에 안 된다는 얘기다. 실제로 페이스북에서 논의에 참여하는 이들도 대부분 여성이었다.

이런 현상에는 분명한 이유가 있다고 생각한다. 결국 아이를 갖는 문제에 있어서는 남성보다 여성이 훨씬 많은 걸 희생하니까. 임신 및 출산 과정의 불편과 고통처럼 명백히 드러나는 사항뿐만 아니라 경우에 따라서는 회복 불가능한 신체 손상을 입거나 사망 가능성까지 감수해야 하니 말이다. 게다가 여성은 육아에 있어서도 (아직은) 불공평하게 남성보다 많은 부담을 짊어진다. 아이를 가져야 한다는 사회적 압력도 여성이 남성보다 훨씬 심하게 받음은 물론이다. 여성의 운명이란!

그래서 아이를 원하지 않는다거나 갖지 않겠다는 여성은 직간접적으로 오명에 시달린다. 반면 남성의 오명은 그리 심하지 않다. 적어도 여성이 겪는 것만큼은 아니다.

언젠가는 출산이 여성에게만 한정되지 않는 날이 올 것이다. 그리 멀지 않은 훗날에 남성 그리고(혹은) 로봇이 출산과 육아를 지금보다는 더 많이 부담할 것이다. 그리고 바라건대 조만간에 아이를 원하지 않는 여성도 그런 결정을 했다고 욕을 먹지 않는 날이 올 것이다. (안 그래도 인간에게는 더 심각하게 염려해야 할 일이 많지 않은가?) 하지만 어쨌든 오늘날 아이를 갖지 않은 여성들은 욕을 먹고 있다. 아이를 원하지 않는 남성이 고역을 겪는 경우도 있으나 결코 여성과 비슷한 정도는 아니다.

이런 불공평을 고려할 때 아이를 갖지 않는다는 선택에 관해 남성보다 여성이 더 큰 목소리를 내는 것도 당연하다.

물론 그렇다고 해서 남성이 아이를 갖지 않는 선택과 상관없다는 얘기는 절대 아니다. 적어도 모든 남성들은 주변 여성들이 각자에게 알맞은 선택을 하도록 지지해주어야 한다. 암암리에 출산장려주의로 크게 기운 사회에서 여성이 직면하는 문제들을 이해해야 한다. 설사 아이를 갖지 않은 남성인 우리가 주변의 여성 동지들만큼 괴롭힘, 편견, 오명에 시달리지는 않는다 해도 말이다.

상대적으로 덜 부당한, 하지만 여전히 부당한

아이를 갖지 않은 남성은 대체로 여성 동지들만큼 부당하게 대우받진 않지만, 그래도 우리 자신과 우리의 선택에 대해 사람들에게 오해받기는 마찬가지다. 에이미가 언급한 여러 문제를 남성들도 겪는다. 직장에서의 갈등이나 이기적이라는 비난, 그러다 고독사할 거라는 우려 말이다. 아이를 갖지 않은 남성에겐 이런 문제가 비교적 드물고 덜하다 해도, 남성 역시 그런 현실에 부딪힌다.

게다가 (다행스럽게도) 심지어 여성보다 남성이 더 자주 듣는 비난도 있다. "그럼 누가 대를 이을 건데?" 같은 말이다. 정력을 증명하려면 자손을 가져야 한다는 이야기는 또 어떤가? 내가 만난 무자녀 남성 동지들은 '유산 상속 문제'를 언급하기도 했다. 이 모두가 아이를 가져야 할 "남성적" 이유라는 것이다.

나는 이런 비난을 대체로 피했지만, 그렇다고 해서 완전히 자유로웠던 것은 아니다. 나 역시 가족, 친구, 동료, 지인, 심지어 낯선 사람에게 눈썹뿐만 아니라 때로는 혈압까지 치솟을 정도로 부주의한 논평이나 질문을 들었다.

가장 많이 들었던 질문은 "아이는 언제 가질 거야?"나 그 비슷한 내용이었다. 이런 질문 자체는 별것 아니다. 문제는 대답을 들었을 때 상대의 반응이다. 시간이 지나면서 내 대답은 바뀌었다. 처음에는 "아마 안 가질 것 같은데……" 정도였지만, 에이미가 아이를 갖지 않겠다고 분명히 결심했다는 걸 알게 되면서 좀더 단호하게 "안 가져!"라고 대답했다. 하지만 예전이든 지금이든 항상 활짝 웃으면서 그렇게 말한다.

이렇게 대답하면 상대는 흔히 실망스러워한다.

……아이를 안 가진다고?

……그렇게 사는 데 만족한다고?

뭐? 누가? 어떻게?

나는 상대의 허를 찌르는 대답을 하는 게 좋다. 어떤 식으로든 방어적인 태도를 보이거나 마음에도 없는 변명을 하기보다는, 많은 사람이 당황스러워하는 이 선택에 내가 얼마나 만족하는지 보여주려 한다. 하지만 사람들 대부분이 부모가 되는 세상에서 아이를 갖지 않고 사는 것이 항상 유쾌한 경험은 아니다.

부모 되기와 우정 사이

아이를 갖지 않은 여성보다 어려움을 덜 겪긴 했지만, 가까운 친구들이 부모가 되어 멀어져 갈 때면 아이를 갖지 않은 남성으로서 받는 타격을 실감했다. 그렇게 잃은 친구의 수만 해도 적지 않다. 하지만 남성의 우정은 좀처럼 언급되지 않는 주제이며, 남성 간의 유대관계가 깨져 상처를 입었다고 언급하면 "남성적"이지 않다고 여겨진다.

내가 아는 어느 커플은 시내 중심가에 살면서 교외에 거주하는 우리를 끊임없이 비난했지만, 그들 역시 아이가 생기자마자 교외로 이사했다. 동료 하나는 계획도 없이 다른 동료를 임신시켰고 그뒤로도 계속 나쁜 선택을 했다. 상대가 임신했다는 이유만으로 결혼을 했을 뿐만 아니라 금세 더 많은 아이를 낳았던 것이다.

다른 여러 친구가 그랬듯 이들의 삶도 아이를 낳은 뒤로는 거의 부모 역할을 중심으로 돌아갔다. 게다가 그들은 이미 아이를 키우고 있는 새로운 친구들도 사귀었다. 유일하게 아이를 갖지 않은 커플로 남은 에이미와 나는 고립감을 느꼈다.

부모가 되면서 멀어진 친구들 중에서도 한 친구를 생각하면 특히 가슴이 아프다.

내 절친한 친구(여기서는 조라고 부르겠다)는 가장 오래 미혼으로 남아 있던 단호한 독신남이었다. 나와 조는 여가시간 중 상당 부분을 카페, 술집, 서로의 집에서 보냈다. 함께 맥주를 양조하여 때로는 놀라운 결과물을 만들어내기도 했다. 우리 둘 다 요리와 스카치 위스키 마시기를 좋아해서 그 두 가지를 겸비한 모임을 열곤 했다. 조는 항상 내 곁에 있어주었고, 나 역시 조에게 그런 친구였으리라 생각하고 싶다.

조가 에이미와 친했다는 것도 행운이었다. 동성친구가 아내와 사이좋은 경우가 흔한 것은 아니다. 하지만 조와 에이미는 실제로 잘 지냈으며, 그래서 조가 한 여성을 만나 진지한 관계가 되자 우리 부부도 쉽게 그 여성과 친해졌다. 넷이 함께 여행도 많이 다녔다. 위스콘신에서는 가족 별장을 빌렸고 스코틀랜드에서 위스키를 마시기도 했으며 뉴욕의 개 박람회나 시카고의 스테이크 맛집을 찾아가기도 했다.

그러던 어느 날 모든 것이 바뀌었다. 조 부부가 아이를 입양한 것이다.

조와 아내는 부모 역할에 딱 맞는 사람들이다. 두 사람 모두 훌륭한 양육자이고 나도 무척 좋아하는 착한 아이를 키운다. 우리 부부도 두 사람이 좋은 부모가 되리라는 것을 알았기에 그들이 입양 기관에 추천서를 써달라고 부탁했을 때 주저 없이 응했다.

하지만 제삼자가 등장하면 우리의 우정도 변하리라는 것은 전혀 예상하지 못했다. 아빠가 되기 전 조는 모든 이를 잘 돌봐주는 사람이었다. 이사를 가거나 테라스를 만들 때, 혹은 새벽 두시에 필리핀이나 하와이에서 발송된 열대어와 산호를 찾아와서 새로운 환경에 적응시키고 정리해야 할 때도(내 경험담이다) 조는 달려와서 도와주곤 했다. 그러나 입양을 하자마자 조의 배려심은 단 한 사람에게 집중되었다. 그의 아들이 세상의 중심이 되었으며 다른 사람에게 쓸 시간이나 에너지는 남지 않았다.

강인하고 자립적인 풋볼팀 수비수이자 레슬링과 목공에도 능한 남자, 해외 곳곳을 돌아다닌 여행자, 스카치위스키와 초밥 맛을 아는 미식가, 첨단 기술 전문가, 그야말로 다재다능한 르네상스적 교양인이 아빠라는 단 하나의 역할을 위해 그 모든 재능을 제쳐놓은 것이다.

그렇다고 해서 입양 기관에 추천서를 써준 일을 후회하지는 않는다. 조가 행복하다면 나도 기쁘니까. 조가 키우는 아이 역시 행복하고 착하게 자라고 있다. 하지만 예전의 조가 그립긴 하다. 조도 예전의 자신을 그리워할지 궁금하다.

조와 나는 여전히 친구이며 앞으로도 그럴 것이다. 하지만 조는 내게 아들이 커서 독립할 때까진 자주 못 만날 거라고 분명히 이야기했다. 지금으로서는 우리의 우정이 전적으로 조에게 달린 셈이다.

조를 비롯해 여러 친구들과의 관계가 그들이 아이를 가진 후 변했다는 게 무자녀로 살면서 가장 힘든 점 중 하나다. 조처럼 아빠가 되기를 원했고 좋은 아빠가 되었으며 그 역할에 만족하는 친구들을 보면 나 역시 기쁘다. 하지만 그들의 아이가 둥지를 떠난 뒤에는 어떻게 될까? 언론 보도를 보면 아이를 가져서 우정이 흔들리는 일은 여성만 겪는다고 생각하기 쉽다. 하지만 단언컨대 남성 역시 이 문제로 고통을 받는다.

아이를 갖지 않은 나의 인생

이 사회의 메커니즘이 우리를 부모가 되도록 몰아가기 때문에, 부모가 되지 않기로 결심한 사람들은 나름대로 특수한 자기만의 과정을 통해 그런 결정에 이르게 마련이다. 하지만 남성이 어떤 과정을 거쳐 그런 결론에 이르는지, 그들이 어떤 경험을 하는지는 좀처럼 언급되지 않는다.

나 역시 언젠가는 아이를 가질 거라고 생각하며 자랐다. 내게 주어진 경로는 명확했다. 어른이 되고, 데이트를 하고, 결혼을 하고, 아이를 갖고, 아빠가 된다. 가능하면 이 순서대로. 생략 가능한 단계는 없다.

어쨌든 인생이란 그런 것이다. 적어도 나는 그렇게 믿었다.

처음으로 이 경로에 의문을 가진 것은 아홉 살 무렵이었다. 그즈음 나는 아이를 키우는 게 엄청나게 고생스러운 일임을 깨달았다. 전업주부였던 어머니는 온 가족의 빨랫감을 처리했고 줄곧 집안을 청소했으며 삼시 세끼를 차렸을 뿐만 아니라 부업으로 맞춤 재단사 일까지 하셨다. 근본주의 목사였던 아버지는 수입이 신통찮았고 거의 언제나 교회 일이나 관련 행사로 바쁘셨다.

우리 부모님은 성마르고 심술궂고 이기적인 청소년 다섯 명(그러니까 나와 누나 넷)을 제대로 다루지 못해서 쩔쩔맸고 시간, 음식, 돈, 빨래 등 우리에게 필요한 것들을 채워주느라 끝없이 시달렸다. 두 분은 우리를 사랑했지만, 우리와 함께 사는 게 즐거워 보이진 않았다.

이런 생각을 했던 기억이 난다. '저분들은 어쩌다 이렇게 된 걸까?'

물론 여러분이 뭐라고 말할지도 잘 안다. "아홉 살에 그런 생각을 하다니 사상가 나셨네!" "그 나이에 엄청 조숙했는걸."

내가 뭔가 놓친 게 있으리라는 생각이 들었다. 사람들이 그만큼의 고통을 감내하고 자유와 시간을 포기해가며 아이를 갖는 이유가 분명 있을 것이다. 내가 아직은 어려서 그 이유를 이해하지 못하는 것이라고 여겼다. "나도 더 성숙해지면 그 이유를 알게 되겠지. 그리고 이유를 알고 나면 아이를 갖고 싶을 거야."

시간이 흘러 어른이 되었다. 데이트를 하고 결혼도 했다. 하지만 깨달음은 오지 않았다. 에이미와 나는 거의 일 년에 한 번씩 이 문제를 의논했다. 일단 기본 원칙이 정해지자 의논은 이런 식으로 진행되었다.

> 랜스　당신, 아이 갖고 싶어?
> 에이미 아니…… 당신은?
> 랜스　아니.
> 에이미 그래, 대화 즐거웠어!
> 랜스　내년에 또 의논하자고!

결국 마법의 순간은 오지 않았고, 나는 아이를 원하지 않았다. 에이미도 마찬가지였다.

아이가 주는 기쁨을 모르는 것은 아니다. 진심으로 아이를 원하고 잘 보살필 수 있는 부모에게 아이가 얼마나 소중한 존재인지는 나도 안다. 그리고 내 주변의 좋은 부모들을 한없이 존경하며 어떤 아이들과는 함께 즐거운 시간을 보내기도 한다. 가끔은 말이다.

그럼에도 나는 결국 아이를 원하지 않았다. 아이가 가져오는 애로 사항을 분명히 알았고, 내게는 아이를 갖는 장점보다 단점이 더 크게 느껴졌기 때문이다.

이제 나는 사십대이고 결혼한 지도 이십삼 년이 되었다. 아이를 갖지 않은 지금 이대로의 내 삶이 좋다. 우습게도 "아이를 갖는 일은 상상할 수 없다"고 쓸 뻔했지만, 사실 전혀 그렇지는 않다. 아이와 함께 사는 삶도 충분히 상상 가능하다. 아이가 있는 친구와 가족을 보아왔기에 아이 갖기가 삶에 어떤 의미인지는 잘 안다. 바로 그렇기 때문에 아이를 갖지 않겠다는 결정에 만족한다는 것이다. 나에겐 이 생활이 잘 맞는다.

도무지 이해할 수 없는 점이 하나 있다. 사람들은 아이를 갖지 않는 것이 선택이라면서 어째서 부모가 되는 것은 선택이라고 하지 않을까? 지금 세상에서 사람들은 부모 되기를 선택할 수도 선택하지 않을 수도 있다. 현재로서는 어느 쪽을 선택하든 여성이 더 손해를 보긴 하지만, 부모가 된다는 건 어느 성별에게든 큰 영향을 미치는 선택임을 우리 모두가 알아야 한다.

아이를 갖는 것은 (과거에는) 통제 불가능했으며 성적 욕구에 (필연적으로) 따르는 결과였다. 그렇기에 우리는 아이를 갖는 일이 사회적으로 바람직하다고 여겨지는 세계를 구축한 게 아닐까. 그 대가가 얼마나 가혹하든 말이다.

내 생각에 이는 죽음이 (과거에는) 통제 불가능했으며 물속 깊이 잠수해서 머무르고 싶은 욕구의 필연적 결과였으니 바람직한 일이라는 얘기나 마찬가지다.

하지만 지금 우리에게는 다이빙 장비와 잠수함, 심해탐구선이 있다. 당신도(그렇다, 당신도!) 물속 깊이 잠수한 채로 실컷 머물 수 있다. 죽지 않고 말이다! 우리 모두가, 심지어 내가 알기로는 교황조차도 이처럼 새롭고 짜릿한 현실에 이미 적응했다.

이제 우리는 재생산과 관련된 작금의 현실에 적응해야 한다.

한마디로 우리는 아이를 갖는(갖지 않는) 것을 선택할 수 있으며 그래야 마땅하다.

그래도 괜찮다.

감사의 말

　나와 함께 이 모험을 떠나준 평생의 연인이자 파트너 랜스에게 감사한다. 랜스는 우리 블로그 '우린 아이 (안) 가져!'를 시작하는 데 있어서 힘든 일을 전부 떠맡아주었다. 블로그에 근사하게 디자인됐거나 특별히 재미난 부분이 있다면 모두 랜스 덕분이다. 우리 가족은 소규모이지만 강력하며 우리 둘이 원했던 모습 그대로다. 고될 때도 있었지만 유쾌할 때가 더 많았으며 항상 노력하고 헌신할 가치가 있었던 오랜 시간의 결과물이라고 하겠다.

　부모님은 언제나 가장 열렬히 나를 지지해주셨다. 내가 손주를 안겨드릴 일이 결코 없으리라는 걸 알고서도 말이다. 언니 캐시에게도 감사한다. 언니가 멋진 두 아이를 낳은 덕에 손주에 대한 부담을 덜 수 있었고, 내 선택을 안 이후로 언니는 한 번도 내게 아이 얘기를 꺼내지 않았으니까. 아이를 갖지 않기로 선택한 사람들에게

334

그 때문에 가족에게 비난받은 이야기를 많이 들었지만, 나는 다행히 그런 경험을 면할 수 있었다. 나를 지지하는 가족이 있다는 게 얼마나 큰 행운인지 알기에 그저 감사할 따름이다.

나의 첫 저서이자 만만하지 않은 내용이 담긴 이 책을 완성하는 동안 누구보다 뛰어난 전문가 집단이 나를 이끌어주었다. 스테퍼니 테이드는 무명의 작가인 내게 기회를 제공했다. 콜린 마텔은 집필 과정에 간절히 필요했던 용기를 주었다. 이 두 사람과 처음 영상통화를 한 순간부터 이들이 나를 받아만 준다면 함께하고 싶다고 확신했다. 스테퍼니 켈리는 처음 대화했을 때부터 모든 것을 이해해 주었다. 아이 갖지 않기라는 주제와 전반적인 틀, 사소한 문제들뿐만 아니라 내게 격려가 필요한 순간과 약간의 거리가 필요한 순간까지 말이다. 한계를 벗어날 수 있도록 나를 밀어붙이면서도 언제나 편안하고 든든한 사람과 작업해서 정말로 기뻤다. 모든 작가가 이런 전문가와 함께 일할 기회를 누렸으면 좋겠다.

저술 동료인 얼리사 헌터와 에이미 론크비스트는 나를 지지해주었고 우정어린 조언을 건넸으며 용기도 북돋워주었다. 내 어조가 너무 방어적이지 않나 걱정될 때마다 비판적 검토자 역할을 맡아준 앤드리아 어윈에게도 감사한다. 게일 볼슨매그너슨과 로라 칼슨 또한 매우 유익한 조언과 정보를 제공해주었다.

다행스럽게도 연구과정에서 매우 뛰어난 학생들에게 도움을 받았다. 몰리 헌트는 이 책 전체에 인용된 뛰어난 학위 논문을 썼으며 내 연구에 대해, 그리고 아이 갖지 않고 살기에 대해 여러 차례 즐거운 대화 상대가 되어주었다. 녹취 전문가 마할라 스튜어트는 훌륭한 사회학자이자 최고의 협력자였다. 에이미 그린리프는 놀라운 내용의 독자적 연구를 진행하여 연구 보고서의 공동 저자로 등재되었다. 로버트 잭슨은 인터뷰와 녹취 작업을 도와주었으며 그 과정에서 이 주제에 관한 나의 시야를 넓혀주었다. 니콜 골든 부샤드는 고증 작업자로서 조용히 기여하는 한편 사려 깊고 도전적인 질문들을 제기했다. 정치가 니콜에게 한 표를 던질 그날이 정말로 기대된다! 그 외에도 무수한 학생들이 각각의 방식으로 나에게 영감을 주었다(얼리사 래드모어, 린다 포그, 엘리 피터슨, 제이미 펠티어, 맷 레빗, 제러미 보리외, 헤더 매클로플린, 제이슨 하울, 돈 노리스, 크리스 위트컴, 토리 리브레턴…… 거명하자면 끝도 없다). 나에게 자식은 없을지언정 나 역시 학생들을 통해 사회의 미래에 기여하고 있음을 실감한다.

메인대 그리고 사회학부의 동료들은 수년 동안 나를 지지하고 격려해주었다. 특히 스티븐 마크스는 이 프로젝트를 시작하도록 나를 독려해주었으며, 애초에 연구의 출발점이 된 것도 가족에 대한 스티븐의 저술이었다. 로리 카르티에는 녹취를 도와주었다. 미국 가족관계협의회의 페미니즘 및 가족 연구 분과에서 인터뷰를 시작할 보조금을 제공받은 덕에 내 연구가 그만한 가치를 가졌다고 확신할 수 있었다.

퍼넬러피 라 몽타뉴가 아름다운 저택을 거저나 다름없는 비용으로 빌려준 덕분에 책을 쓰고 편집하는 데 절실했던 공간과 고독을 얻을 수 있었다. 이런 호사가 가능했던 것은 로라 캐럴의 소개 덕분이다. 뛰어난 영화 제작자이자 유능한 협력자인 막신 트럼프와 테레세 섹터는 순식간에 내 친구가 되었다. 두 사람 모두 나이들었을 때 본받고 싶은 역할 모델이다. 캐런 멀론 라이트와 로라 라부아는 "그래서 애는 몇이나 가질 거죠?"라는 질문을 듣지 않아도 된다고 확신할 수 있는 유일한 공간을 내가 어른이 된 이후로 줄곧 제공해주고 있다. 이들 모두에게 감사한다!

내가 상아탑의 한계를 넘어서고자 노력하는 과정에서 존경하는 저술가와 학자 여럿이 짬을 내어 조언과 전문 지식을 나눠주었다. 리베카 트레이스터, 로런 샌들러, 메건 다움, 멜라니 놋킨, 리사 웨이드, 페퍼 슈워츠, 스테퍼니 쿤츠…… 이들 모두 나를 한 번도 못 봤거나 아주 잠깐 만났을 뿐인데도 시간을 쪼개 내게 조언해주었다. 태미 코이아와 린다 조지 브라운은 유익한 환경에서 새로운 집필 방식을 시험해볼 기회를 주었다. 내 멘토이자 공공사회학자인 더그 하르트먼과 크리스 우겐 덕분에 사회학의 목표를 이해할 수 있었고 크리스의 표현대로 "좋은 과학은 더욱 공평하고 평화로운 세상으로 가는 길을 밝혀줄 수 있다"는 신념을 갖게 되었다. 작가이자 로프트 문학센터 강사인 애슐리 셸비, 오페드 프로젝트OpEd Project와 앨런 앨더 소통과학 센터에 근무하는 멋진 분들에게도 감사한다. 이들 모두가 교육과 격려를 통해 내가 대학이라는 안전지대를 박차고 나오게 해주었다.

당연한 얘기지만, 시간을 들여 인터뷰에 참여해서 자신들의 경험과 생각을 나누어준 쉰 명의 여성과 스무 명의 남성, 그리고 블로그와 SNS를 통해 소통한 여러 사람들(아이가 있거나 없는)에게 감사한다. 여러분이 아니었다면 이 연구는 불가능했을 것이다. 여러분의 삶과 이야기를 공유해줘서 감사한다. 이 책이 여러분에게 만족스러운 결과물이기를 바란다.

주

프롤로그. 우린 아이 (안) 가져!

1. Lorber, Judith. 1994. *Paradoxes of Gender*. New Haven: Yale University Press.

2. https://www.newscientist.com/article/2107219-exclusive-worlds-first-baby-born-with-new-3-parent-technique/.

3. Hunt, Mary K. 2015. *On the Childfree, Religion, and Stigma Consciousness*. Sociology Honors College Thesis, University of Maine.

4. Hollingsworth, Leta. 1916. "Social Devices for Impelling Women to Bear and Rear Children." *American Journal of Sociology* 22(1): 19–29; Veevers, Jean E. 1974. "Voluntary Childlessness and Social Policy: An Alternative View." *The Family Coordinator* 23(4): 397–406; Houseknecht, Sharon K. 1979. "Timing of the Decision to Remain Voluntarily Childless: Evidence for Continuous Socialization." *Psychology of Women Quarterly* 4(1): 81–96; Park, Kristin. 2005. "Choosing Childlessness: Weber's Typology of Action and Motives of the Voluntary Childless." *Sociological Inquiry* 75(3): 372–402; Koropeckyj-Cox, Tanya, Zeynep Copur, Victor Romano, and Susan Cody-Rydzewski. 2018. "University Students' Perceptions of Parents and Childless or Childfree Couples." *Journal of Family Issues* 39(1): 155–179; Gillespie, Rosemary. 2003. "Childfree and Feminine: Understanding the Gender Identity of Voluntarily Childless Women." *Gender & Society* 17(1): 122–136; Dennis, Kimya. 2018. "No, we are NOT all the same: Being of African diaspora and childfree-by-choice." Presented at the Annual Meeting of the Southern Sociological Society, New Orleans, LA; Volsch, Shelly, and Peter Gray. 2016. "'Dog Moms' Use Authoritative Parenting Styles." *Human-Animal Interaction Bulletin* 4(2): 1–16; Long, Brooke L., and Fritz W. Yarrison. 2016. "What Does It Mean to Be Childless? Exploring Meaning Structures of Parents and

Childless Individuals." Presented at the Annual Meeting of the American Sociological Association, Seattle, WA; Ayers, Gillian. 2013. *"I Could Be a Father, but I Could Never Be a Mother"*: *Values and Meanings of Women's Voluntary Childlessness in Southern Alberta*. Master's Thesis, Department of Sociology, University of Lethbridge; Settle, Braelin, and Krista Brumley. 2014. "'It's the Choices You Make That Get You There': Decision-Making Pathways of Childfree Women." *Michigan Family Review* 18(1): 1–22; Laurent-Simpson, Andrea. 2017. "'They Make Me Not Wanna Have a Child': Effects of Companion Animals on Fertility Intentions of the Childfree." *Sociological Inquiry* 87(4): 586–607; Healey, Jenna. 2016. "Rejecting Reproduction: The National Organization for Non-Parents and Childfree Activism in 1970s America." *Journal of Women's History* 28(1): 131–156.

5. Carroll, Laura. 2000. *Families of Two*: *Interviews with Happily Married Couples without Children by Choice*. Bloomington, IN: Xlibris; Carroll, Laura. 2012. *The Baby Matrix*: *Why Freeing Our Minds from Outmoded Thinking about Parenthood & Reproduction Will Create a Better World*. LiveTrue Books.

6. Scott, Laura S. 2009. *Two Is Enough*: *A Couple's Guide to Living Childless by Choice*. Berkeley, CA: Seal Press; Scott, Laura S. 2012. *The Childless by Choice Project, documentary film*.

7. Drut-Davis, Marcia. 2013. *Confessions of a Childfree Woman*: *A Life Spent Swimming against the Mainstream*. Amazon Digital Services.

8. *To Kid or Not to Kid*: *The Movie*, by Maxine Trump; *My So-Called Selfish Life*, film by Therese Shechter.

9. Tugend, Alina. 2016. "Childless Women to Marketers: We Buy Things Too." *New York Times*, July 9.

10. Devries Global Public Relations. 2014. "Shades of Otherhood: Marketing to Women without Children." White paper.

11. Tugend, Alina. 2016. Op. cit.

12. Stein, Jill. "Why America Needs a Woman President This Mother's Day."

13. Castle, Stephen. 2016. "Contest for British Premier Flares over Claims on Motherhood." *New York Times*, July 9.

1장. 가족계획은 어떻게 변해왔는가

1. Peck, Ellen. 1972. "Obituary: Motherhood." *New York Times*, May 13, p. 31.

2. Healey, Jenna. 2016. "Rejecting Reproduction: The National Organization for Non-Parents and Childfree Activism in 1970s America." *Journal of Women's History* 28(1): 131–156.

3. *Time*. 1972. "Down with Kids." Vol. 100, Issue 1, p. 37.

4. Sandler, Lauren. 2013. "None Is Enough." *Time*, August 12.

5. Richie, Cristina. 2014. "The Augustinian Legacy of Procreative Marriage: Contemporary Implications and Alternatives." *Feminist Theology* 23(1): 18–36.

6. Blake, Judith. 1979. "Is Zero Preferred? American Attitudes toward Childlessness in the

1970s." *Journal of Marriage and the Family* 41(2): 245-257; Heaton, Tim B., Cardell K. Jacobson, and Xuan Ning Fu. 1992. "Religiosity of Married Couples and Childlessness." *Review of Religious Research* 33: 244-255; Seccombe, Karen. 1991. "Assessing the Costs and Benefits of Children: Gender Comparisons among Childfree Husbands and Wives." *Journal of Marriage and the Family* 53(1): 191-202.

7. Richie, Cristina. 2013. "Disrupting the Meaning of Marriage? Childfree, Infertile and Gay Unions in Evangelical and Catholic Theologies of Marriage." *Theology & Sexuality* 13(2): 123-142.

8. Hunt, Mary K. 2015. *On the Childfree, Religion, and Stigma Consciousness.* Sociology Honors College Thesis, University of Maine.

9. United States Conference of Catholic Bishops. 2009. "Marriage: Love and Life in the Divine Plan. A Pastoral Letter of the United States Conference of Catholic Bishops." Washington, DC: United States Conference of Catholic Bishops.

10. Hunt, Mary K. 2015. Op. cit. ; Hollinger, Dennis P. 2009. *The Meaning of Sex: Christian Ethics and the Moral Life.* Grand Rapids: Baker.

11. Richie, Cristina. 2014. "The Augustinian Legacy of Procreative Marriage: Contemporary Implications and Alternatives." *Feminist Theology* 23(1): 18-36.

12. Llewllyn, Dawn. 2016. "Maternal Silences: Motherhood and Voluntary Childlessness in Contemporary Christianity." *Religion & Gender* 6(1): 64-79.

13. Mintz, Steven. 2004. *Huck's Raft: A History of American Childhood.* Cambridge: Harvard University Press.

14. Coontz, Stephanie. 1992. *The Way We Never Were: American Families and the Nostalgia Trap.* New York: Basic Books.

15. Coontz, Stephanie. 2005. *Marriage, a History: How Love Conquered Marriage.* New York: Penguin.

16. Hernandez, Donald J., David E. Myers. 1993. *America's Children: Resources from Family, Government, and the Economy.* New York: Russell Sage.

17. Coontz, Stephanie. 2005. Op. cit.

18. Doug Owram. Quoted in Coontz, 2005, p. 229.

19. Galton, Francis. 1883. *Inquiries into the Human Faculty.* New York: MacMillan. Quoted in Roberts, Dorothy. 1997. *Killing the Black Body: Race, Reproduction, and the Meaning of Liberty.* New York: Random House.

20. Roberts, Dorothy. Op. cit. ; Kluchin, Rebecca M. 2009. *Fit to Be Tied: Sterilization and Reproductive Rights in America.* New Brunswick, NJ: Rutgers University Press.

21. May, Elaine Tyler. 1995. *Barren in the Promised Land: Childless Americans and the Pursuit of Happiness.* Cambridge: Harvard University Press.

22. Roosevelt, Theodore. 1903. "Sixth Annual Message to Congress." December 3. Quoted in May, Elaine Tyler. 1995. Op. cit.

23. Letter from Henry Fairfield Osborn to Major Leonard Darwin. December 5, 1921. Henry

Fairfield Osborn Papers, Archives of the American Museum of Natural History. As cited in Baker, Graham J. 2014. "Christianity and Eugenics: The Place of Religion in the British Eugenics Education Society and the American Eugenics Society, c. 1907-1940." *Social History of Medicine* 27(2): 280-302.

24. Selden, Steven. 2005. "Transforming Better Babies into Fitter Families: Archival Resources and the History of the American Eugenics Movement, 1908-1930." *Proceedings of the American Philosophical Society* 149(2): 199-225.

25. Library of Congress. "Topics in Chronicling America: The Early American Eugenics Movement." https://www.loc.gov/rr/news/topics/eugenics.html.

26. Gerais, Reem. 2017. "Better Babies Contests in the United States (1908-1916)." *The Embryo Project Encyclopedia*. Tempe: Arizona State University, School of Life Sciences, Center for Biology and Society.

27. Kibbe, Tina M. 2012. *In "Fitness" and in Health: Eugenics, Public Health, and Marriage in the United States*. State University of New York at Buffalo, ProQuest Dissertations Publishing.

28. Stern, Alexandra Minna. 2002. "Making Better Babies: Public Health and Race Betterment in Indiana, 1920-1935." *American Journal of Public Health* 92(5): 742-752.

29. "The Best of Better Babies." *Woman's Home Companion* 41(May 1914): 26. As cited in Kibbe, Tina M. Op. cit.

30. Kibbe, Tina M. *Ibid.*

31. Selden, Steven. 2005. Op. cit.

32. Rydell, Robert W. 1993. *World of Fairs: The Century-of-Progress Expositions*. Chicago: The University of Chicago Press.

33. http://www.worldometers.info/world-population/.

34. Popenoe, Paul. 1936. "Motivation of Childless Marriages." *Journal of Heredity* 27(112): 469-472.

35. Gillespie, Rosemary. 2003. "Childfree and Feminine: Understanding the Gender Identity of Voluntarily Childless Women." *Gender & Society* 17(1): 122-136; Davis, Angela Y. 1983. *Women, Race & Class*. New York: Random House.

36. Roberts, Dorothy. 1997. Op. cit.; May, Elaine Tyler. 1995. Op. cit.

37. Kluchin, Rebecca M. 2009. Op. cit. p. 99.

38. *Ibid.*

39. May, Elaine Tyler. 1995. Op. cit.

40. Marks, Lara V. 2001. *Sexual Chemistry: A History of the Contraceptive Pill*. New Haven: Yale University Press.

41. Planned Parenthood Federation of America. 2015. *The Birth Control Pill: A History.*

42. Hartmann, Betsy. 2016. *Reproductive Rights and Wrongs: The Global Politics of Population Control. 3rd edition*. Chicago: Haymarket Books.

43. Krase, Kathryn. 2014. "History of Forced Sterilization and Current U.S. Abuses." *Our*

Bodies, Ourselves website.
44. García, Ana María. 1982. *La operación*. Film.
45. Johnson, Corey G. 2013. "Female Inmates Sterilized in California Prisons without Approval." *Reveal*, July 7.
46. May, Elaine Tyler. 1995. Op. cit.
47. Hoover, J. Edgar. 1956. "The Twin Enemies of Freedom: Crime and Communism." Address before the 28th Annual Convention of the National Council of Catholic Women, Chicago, November 9.
48. Sterling, Evelina Weidman. 2013. *From No Hope to Fertile Dreams: Procreative Technologies, Popular Media, and the Culture of Infertility*. Doctoral dissertation, Georgia State University.
49. Marsh, Margaret, and Wanda Ronner. 1996. *The Empty Cradle: Infertility in America from Colonial Times to the Present*. Baltimore: Johns Hopkins University Press.
50. Rorvik, David. 1974. "The Embryo Sweepstakes." *New York Times*, September 15.
51. Greil, Arthur L. 1993. "Infertility: Social and Demographic Aspects." In *Encyclopedia of Childbearing: Critical Perspectives*, edited by Barbara Katz Rothman. Phoenix: Oryx Press, pp. 202–203.
52. https://www.sciencemuseum.org.uk/see-and-do/ivf-6-million-babies-later.
53. Haberman, Clyde. 2018. "Scientists Can Design 'Better' Babies. Should They?" *New York Times*, June 10.
54. Kanazawa, Satoshi. 2014. "Intelligence and Childlessness." *Social Science Research* 48: 157–170.
55. Peck, Ellen. 1971. *The Baby Trap*. New York: Pinnacle Books.
56. Healey, Jenna. 2016. "Rejecting Reproduction: The National Organization for Non-Parents and Childfree Activism in 1970s America." *Journal of Women's History* 28(1): 131–156.
57. Kluchin, Rebecca M. 2009. Op. cit.
58. Healey, Jenna. 2016. Op. cit.
59. Healey, Jenna. 2016. Ibid.
60. Gillespie, Rosemary. 2003. Op. cit.; Campbell, Elaine. 1985. *The Childless Marriage: An Exploratory Study of Couples Who Do Not Want Children*. London: Tavistock; Weigle, Marta. 1982. *Spiders and Spinsters: Women and Mythology*. Albuquerque: University of New Mexico Press.
61. Dykstra, Pearl A., and Gunhild O. Hagestad. 2007. "Roads Less Taken: Developing a Nuanced View of Older Adults without Children." *Journal of Family Issues* 29(10): 1275–1310.
62. Bolick, Kate. 2015. *Spinster: Making a Life of One's Own*. New York: Crown Publishing; Traister, Rebecca. 2016. *All the Single Ladies: Unmarried Women and the Rise of an Independent Nation*. New York: Simon & Schuster.
63. Bartlett, Jane. 1996. *Will You Be Mother: Women Who Choose to Say No*. London: Virago

Press; Campbell, Elaine. 1985. Op. cit. : Tavistock; Gillespie, Rosemary. 2000. "When No Means No: Disbelief, Disregard, and Deviance as Discourses of Voluntary Childlessness." *Women's Studies International Forum* 23(2): 223-234; Ireland, Mardy S. 1993. *Reconceiving Women: Separating Motherhood from Female Identity*. New York: Guilford Press; McAllister, Fiona, with Lynda Clarke. 1998. *Choosing Childlessness*. London: Family Policy Studies Centre.

64. Friedan, Betty. 1963. *The Feminine Mystique*. New York: Norton.

65. May, Elaine Tyler. 1995. Op. cit.

66. National Center for Education Statistics. 1999. "Table 187: College Enrollment Rates of High School Graduates, by Sex: 1960 to 1998." *Digest of Education Statistics*.

67. http://history.house.gov/Exhibitions-and-Publications/WIC/Historical-Essays/Changing-Guard/Introduction/.

68. Faludi, Susan. 1991. *Backlash: The Undeclared War against American Women*. New York: Crown.

69. Van Assendelft, Laura A., and Jeffrey D. Schultz. 1999. *Encyclopedia of Women in American Politics*. Phoenix: Oryx Press; Republican Platform 2016.

70. McGinn, Daniel. 2006. "Marriage by the Numbers." *Newsweek*, June 4.

71. United States Census Bureau. 2016. "Historical Table 1: Percent Childless and Births per 1,000 Women in the Last 12 Months: CPS, Selected Years, 1976-2016." *Historical Time Series Tables*.

72. Desilver, Drew. 2014. "Chart of the Week: The Great Baby Recession." *FactTank: News in the Numbers*, July 25. Pew Research Center.

73. Patten, Eileen, and Gretchen Livingston. 2016. "Why Is the Teen Birth Rate Falling?" *FactTank: News in the Numbers*, April 29. Pew Research Center.

74. Last, Jonathan V. 2013. "*Time* Magazine, 'The Childfree Life,' and Me." *The Weekly Standard*, August 9.

75. Coleman, David. 2013. Review of *What to Expect When No One's Expecting: America's Coming Demographic Disaster* by Jonathan V. Last. *Population and Development Review* 39(4): 711-714.

76. Aniston, Jennifer. 2016. "For the Record." *Huffington Post*, July 12.

2장. 여성은 반드시 엄마가 되어야 할까?

1. Siegel, Harry. 2013. "Why the Choice to Be Childless Is Bad for America." *Newsweek*, February 19.

2. Rhiannon, Lucy Cosslett, and Holly Baxter. 2013. "Why Is the Happily Childless Woman Seen as the Unicorn of Society?" *NewStatesman*, July 3.

3. National Center for Health Statistics. 2018. "Quarterly Provisional Estimates for Selected Birth Indicators, 2015-Quarter 4, 2017." Centers for Disease Control and Prevention. https://www.cdc.gov/nchs/nvss/vsrr/natality.htm.

4. Arnett, J. J. 2000. "Emerging Adulthood: A Theory of Development from the Late Teens through the Twenties." *American Psychologist* 55(5): 469-480.

5. Healey, Jenna. 2014. "Babies in Your 30s? Don't Worry, Your Great-Grandma Did It Too." *The Conversation*, December 19.

6. United States Census Bureau. 2017. *Historical Marriage Tables*.

7. Fry, Richard. 2016. "For First Time in Modern Era, Living with Parents Edges Out Other Living Arrangements for 18-to 34-Year-Olds." *Social & Demographic Trends*, May 24. Pew Research Center.

8. Sullivan, Oriel, and Scott Coltrane. 2008. "Men's Changing Contribution to Housework and Childcare." *Brief Reports, Online Symposia*, April 25. Council on Contemporary Families.

9. Livingston, Gretchen. 2011. "In a Down Economy, Fewer Births." *Social & Demographic Trends*, October 12. Pew Research Center.

10. Douthat, Ross. 2012. "More Babies, Please." *New York Times*, December 1.

11. Trillingsgaard, Tea, and Diom Sommer. 2018. "Associations between Older Maternal Age, Use of Sanctions, and Children's Socio-Emotional Development through 7, 11, and 15 Years." *European Journal of Developmental Psychology* 15(2): 141-155.

12. Sun, Fangui et al. 2015. "Extended Maternal Age at Birth of Last Child and Women's Longevity in the Long Life Family Study." *Menopause* 22(1): 26-31.

13. Rackin, Heather M., and Christina M. Gibson-Davis. 2017. "Low-Income Childless Young Adults' Marriage and Fertility Frameworks." *Journal of Marriage and Family* 79: 1096-1110.

14. CDC National Center for Health Statistics. 2017. "Births: Final Data for 2015." *National Vital Statistics Reports* 66(1).

15. Patten, Eileen, and Gretchen Livingston. 2016. "Why Is the Teen Birth Rate Falling?" *FactTank: News in the Numbers*, April 29. Pew Research Center.

16. Livingston, Gretchen. 2011. Op. cit.

17. Kearney, Melissa S., and Phillip B. Levine. 2015. "Media Influences on Social Outcomes: The Impact of MTV's *16 and Pregnant* on Teen Childbearing." Working Paper 19795, National Bureau of Economic Research. Cambridge, MA.

18. Patten, Eileen, and Gretchen Livingston. 2016. Op. cit.

19. Stone, Lyman. 2018. "American Women Are Having Fewer Children than They'd Like." *New York Times, The Upshot*, February 13.

20. Rowland, Donald T. 2007. "Historical Trends in Childlessness." *Journal of Family Issues* 28(10): 1311-1337.

21. The World Bank. 2017. "Fertility Rate, Total(Births per Woman)."

22. Steed, Charley. 2018. "UNO Report: U.S. Fertility Rates Fall to New Lows, NE Rates Remain Relatively High." University of Nebraska, Omaha.

23. Jones, Jo. 2008. *Adoption Experiences of Women and Men and Demand for Children to Adopt by Women 18-44 Years of Age in the United States, 2002*. Vital Statistics Series 23,

Number 27. Hyattsville, MD: National Center for Health Statistics.

24. "A Portrait of Stepfamilies." 2011. *Social & Demographic Trends*, January 13. Pew Research Center.

25. Clarke, Victoria, Nikki Hayfield, Sonja Ellis, and Gareth Terry. Forthcoming. "Lived Experiences of Childfree Lesbians in the UK: A Qualitative Exploration." *Journal of Family Issues*.

26. Dye, Jane Lawler. 2008. "Fertility of American Women: 2006." Washington, DC: U.S. Census Bureau.

27. Dye, Jane Lawler. 2008. Ibid. ; Osborne, Ruth S. 2003. *"Percentage of Childless Women 40 to 44 Years Old Increases Since 1976, Census Bureau Reports."* U.S. Census Bureau Press Release.

28. Biddlecom, Ann, and Steven Martin. 2006. "Childless in America." *Contexts* 5: 54; Paul, Pamela. 2001. "Childless by Choice." *American Demographics* 23: 45-50.

29. 일부 연구는 아이 없는 여성의 절반 정도가 아이 갖지 않기를 선택한 반면 나머지 절반은 여의치 않게 아이를 못 가진 것이라고 암시하기도 한다.

30. Biddlecom, Ann, and Steven Martin. 2006. Op. cit. ; Crispell, Diane. 1993. "Planning No Family, Now or Ever." *American Demographics* 15: 23-24.

31. DeOllos, Ione Y., and Carolyn A. Kapinus. 2002. "Aging Childless Individuals and Couples: Suggestions for New Directions in Research." *Sociological Inquiry* 72: 72-80; Woodfull, Lucy. 2015. "If You Wanted to Use the Sidewalk, You Should Have Had Two Babies Like Me." *Reductress* 19(1): Oct 1.

32. Agrillo, Christian, and Cristian Nelini. 2008. "Childfree by Choice: A Review." *Journal of Cultural Geography* 25: 347-363; Baber, Kristine M., and Albert S. Dreyer. 1986. "Gender-Role Orientations in Older Child-Free and Expectant Couples." *Sex Roles* 14: 501-512; Houseknecht, Sharon K. 1987. "Voluntary Childlessness." In *Handbook of Marriage and Family*, edited by Marvin B. Sussman and Suzanne K. Steinmetz. New York: Plenum Press; Heaton, Tim B., Cardell K. Jacobson, and Xuan Ning Fu. 1992. "Religiosity of Married Couples and Childlessness." *Review of Religious Research* 33: 244-255.

33. Hunt, Mary K. 2015. "On the Childfree, Religion, and Stigma Consciousness." Sociology Honors College Thesis, University of Maine.

34. Lipka, Michael. 2016. "10 Facts about Atheists." *FactTank: News in the Numbers*, June 1. Pew Research Center.

35. "Americans Express Increasingly Warm Feelings toward Religious Groups." 2017. *Religion & Public Life*, February 15. Pew Research Center.

36. U.S. Department of Agriculture. 2014. "Parents Projected to Spend $245,340 to Raise a Child Born in 2013, according to USDA Report."

37. Blackstone, Amy, and Mahala Stewart. 2016. "'There's More Thinking to Decide': How the Childfree Decide Not to Parent." *The Family Journal* 24(3): 296-303.

38. Lunneborg, Patricia. 1999. *Chosen Lives of Childfree Men*. Westport, CT: Bergin & Garvey.

39. Gerson, Kathleen. 1994. *No Man's Land: Men's Changing Commitments to Family and Work.* New York: Basic Books.

40. Livingston, Gretchen. 2015. "Childlessness Falls, Family Size Grows among Highly Educated Women." *Social & Demographic Trends*, May 7. Pew Research Center.

41. Russo, Nancy Felipe. 1976. "The Motherhood Mandate." *Journal of Social Issues*, 32 (3): 143-153.

42. Sandler, Lauren. 2013. *One and Only: The Freedom of Having an Only Child, and the Joy of Being One.* New York: Simon & Schuster.

43. Gao, George. 2015. "Americans' Ideal Family Size Is Smaller than It Used to Be." *FactTank: News in the Numbers*, May 8. Pew Research Center.

44. Dally, Ann. 1983. *Inventing Motherhood: The Consequences of an Ideal.* New York: Schocken.

45. Roth-Johnson, Danielle. 2010. "Environments and Mothering." In *Encyclopedia of Motherhood,* edited by Andrea O'Reilly. Thousand Oaks: Sage.

46. May, Elaine Tyler. 1995. *Barren in the Promised Land: Childless Americans and the Pursuit of Happiness.* Cambridge: Harvard University Press.

47. Wolf, Joan B. 2007. "Is Breast Really Best? Risk and Total Motherhood in the National Breastfeeding Awareness Campaign." *Journal of Health Politics, Policy and Law* 32(4): 595-636; Trevino, Marcella Bush. 2010. "History of Motherhood: 1000 to 1500." In *Encyclopedia of Motherhood,* edited by Andrea O'Reilly. Thousand Oaks: Sage.

48. Wolf, Joan B. 2007. Op. cit.

49. 이에 대해서는 3장에서 더 자세히 다루겠다.

50. Shapiro, Gilla. 2014. "Voluntary Childlessness: A Critical Review of the Literature." *Studies in the Maternal* 6 (1): 1-15.

51. Peck, Ellen, and Judith Senderowitz, eds. 1974. *Pronatalism: The Myth of Mom & Apple Pie.* New York: Crowell; May, Elaine Tyler. 1995. Op. cit. ; Carroll, Laura. 2012. *The Baby Matrix.* LiveTrue Books.

52. Holton, Sara, Jane Fisher, and Heather Rowe. 2009. "Attitudes toward Women and Motherhood: Their Role in Australian Women's Childbearing Behaviour." *Sex Roles* 61: 677-687.

53. United Nations. 2011. "World Fertility Policies 2011." UN.org. Retrieved December 15, 2012.

54. Bahrampour, Tara. 2012. "U.S. Birthrate Plummets to Its Lowest Level since 1920." *Washington Post*, November 29. Retrieved December 17, 2012. ; Matthews, Steve. 2012. "Americans Having Fewer Babies Crimping Consumer Spending." *Bloomberg Business Week,* August 21. Retrieved December 17, 2012. ; Sanburn, Josh. 2012. "Why the Falling U.S. Birth Rates Are So Troubling." *Time*, October 4. Retrieved December 17, 2012.

55. King, Leslie. 2002. "Demographic Trends, Pronatalism, and Nationalist Ideologies in the Late Twentieth Century." *Ethnic and Racial Studies* 25(3): 367-389.

56. Hong Fincher, Leta. 2018. "China Dropped Its One-Child Policy. So Why Aren't Chinese Women Having More Babies?" *New York Times*, February 20: Hong Fincher, Leta. 2016. *Leftover Women: The Resurgence of Gender Inequality in China*. London: Zed Books.

57. Kurdi, Edina. 2014. "Women's Non-Parenting Intentions in Contemporary UK." Presented at the British Sociological Association annual conference at University of Leeds, April 23–25.

58. Trueman, Tony. 2014. "Many Couples Need Just One Conversation to Decide Not to Have Children." Press Release from the British Sociological Association, April 25.

59. '아이가 없는'이라는 용어를 누가 맨 먼저 썼는지는 부정확하나 엘런 펙과 셜리 래들이 1972년 공동 설립한 비부모기구일 듯하다.

60. Morell, Carolyn Mackelcan. 1994. *Unwomanly Conduct: The Challenges of Intentional Childlessness*. New York: Routledge.

61. Daum, Meghan. 2016. *Selfish, Shallow, and Self-Absorbed: Sixteen Writers on the Decision Not to Have Kids*. New York: Picador.

62. McQuillan, Julia et al. 2012. "Does the Reason Matter? Variations in Childlessness Concerns among U.S. Women." *Journal of Marriage and Family* 74(5): 1166-1181.

63. 기사 자체는 아이 갖지 않고 살기를 공감가게끔 깔끔하게 다루었다. 기사를 쓴 로런 샌들러는 우리 블로그와의 인터뷰에서 표지 이미지와 기사 제목 모두 본인이 결정한 게 아니었다고 말했다.

64. May, Elaine Tyler. 1995. Op. cit. pp. 208-209.

3장. 나를 위한 선택

1. Douthat, Ross. 2012. "More Babies, Please." *New York Times*, December 1.

2. Blackstone, Amy. 2012. "Childless and Loving It: Not Being a Parent Has Advantages for Families and Kids." *Bangor Daily News*, July 11.

3. Ashburn-Nardo, Leslie. 2017. "Parenthood as a Moral Imperative? Moral Outrage and the Stigmatization of Voluntarily Childfree Women and Men." *Sex Roles* 76(5-6): 393-401.

4. Caron, Sandra, and Ruth L. Wynn. 1992. "The Intent to Parent among Young, Unmarried College Graduates." *Families in Society* 73: 480-487.

5. Edin, Kathryn, and Maria Kefalas. 2011. *Promises I Can Keep: Why Poor Women Put Motherhood before Marriage*. Berkeley: University of California Press.

6. Gerson, Kathleen. 1994. *No Man's Land: Men's Changing Commitments to Family and Work*. New York: Basic Books.

7. Livingston, Gretchen, and D'Vera Cohn. 2010. "The New Demography of American Motherhood." *Social & Demographic Trends*, May 6. Pew Research Center.

8. Blackstone, Amy, and Mahala Stewart. 2012. "Choosing to Be Childfree: Research on the Decision Not to Parent." *Sociology Compass* 6(9): 718-727.

9. McMichael, Anthony J. 2002. "Population, Environment, Disease, and Survival: Past Patterns, Uncertain Futures." *Public Health* 359: 1145-1148.

10. Dunlap, Riley E., and Andrew K. Jorgenson. 2012. "Environmental Problems." In *The*

Wiley-Blackwell Encyclopedia of Globalization, first edition, edited by George Ritzer. Blackwell Publishing.

11. Jorgenson, Andrew K., and Brett Clark. 2009. "The Economy, Military, and Ecologically Unequal Exchange Relationships in Comparative Perspective: A Panel Study of the Ecological Footprints of Nations, 1975–2000." *Social Problems* 56(4): 621–646.

12. Reed, Robert. 2012. *Challenging Stereotypes of the Childless in Pronatalist Society*. Doctoral Dissertation, Texas Woman's University.

13. Blume, Lesley M. M. 2018. "Sarah Paulson's American Success Story." *Town & Country*, January 2.

14. Hunt, Mary K. 2015. *On the Childfree, Religion, and Stigma Consciousness*. Sociology Honors College Thesis, University of Maine.

15. Department of Labor Statistics. 2016. "Volunteering in the United States, 2015." United States Department of Labor.

16. Haskell, Meg. 2017. "Why Some Mainers Choose to Be Child–Free." *Bangor Daily News*, March 31.

17. Wenger, Clare G., Pearl A. Dykstra, Tuula Melkas, and Kees C. P. M. Knipscheer. 2007. "Social Embeddedness and Late–Life Parenthood: Community Activity, Close Ties, and Support Networks." *Journal of Family Issues* 28(11): 1419–1456.

18. Albertini, Marco, and Martin Kohli. 2009. "What Childless Older People Give: Is the Generational Link Broken?" *Ageing & Society* 29(8): 1261–1274.

19. Thomas, Patricia A. 2011. "Trajectories of Social Engagement and Limitations in Late Life." *Journal of Health and Social Behavior* 52(4): 430–443.

20. McMullin, Julie Ann, and Victor W. Marshall. 1996. "Friends, Family, Stress, and Well–Being: Does Childlessness Make a Difference?" *Canadian Journal on Aging* 15(3): 355–373.

21. DeVries Global. 2014. "Shades of Otherhood: Marketing to Women without Children." White paper.

22. Shandwick, Weber, and Savvy Auntie. 2012. *Digital Women Influencers Study: The Power of PANK, Engaging New Digital Influencers*.

23. Daum, Meghan. 2016. *Selfish, Shallow, and Self-Absorbed: Sixteen Writers on the Decision Not to Have Kids*. New York: Picador.

24. Daum, Meghan. 2014. "Difference Maker: The Childless, the Parentless, and the Central Sadness." *The New Yorker*, September 29.

25. https://www.youtube.com/watch?v=KAHYyQE7uiw.

26. Hays, Sharon. 1998. *The Cultural Contradictions of Motherhood*. New Haven: Yale University Press.

27. Sullivan, Oriel, and Scott Coltrane. 2008. "Men's Changing Contribution to Housework and Childcare." *Brief Reports, Online Symposia*, April 25. Council on Contemporary Families.

28. Adecco. 2014. *Adecco Way to Work Survey: Attitudes and Perceptions of American Youth*.

29. http://rh-us.mediaroom.com/2016-08-16-Mom-To-Employer-Do-You-Mind-If-I-Sit-In-On-My-Sons-Interview.

30. Rizzo, Kathryn M., Holly H. Schiffrin, and Miriam Liss. 2013. "Insight into the Parenthood Paradox: Mental Health Outcomes of Intensive Mothering." *Journal of Child and Family Studies* 22(5): 614–620.

31. Experts Respond to "Men's Changing Contributions to Housework and Childcare."

32. Sandler, Lauren. 2013. *One and Only: The Freedom of Having an Only Child, and the Joy of Being One*. New York: Simon & Schuster.

33. Sandler, Lauren. 2013. "The Childfree Life." *Time*, August 12.

34. http://werenothavingababy.com/childfree/lauren-sandler-interview/.

35. http://www.pewresearch.org/fact-tank/2015/05/08/ideal-size-of-the-american-family/.

36. Mueller, Karla A., and Janice D. Yoder. 1999. "Stigmatization of Non-Normative Family Size Status." *Sex Roles* 41(11/12): 901–919.

37. LeMoyne, Terri, and Tom Buchanan. 2011. "Does 'Hovering' Matter? Helicopter Parenting and Its Effect on Well-Being." *Sociological Spectrum* 31(4): 399–418.

38. Burkett, Elinor. 2002. *The Baby Boon: How Family-Friendly America Cheats the Childless*. New York: Free Press.

39. Fuller, Sylvia, and Lynn Prince Cooke. 2018. "Workplace Variation in Fatherhood Wage Premiums: Do Formalization and Performance Matter?" *Work, Employment, and Society*. DOI: http://dx.doi.org/10.1177/0950017018764534.

40. Budig, Michelle J. 2014. *The Fatherhood Bonus and the Motherhood Penalty: Parenthood and the Gender Gap in Pay*. Washington, DC: Third Way; Kleven, Henrik, Camille Landais, and Jakob Egholt Sogaard. 2018. "Children and Gender Inequality: Evidence from Denmark." National Bureau of Economic Research Working Paper No. 24219.

41. Hochschild, Arlie, and Anne Machung. 2012. *The Second Shift: Working Families and the Revolution at Home*. New York: Penguin.

42. Correll, Shelly, Stephen Benard, and In Paik. 2007. "Getting a Job: Is There a Motherhood Penalty?" *American Journal of Sociology* 112(5): 1297–1339; Budig, Michelle. 2014. Op. cit.

43. Bush, Michael C., and The Great Place to Work Research Team. 2018. *A Great Place to Work for All: Better for Business, Better for People, Better for the World*. Oakland, CA: Berret-Koehler Publishers.

44. http://www.huffingtonpost.com/2012/08/24/maternal-mortality-rate-info graphic_n_1827427.html.

45. https://www.nichd.nih.gov/health/topics/preeclampsia/conditioninfo/risk.

46. Kneer, Lee, Ethan Colliver, Man Hung, Michelle Pepper, and Stuart Willick. 2010. "Epidemiology of Roller Derby Injuries." *Medicine & Science in Sports & Exercise* 42(5): 474.

47. Haar, Jarrod M. 2013. "Testing a New Measure of Work-Life Balance: A Study of Parent

350

and Non-Parent Employees from New Zealand." *The International Journal of Human Resource Management* 24(17): 3305-3324.

48. Keeney, Jessica, Elizabeth M. Boyd, Ruchi Sinha, Alyssa F. Westring, and Ann Marie Ryan. 2013. "From 'Work-Family' to 'Work-Life': Broadening Our Conceptualization and Measurement." *Journal of Vocational Behavior* 82(3): 221-237.

49. Gallup. 2013. "State of the American Workplace." Report.

50. Slaughter, Anne-Marie. 2015. *Unfinished Business: Women, Men, Work, Family*. New York: Random House.

51. 연방법상 아이 부모는 차별에서 보호받는 대상이 아니지만 임산부는 보호 대상이다.

52. Flynn, Gillian. 1996. "Backlash: Why Single Employees Are Angry." *Personnel Journal* 75(9): September issue.

53. O'Connor, Lindsey Trimble, and Erin A. Cech. 2018. "Not Just a Mothers' Problem: The Consequences of Perceived Workplace Flexibility Bias for All Workers." *Sociological Perspectives Online*, April 13.

54. Kane, Rosalie A. 1996. "Toward Understanding Legacy: A Wish List." *Generations* 20(3): 5-9.

55. https://www.thenotmom.com/

56. http://www.owla.co.za.

57. www.demandabolition.org.

58. http://www.theellenfund.org/

59. http://www.ellentube.com/category.html#type=studio

60. http://yum-o.org/.

61. Hitchens, Christopher. 1995. *The Missionary Position: Mother Teresa in Theory and Practice*. London: Verso.

62. https://www.nunsonthebusmovie.com/

63. Rubenstein, Robert L. 1996. "Childlessness, Legacy, and Generativity." *Generations* 20(3): 58-60.

64. Maslow, Abraham H. 1943. "A Theory of Human Motivation." *Psychology Review* 50(4): 370-396.

65. Kirnan, Jean Powell, Julie Ann Alfieri, Jennifer DeNicolis Bragger, and Robert Sean Harris. 2009. "An Investigation of Stereotype Threat in Employment Tests." *Journal of Applied Social Psychology* 39(2): 359-388; Wout, Daryl A., Margaret J. Shih, James S. Jackson, and Robert M. Sellers. 2009. "Targets as Perceivers: How People Determine When They Will Be Negatively Stereotyped." *Journal of Personality and Social Psychology* 96(2): 349-362; Rydell, Robert J., Allen R. McConnell, and Sian L. Beilock. 2009. "Multiple Social Identities and Stereotype Threat: Imbalance, Accessibility, and Working Memory." *Journal of Personality and Social Psychology* 96(5): 949-966.

66. Ganong, Lawrence H., Marilyn Coleman, and Dennis Mapes. 1990. "A Meta-Analytic Review of Family Structure Stereotypes." *Journal of Marriage and Family* 52(2): 287-297.

67. Pierce, C., J. Carew, D. Pierce-Gonzalez, D. Willis. 1978. "An Experiment in Racism: TV Commercials." In *Television and Education*, edited by C. Pierce. Beverly Hills: Sage, pp. 62-88.

68. Sue, Derald Wing. 2010. *Microaggressions in Everyday Life: Race, Gender, and Sexual Orientation*. Hoboken, NJ: Wiley.

4장. 모성이라는 신화

1. hapiro, Gilla. 2014. "Voluntary Childlessness: A Critical Review of the Literature." *Studies in the Maternal* 6(1): 1-15.

2. Morell, Carolyn Mackelcan. 1994. *Unwomanly Conduct: The Challenges of Intentional Childlessness*. New York: Routledge.

3. Peck, Ellen. 1971. *The Baby Trap*. New York: Pinnacle Books.

4. Peck, Ellen, and Judith Senderowitz, eds. 1974. *Pronatalism: The Myth of Mom & Apple Pie*. New York: Crowell.

5. Blake, Judith. 1974. "Coercive Pronatalism and American Population Policy." *Pronatalism: The Myth of Mom & Apple Pie*, edited by Ellen Peck and Judith Senderowitz. New York: Crowell, pp. 29-67.

6. Vicedo-Castello, Maria Margarita. 2005. *The Maternal Instinct: Mother Love and the Search for Human Nature*. Doctoral Dissertation, Department for the History of Science, Harvard University, Cambridge, MA.

7. O'Reilly, Andrea. 2010. *Encyclopedia of Motherhood*. Los Angeles: Sage.

8. Livingston, Gretchen. 2015. "Childlessness Falls, Family Size Grows among Highly Educated Women." *Social & Demographic Trends*, May 7. Pew Research Center.

9. Badinter, Elisabeth. 1981. *Mother Love: Myth and Reality: Motherhood in Modern History*. New York: Macmillan; Dally, Ann. 1983. *Inventing Motherhood: The Consequences of an Ideal*. New York: Schocken Books; Roth-Johnson, Danielle. 2010. "Environments and Mothering." In *Encyclopedia of Motherhood*, edited by Andrea O'Reilly. Los Angeles: Sage.

10. Edmond, Yanique, Suzanne Randolph, and Guylaine Richard. 2007. "The Lakou System: A Cultural, Ecological Analysis of Mothering in Rural Haiti." *The Journal of Pan African Studies* 2(1): 19-32.

11. Lieblich, Amia. 2010. "A Century of Childhood, Parenting, and Family Life in the Kibbutz." *The Journal of Israeli History* 29(1): 1-24.

12. Pinker, Steven. 2002. *The Blank Slate: The Modern Denial of Human Nature*. New York: Penguin.

13. Hollingsworth, Leta S. 1916. "Social Devices for Impelling Women to Bear and Rear Children." *American Journal of Sociology* 22(1): 19-29.

14. Leyser, Ophra. 2010. "Infertility." In *Encyclopedia of Motherhood*, edited by Andrea O'Reilly. Los Angeles: Sage.

15. Blakemore, Judith E. Owen, and Renee E. Centers. 2005. "Characteristics of Boys' and

Girls' Toys." *Sex Roles* 53(9/10): 619–633; "Who's in the Picture? Gender Stereotypes and Toy Catalogues." 2017. A report by Let Toys Be Toys.

16. Martin, Carol Lynn. 1990. "Attitudes and Expectations about Children with Nontraditional and Traditional Gender Roles." *Sex Roles* 22(3/4): 151–166.

17. Ruddick, Sara. 1995. *Maternal Thinking: Toward a Politics of Peace.* Boston: Beacon Press; Kinser, Amber E. 2010. "Feminist Theory and Mothering." In *Encyclopedia of Motherhood*, edited by Andrea O'Reilly. Los Angeles: Sage.

18. Cain, Madelyn. 2001. *The Childless Revolution.* New York: Perseus; Casey, Terri. 1998. *Pride and Joy: The Lives and Passions of Women without Children.* Hillsboro: Beyond Words Publishing; Gandolfo, Enza. 2005. "A Less Woman? Fictional Representations of the Childless Woman." In *Motherhood: Power and Oppression*, edited by Andrea O'Reilly, Marie Porter, and Patricia Short. Toronto: Women's Press; Lisle, Laurie. 1999. *Without Child: Challenging the Stigma of Childlessness.* New York: Routledge; Morell, Carolyn Mackelcan. 1994. *Unwomanly Conduct: The Challenges of Intentional Childlessness.* New York: Routledge.

19. Chodorow, Nancy J. 1978. *The Reproduction of Mothering: Psychoanalysis and the Sociology of Gender.* Berkeley: University of California Press.

20. Badinter, Elisabeth. 1981. Op. cit.

21. Nicolson, Paula. 1999. "The Myth of Maternal Instinct: Feminism, Evolution and the Case of Postnatal Depression." *Psychology, Evolution & Gender* 1(2): 161–181; Blackstone, Amy. 2017. "There Is No Maternal Instinct." *Huffington Post*, May 10.

22. Keyes, Destiny. 2017. "I Don't Want Kids and That Doesn't Make Me Less of a Woman." *Odyssey*, January 9.

23. Williams, Mary Elizabeth. 2015. "Kim Cattrall Is Right about Childless Women: 'It Sounds Like You're Less, Because You Haven't Had a Child.'" *Salon*, September 16.

24. Oja, Tanya Elise. 2008. *Considering Childlessness: An Argument for the Extrication of Childbearing and Motherhood from the Concept of Womanhood.* Master's Thesis, Queen's University, Kingston, Ontario.

25. Rich, Adrienne. 1978. "Motherhood: The Contemporary Emergency and the Quantum Leap." Reprinted in Rich, Adrienne. 1980. *On Lies, Secrets, and Silence.* London: Virago.

26. https://www.lauracarroll.com/qa-with-kimya-dennis-on-her-childfree-research/.

27. Mezey, Nancy J. 2008. *New Choices, New Families: How Lesbians Decide about Motherhood.* Baltimore: Johns Hopkins University Press.

28. Mezey, Nancy J. 2013. "How Lesbians and Gay Men Decide to Become Parents or Remain Childfree." *LGBT-Parent Families: Innovations in Research and Implications for Practice*, edited by Abbie E. Goldberg and Katherine R. Allen. New York: Springer, pp. 59–70.

29. Berkowitz, Dana, and William Marsiglio. 2007. "Gay Men: Negotiating Procreative, Father, and Family Identities." *Journal of Marriage and Family* 69(2): 366–381; Gato, Jorge, Sara Santos, and Anne-Marie Fontaine. 2017. "To Have or Not to Have Children? That Is the

Question. Factors Influencing Parental Decisions among Lesbians and Gay Men." *Sexuality Research and Social Policy* 14: 310–323; Riskind, Rachel G., Charlotte J. Patterson, and Brian A. Nosek. 2013. "Childless Lesbian and Gay Adults' Self-Efficacy about Achieving Parenthood." *Couple and Family Psychology: Research and Practice* 2(3): 222–235.

30. http://www.nytimes.com/2012/08/10/us/gay-couples-face-pressure-to-have-children.html.

31. Attridge, Nicole. 2018. *Inconceivable: An Exploratory Study of South African Childfree Lesbian Couples*. Master's Thesis in Psychology, Stellenbosch University, South Africa.

32. Clarke, Victoria, Nikki Hayfield, Sonja Ellis, and Gareth Terry. Forthcoming. "Lived Experiences of Childfree Lesbians in the UK: A Qualitative Exploration." *Journal of Family Issues*.

33. Gates, Gary J., M. V. Lee Badgett, Jennifer Ehrle Macomber, and Kay Chambers. 2007. *Adoption and Foster Care by Gay and Lesbian Parents in the United States*. Washington, DC: The Urban Institute.

34. McCabe, Katherine, and J. E. Sumerau. 2018. "Reproductive Vocabularies: Interrogating Intersections of Reproduction, Sexualities, and Religion among U.S. Cisgender College Women." *Sex Roles* 78: 352–366.

35. Kazyak, Emily, Nicholas Park, Julia McQuillan, and Arthur L. Greil. 2016. "Attitudes toward Motherhood among Sexual Minority Women in the United States." *Journal of Family Issues* 37(13): 1771–1796.

36. Sullivan, Oriel, and Scott Coltrane. 2008. "Men's Changing Contribution to Housework and Childcare." *Brief Reports, Online Symposia*, April 25. Council on Contemporary Families.

37. Hochschild, Arlie, with Anne Machung. 1989. *The Second Shift: Working Parents and the Revolution at Home*. New York: Viking.

38. http://www.nytimes.com/1989/06/25/books/she-minds-the-child-he-minds-the-dog.html?pagewanted=all.

39. https://www.bls.gov/tus/tables/a6_1115.pdf; Parker, Kim, and Wendy Wang. 2013. "Modern Parenthood." *Social & Demographic Trends*, March 14. Pew Research Center.

40. http://www.asanet.org/press-center/press-releases/americans-think-sex-should-determine-chores-straight-couples-masculinity-and-femininity-same-sex.

41. Cowan, Carolyn Pape et al. 1985. "Transitions to Parenthood: His, Hers, and Theirs." *Journal of Family Issues* 6(4): 451–481.

42. Faludi, Susan. 1991. *Backlash: The Undeclared War against American Women*. New York: Crown; Hays, Sharon. 1998. *The Cultural Contradictions of Motherhood*. New Haven: Yale University Press; Green, Fiona Joy. 2010. "Intensive Mothering," in *Encyclopedia of Motherhood*, edited by Andrea O'Reilly. Los Angeles: Sage.

43. Sullivan, Oriel, and Scott Coltrane. 2008. Op. cit.

44. McLanahan, Sara, and Julia Adams. 1989. "The Effects of Children on Adults' Psychological Well-Being: 1957–1976." *Social Forces* 68(1): 124–146.

45. Hird, Myra J. 2003. "Vacant Wombs: Feminist Challenges to Psychoanalytic Theories of Childless Women." *Feminist Review* 75(1): 5-19.

46. Gillespie, Rosemary. 2003. "Childfree and Feminine: Understanding the Gender Identity of Voluntarily Childless Women." *Gender & Society* 17(1): 122-136.

47. https://www.dailymail.co.uk/news/article-3590832/I-never-wanted-baby-Yesterday-dream-came-true-NHS-sterilised-hell-trolls.html.

48. https://www.nzherald.co.nz/lifestyle/holly-brockwell-i-never-wanted-a-baby-yesterday-my-sterilisation-dream-came-true/BKALTBP5MYTA3GSS6CPOLXVJQA/

49. May, Elaine Tyler. 1995. *Barren in the Promised Land: Childless Americans and the Pursuit of Happiness.* Cambridge: Harvard University Press.

50. http://www.chicagotribune.com/sns-health-men-choosing-vasectomies-story.html.

51. Terry, Gareth, and Virginia Braun. 2012. "Sticking My Finger Up at Evolution: Unconventionality, Selfishness, and Choice in the Talk of Men Who Have Had 'Preemptive' Vasectomies." *Men and Masculinities* 15(3): 207-229.

52. Wetherell, Margaret, and Nigel Edley. 1999. "Negotiating Hegemonic Masculinity: Imaginary Positions and Psycho-Discursive Practices." *Feminism & Psychology* 9(3): 335-356.

53. Terry, Gareth, and Virginia Braun. 2011. "'It's Kind of Me Taking Responsibility for These Things': Men, Vasectomy, and 'Contraceptive Economies.'" *Feminism & Psychology* 21(4): 477-495.

54. Bertotti, Andrea M. 2013. "Gendered Divisions of Fertility Work: Socioeconomic Predictors of Female Versus Male Sterilization." *Journal of Marriage and Family.* 75(1): 13-25.

55. https://childfreeafrican.com/about/.

56. Rubin, Susan E., Giselle Campos, and Susan Markens. 2012. "Primary Care Physicians' Concerns May Affect Adolescents' Access to Intrauterine Contraception." *Journal of Primary Care & Community Health* 4(3): 216-219.

57. Avison, Margaret, and Adrian Furnham. 2015. "Personality and Voluntary Childlessness." *Journal of Population Research* 32(1): 45-67; Newton, Nicky J., and Abigail J. Stewart. 2013. "The Road Not Taken: Women's Life Paths and Gender-Linked Personality Traits." *Journal of Research in Personality* 47(4): 306-316.

58. Callan, Victor J. 1986. "Single Women, Voluntary Childlessness and Perceptions about Life and Marriage." *Journal of Biosocial Science* 18(4): 479-487.

59. Bram, Susan. 1984. "Voluntarily Childless Women: Traditional or Nontraditional?" *Sex Roles* 10(3-4): 195-206.

60. McAllister, Fiona, with Lynda Clarke. 1998. *Choosing Childlessness.* London: Family Policy Studies Centre.

61. Graham, Melissa, Erin Hill, Julia Shelly, and Ann Taket. 2013. "Why Are Childless Women Childless? Findings from an Exploratory Study in Victoria, Australia." *Journal of Social Exclusion* 4(1): 70-89; Holton, Sara, Jane Fisher, and Heather Rowe. 2009. "Attitudes

toward Women and Motherhood: Their Role in Australian Women's Childbearing Behavior." *Sex Roles* 61(9-10): 677-687.

5장. 우리는 한 가족

1. Coontz, Stephanie. 1992. *The Way We Never Were: American Families and the Nostalgia Trap*. New York: Basic Books.
2. https://www.census.gov/prod/2013pubs/p20-570.pdf.
3. U.S. Census. 2012.
4. Weston, Kath. 1991. *Families We Choose: Lesbians, Gays, Kinship*. New York: Columbia University Press; Powell, Brian, Catherine Bolzendahl, Claudia Geist, and Lala Carr Steelman. 2010. *Counted Out: Same-Sex Relations and Americans' Definitions of Family*. New York: Russell Sage Foundation.
5. 실제로 2010년 사회학자 브라이언 포월과 동료들의 연구에 따르면 미국인들은 부모가 되는 것이야 말로 가족을 이루는 결정적인 요소라고 믿는다.
6. Oswald, Ramona Faith, Libby Balter Blume, and Stephen R. Marks. 2005. "Decentering Heteronormativity: A Model for Family Studies." *Sourcebook of Family Theory and Research*, edited by Vern L. Bengtson, Alan C. Acock, Katherine R. Allen, Peggy Dilworth-Anderson, and David M. Klein. Thousand Oaks, CA: Sage, pp. 143-154.
7. May, Elaine Tyler. 1997. *Barren in the Promised Land: Childless Americans and the Pursuit of Happiness*. Cambridge: Harvard University Press; Russo, Nancy Felipe. 1979. "Overview: Sex Roles, Fertility and the Motherhood Mandate." *Psychology of Women Quarterly* 4: 7-15; Veevers, Jean E. 1974. "Voluntary Childlessness and Social Policy: An Alternative View." *The Family Coordinator* 23: 397-406.
8. Henslin, James M. 2010. *Sociology: A Down-to-Earth Approach, Core Concepts*. 4th edition. Boston: Pearson; Horwitz, Steven. 2005. "The Functions of the Family in the Great Society." *Cambridge Journal of Economics* 29: 669-684; Kramer, Laura. 2011. *The Sociology of Gender: A Brief Introduction*. New York: Oxford University Press.
9. Copur, Zeynep, and Tanya Koropeckyj-Cox. 2010. "University Students' Perceptions of Childless Couples and Parents in Ankara, Turkey." *Journal of Family Issues* 31: 1481-1506; Park, Kristin. 2002. "Stigma Management among the Voluntarily Childless." *Sociological Perspectives* 45: 21-45.
10. Angeles, Luis. 2010. "Children and Life Satisfaction." *Journal of Happiness Studies* 11: 523-538; Hansen, Thomas. 2012. "Parenthood and Happiness: A Review of Folk Theories versus Empirical Evidence." *Social Indicators Research* 108: 29-64; Hoffenaar, Peter Johannes, Frank van Balen, and Jo Hermanns. 2010. "The Impact of Having a Baby on the Level and Content of Women's Well-Being." *Social Indicators Research* 97: 279-295; Stanca, Luca. 2012. "Suffer the Little Children: Measuring the Effect of Parenthood on Well-Being Worldwide." *Journal of Economic Behavior & Organization* 81: 742-750; Twenge, Jean M., W. Keith Campbell, and Craig A. Foster. 2003. "Parenthood and Marital Satisfaction: A

Meta-Analytic Review." *Journal of Marriage and Family* 65: 574-583.

11. DeOllos, Ione Y., and Carolyn A. Kapinus. 2002. "Aging Childless Individuals and Couples: Suggestions for New Directions in Research." *Sociological Inquiry* 72: 72-80.

12. Gillespie, Rosemary. 2003. "Childfree and Feminine: Understanding the Identity of Voluntarily Childless Women." *Gender & Society* 17(1): 122-136.

13. Giddens, Anthony. 1992. *The Transformation of Intimacy: Sexuality, Love & Eroticism in Modern Societies*. Stanford, CA: Stanford University Press.

14. Meghan Daum interview on *Pregnant Pause* podcast, episode 4a, "The Central Sadness w/ Meghan Daum."

15. Houseknecht, Sharon K. 1987. "Voluntary Childlessness." *Handbook of Marriage and the Family*, edited by Marvin B. Sussman and Suzanne K. Steinmetz. New York: Plenum Press, pp. 369-395.

16. Aron, Arthur, Christina C. Norman, Elaine N. Aaron, Colin McKenna, and Richard E. Heyman. 2000. "Couples' Shared Participation in Novel and Arousing Activities and Experienced Relationship Quality." *Journal of Personality and Social Psychology* 78(2): 273-284.

17. Johnson, Heather A., Ramon B. Zabriskie, and Brian Hill. 2006. "The Contribution of Couple Leisure Involvement, Leisure Time, and Leisure Satisfaction to Marital Satisfaction." *Marriage & Family Review* 40(1): 69-91.

18. U.S. Travel Association. 2013. "Travel Strengthens Relationships and Ignites Romance." Research Report, Washington, DC.

19. Aron, Arthur, Christina C. Norman, Elaine N. Aaron, Colin McKenna, and Richard E. Heyman. 2000. Op. cit.

20. Crawford, Duane W., and Ted L. Huston. 1993. "The Impact of the Transition to Parenthood on Marital Leisure." *Personality and Social Psychology Bulletin* 19(1): 39-46.

21. Macvarish, Jan. 2006. "What Is 'the Problem' of Singleness?" *Sociological Research Online* 11(3): 1-8.

22. Reynolds, Jill, and Margaret Wetherell. 2003. "The Discursive Climate of Singleness: The Consequences for Women's Negotiation of a Single Identity." *Feminism & Psychology* 13(4): 489-510.

23. DePaulo, Bella. 2016. *Single, No Children: Who Is Your Family?* Amazon Digital Services: DoubleDoor Books.

24. Addie, Elizabeth, and Charlotte Brownlow. 2014. "Deficit and Asset Identity Constructions of Single Women without Children Living in Australia: An Analysis of Discourse." *Feminism & Psychology* 24(4): 423-439.

25. Kramer, Laura. 2011. Op. cit.

26. Laslett, Barbara, and Johanna Brenner. 1989. "Gender and Social Reproduction: Historical Perspectives." *Annual Review of Sociology* 15: 381-404.

27. Owens, Nicole, and Liz Grauerholz. 2018. "Interspecies Parenting: How Pet Parents

Construct Their Roles." *Humanity & Society* 42: 1-24; Basten, Stuart. 2009. "Pets and the 'Need to Nurture.'" The Future of Human Reproduction: Working Paper #3. St. John's College, Oxford, and Vienna Institute of Demography.

28. Serpell, James. 1996. *In the Company of Animals: A Study of Human-Animal Relationships*. Cambridge: Cambridge University Press; Mathes, Eugene W., and Donna J. Deuger. 1982. "Jealousy, a Creation of Human Culture?" *Psychological Reports* 51: 351-354.

29. Rehn, Therese, Ragen T. S. McGowan, and Linda J. Keeling. 2013. "Evaluating the Strange Situation Procedure (SSP) to Assess the Bond between Dogs and Humans." *PLoS ONE* 8: e56938.

30. Greenebaum, Jessica. 2004. "It's a Dog's Life: Elevating Status from Pet to 'Fur Baby' at Yappy Hour." *Society & Animals* 12: 117-135.

31. Eggum, Arne. 1984. *Edvard Munch: Paintings, Sketches, and Studies*. New York: Clarkson Potter.

32. Hodgson, Kate et al. 2015. "Pets' Impact on Your Patients' Health: Leveraging Benefits and Mitigating Risk." *Journal of the American Board of Family Medicine* 28(4): 526-534.

33. Herzog, Harold. 2011. "The Impact of Pets on Human Health and Psychological Well-Being." *Current Directions in Psychological Science* 20(4): 236-239.

34. McConnell, Allen R., Christina M. Brown, Tonya M. Shoda, Laura E. Stayton, and Colleen E. Martin. 2011. "Friends with Benefits: On the Positive Consequences of Pet Ownership." *Journal of Personality and Social Psychology* 101(6): 1239-1252.

35. Casciotti, Dana, and Diana Zuckerman. "The Benefits of Pets for Human Health." National Center for Health Research nonprofit organization.

36. Newman, Lareen. 2008. "How Parenthood Experiences Influence Desire for More Children in Australia: A Qualitative Study." *Journal of Population Research* 25(1): 1-27; Margolis, Rachel, and Mikko Myrskylä. 2015. "Parental Well-Being Surrounding First Birth as a Determinant of Further Parity Progression." *Demography* 52: 1147-1166.

37. Basten, Stuart. 2009. Op. cit. ; Laurent-Simpson, Andrea. 2017. "'They Make Me Not Wanna Have a Child': Effects of Companion Animals on Fertility Intentions of the Childfree." *Sociological Inquiry* 87(4): 586-607.

38. Owens, Nicole, and Liz Grauerholz. 2018. Op. cit.

39. Gillespie, Dair L., Ann Leffler, and Elinor Lerner. 2002. "If It Weren't for My Hobby, I'd Have a Life: Dog Sport, Serious Leisure, and Boundary Negotiations." *Leisure Studies* 21: 285-304.

40. Volsche, Shelly, and Peter Gray. 2016. "'Dog Moms' Use Authoritative Parenting Styles." *Human-Animal Interaction Bulletin* 4(2): 1-16.

41. Prato-Previde, Emanuela, Gaia Fallani, and Paolo Valsecchi. 2006. "Gender Differences in Owners Interacting with Pet Dogs: An Observational Study." *Ethology: International Journal of Behavioral Biology* 112(1): 64-73.

42. http://asecher.com/the-not-moms/.

43. Gillespie, Dair L., Ann Leffler, and Elinor Lerner. 2002. Op. cit.; Greenebaum, Jessica. 2004. Op. cit.

44. Henderson, Steve. 2013. "Spending on Pets: 'Tails' from the Consumer Expenditure Survey." *Beyond the Numbers: Prices & Spending*, Vol. 2, No. 16 (U.S. Bureau of Labor Statistics).

45. http://www.etonline.com/news/171968_kim_cattrall_explains_why_the_term_childless_is_ offensive/.

46. Bird, Chloe E. 1999. "Gender, Household Labor, and Psychological Distress: The Impact of the Amount and Division of Housework." *Journal of Health and Social Behavior* 40(1): 32- 45; Craig, Lyn, and Abigail Powell. 2018. "Shares of Housework between Mothers, Fathers, and Young People: Routine and Non-Routine Housework, Doing Housework for Oneself and Others." *Social Indicators Research* 136(1): 269-281; Hochschild, Arlie, and Anne Machung. 1989, 2003. *The Second Shift*. New York: Penguin; Horne, Rebecca M., Matthew D. Johnson, Nancy L. Galambos, and Harvey J. Krahn. 2017. "Time, Money, or Gender? Predictors of the Division of Household Labour across Life States." *Sex Roles Online First*, September 26, pp. 1-15; Lachance-Grzela, Mylene. 2010. "Why Do Women Do the Lion's Share of Housework? A Decade of Research." *Sex Roles* 63(11-12): 767-780.

47. Charmes, Jacques. 2015. "Time Use across the World: Findings of a World Compilation of Time Use Surveys." Background paper for Human Development Report 2015. United Nations Development Programme, Human Development Report Office, New York.

48. United Nations Development Programme. 2016. Human Development Report 2016: Human Development for Everyone. Washington, DC: Communications Development Incorporated.

49. Endendijk, Joyce J., Belle Derkes, and Judi Mesman. 2018. "Does Parenthood Change Implicit Gender-Role Stereotypes and Behaviors?" *Journal of Marriage and Family* 80(1): 61-79.

50. Barnes, Medora W. 2015. "Gender Differentiation in Paid and Unpaid Work during the Transition to Parenthood." *Sociology Compass* 9(5): 348-364.

51. Baxter, Janeen, Belinda Hewitt, and Michele Haynes. 2008. "Life Course Transitions and Housework: Marriage, Parenthood, and Time on Housework." *Journal of Marriage and Family* 70(2): 259-272.

52. Callan, Victor. 1986. "Single Women, Voluntary Childlessness and Perceptions about Life and Marriage." *Journal of Biosocial Science* 18: 479-487.

53. Abma, Joyce C., and Gladys M. Martinez. 2006. "Childlessness among Older Women in the United States: Trends and Profiles." *Journal of Marriage and Family* 68: 1045-1056; Baber, Kristine M., and Albert S. Dreyer. 1986. "Gender-Role Orientations in Older Child-Free and Expectant Couples." *Sex Roles* 14: 501-512; Bram, Susan. 1984. "Voluntarily Childless Women: Traditional or Nontraditional?" *Sex Roles* 10: 195-206; Callan, Victor J. 1986. "Single Women, Voluntary Childlessness and Perceptions about Life and Marriage." *Journal of*

Biosocial Science 18: 479–487; Houseknecht, Sharon K. 1982. "Voluntary Childlessness in the 1980s: A Significant Increase?" *Alternatives to Traditional Family Living*: 51–69.

54. Baber, Kristine M., and Albert S. Dreyer. 1986. "Gender-Role Orientations in Older Child-Free and Expectant Couples." *Sex Roles* 14(9/10): 501–512.

55. Callan, Victor. 1986. Op. cit.

56. Coontz, Stephanie. 2005. *Marriage, a History: How Love Conquered Marriage*. New York: Penguin.

57. Bachu, Amara. 1999. "Is Childlessness among American Women on the Rise?" Population Division Working Paper No. 37. Washington, DC: U.S. Bureau of the Census; Chandra, Anjani, Gladys M. Martinez, William D. Mosher, Joyce C. Abma, and Jo Jones. 2005. "Fertility, Family Planning, and Reproductive Health of U.S. Women: Data from the 2002 National Survey of Family Growth." Division of Vital Statistics, Series 23, Number 25. Hyattsville, MD: U.S. Department of Health and Human Services, Centers for Disease Control and Prevention; Hagestad, Gunhild O., and Vaughn R. Call. 2007. "Pathways to Childlessness: A Life Course Perspective." *Journal of Family Issues* 28: 1338–1361; Mattessich, Paul W. 1979. "Childlessness and Its Correlates in Historical Perspective: A Research Note." *Journal of Family History* 4: 299–307.

58. Bachu, Amara. 1999. Ibid.

59. Wood, Glenice J., and Janice Newton. 2006. "Childlessness and Women Managers: 'Choice,' Context, and Discourses." *Gender, Work and Organization* 13: 338–358.

60. Keizer, Renske, Pearl A. Dykstra, and Anne-Rigt Poortman. 2010. "Life Outcomes of Childless Men and Fathers." *European Sociological Review* 26(1): 1–15; Budig, Michelle J. 2014. *The Fatherhood Bonus and the Motherhood Penalty: Parenthood and the Gender Pay Gap*. Washington, DC: Third Way.

61. Shea, Molly. 2018. "Baby Birthday Parties Have Infested Brooklyn's Bar Scene." *New York Post*, February 27.

62. http://www.cso.ie/en/media/csoie/census/documents/census2011profile5/Profile_5_Households_and_Families_full_doc_sig_amended.pdf.

6장. 아이 없는 사람의 삶에도 아이는 존재한다

1. Clinton, Hillary Rodham. 1996. *It Takes a Village: And Other Lessons Children Teach Us*. New York: Simon & Schuster.

2. Collins, Patricia Hill. 1990. *Black Feminist Thought: Knowledge, Consciousness, and the Politics of Empowerment*. Boston: Unwin Hyman.

3. Pollet, Thomas V., and Robin I. Dunbar. 2008. "Childlessness Predicts Helping of Nieces and Nephews in United States, 1910." *Journal of Biosocial Science* 40(5): 761–770.

4. Reid, Megan, and Andrew Golub. 2018. "Low-Income Black Men's Kin Work: Cohabiting Stepfamilies." *Journal of Family Issues* 39(4): 960–984.

5. Glass, Amy. 2014. "I Look Down on Young Women with Husbands and Kids and I'm Not

Sorry." *Thought Catalogue*, January 16.

6. Jeub, Chris. 2014. "We Look Down on Child Free Ideology and We're Not Sorry." www.chrisjeub.com.

7. Graham, Melissa, Carly Smith, and Margaret Shield. 2015. "Women's Attitudes towards Children and Motherhood: A Predictor of Future Childlessness?" *Journal of Social Inclusion* 6(2): 5-18.

8. McQuillan, Julia, Arthur L. Greil, Karina M. Shreffler, and Veronica Tichenor. 2008. "The Importance of Motherhood among Women in the Contemporary United States." *Gender & Society* 22(4): 477-496.

9. Callan, Victor. 1982. "How Do Australians Value Children? A Review and Research Update Using the Perceptions of Parents and Voluntarily Childless Adults." *Australian & New Zealand Journal of Sociology* 18(3): 384-398.

10. Seccombe, Karen. 1991. "Assessing the Costs and Benefits of Children: Gender Comparisons among Childfree Husbands and Wives." *Journal of Marriage and the Family* 53(1): 191-202; Blackstone, Amy, and Mahala Dyer Stewart. 2016. "'There's More Thinking to Decide': How the Childfree Decide Not to Parent." *The Family Journal* 24: 296-303.

11. Cohany, Sharon R., and Emy Sok. 2007. "Trends in Labor Force Participation of Married Mothers of Infants." *Monthly Labor Review* 130(2): 9-16.

12. Hochschild, Arlie, and Anne Machung. 1989, 2003. *The Second Shift*. New York: Penguin.

13. Matysiak, Anna, Letizia Mencarini, and Daniel Vignoli. 2016. "Work-Family Conflict Moderates the Relationship between Childbearing and Subjective Well-Being." *European Journal of Population* 32(3): 355-379.

14. http://www.salon.com/2015/10/07/im_a_baby_hater_and_im_not_sorry/.

15. Houseknecht, Sharon. 1987. "Voluntary Childlessness." *Handbook of Marriage and Family*, edited by Marvin B. Sussman and Suzanne K. Steinmetz. New York: Plenum Press, pp. 369-395.

16. 여의치 않게 아이를 못 가진 작가이자 마케터 멜라니 놋킨은 팽크(PANK)라는 용어를 만들고 상표 등록도 했다. 놋킨은 "멋을 아는 이모, 고모, 대모뿐만 아니라 아이를 사랑하는 모든 여성"을 위한 라이프스타일 브랜드 '새비 앤티'를 만들어 엄마가 아닌 여성도 아이를 사랑할 수 있다는 사실을 환기시킨 선구자다. 놋킨의 연구는 대체로 아이 없는 여성이 유효한 틈새시장이라는 인식에 초점을 맞추고 있지만, 놋킨의 마케팅 조사를 통해 아이 없는 여성이 아이의 삶에서 수행하는 중요한 역할이 밝혀졌다.

17. Sotirin, Patty, and Laura L. Ellingson. 2007. "Rearticulating the Aunt: Feminist Alternatives of Family, Care, and Kinship in Popular Performances in Aunting." *Cultural Studies ⟨-⟩ Critical Methodologies* 7(4): 442-459.

18. May, Elaine Tyler. 1995. *Barren in the Promised Land: Childless Americans and the Pursuit of Happiness*. Cambridge: Harvard University Press.

19. Ibid., p. 205.

20. DeVries Global. 2014. *Shades of Otherhood: Marketing to Women without Children*. White

paper.

21. Milardo, Robert. 2005. "Generative Uncle and Nephew Relations." *Journal of Marriage and Family* 67(5): 1226-1236.

22. Ellingson, Laura L., and Patricia J. Sotirin. 2006. "Exploring Young Adults' Perspectives on Communication with Aunts." *Journal of Social and Personal Relationships* 23(3): 483-501.

23. Burton, Linda M., and Cecily R. Hardaway. 2012. "Low-Income Mothers as 'Othermothers' to Their Romantic Partners' Children: Women's Coparenting in Multiple Partner Fertility Relationships." *Family Process* 51(3): 343-359: Case, Karen. 1997. "African American Othermothering in the Urban Elementary School." *The Urban Review* 29(1): 25-39.

24. Ellingson, Laura L., and Patricia J. Sotirin. 2006. Op. cit.

25. Ibid., p. 491.

26. Ibid., p. 483-501.

27. https://www.webershandwick.com/uploads/news/files/2012_PANKs_Execu tiveSummary. pdf.

28. Tanskanen, Antti O. 2014. "Childlessness and Investment in Nieces, Nephews, Aunts, and Uncles in Finland." *Journal of Biosocial Science* 47(3): 402-406.

29. Pollet, Thomas V., Toon Kuppens, and Robin I. M. Dunbar. 2006. "When Nieces and Nephews Become Important: Differences between Childless Women and Mothers in Relationships with Nieces and Nephews." *Journal of Cultural and Evolutionary Psychology* 4(2): 83-93.

30. https://www.nysun.com/opinion/why-i-let-my-9-year-old-ride-subway-alone/73976./

31. Skenazy, Lenore. 2010. *Free-Range Kids: How to Raise Safe, Self-Reliant Children (without Going Nuts with Worry)*. San Francisco: Jossey-Bass.

32. https://www.nytimes.com/2018/07/27/opinion/sunday/motherhood-in-the-age-of-fear.html?smid=fb-nytimes&smtyp=cur.

33. https://le.utah.gov/~2018/bills/static/SB0065.html.

34. Baldwin Grossman, Jean, Nancy Resch, and Joseph P. Tierney. 2000. "Making a Difference: An Impact Study of Big Brothers/Big Sisters." Re-issue of 1995 Study. Public/Private Ventures.

35. Valenti, Jessica. 2012. *Why Have Kids? A New Mom Explores the Truth about Parenting and Happiness*. New York: Houghton Mifflin Harcourt, p. 166.

36. Milardo, Robert M. 2009. *The Forgotten Kin: Aunts and Uncles*. Cambridge: Cambridge University Press.

7장. 노인을 위하지 않는 세상에서 행복하게 나이들기

1. Houseknecht, Sharon. 1987. "Voluntary Childlessness." *Handbook of Marriage and Family*, edited by Marvin B. Sussman and Suzanne K. Steinmetz. New York: Plenum Press, pp. 369-395.

2. Blackstone, Amy, and Mahala Stewart. 2012. "Choosing to Be Childfree: Research on the Decision Not to Parent." *Sociology Compass* 6: 718-727; Copur, Zeynep, and Tanya Koropeckyj-Cox. 2010. "University Students' Perceptions of Childless Couples and Parents in Ankara, Turkey." *Journal of Family Issues* 31: 1481-1506; Koropeckyj-Cox, Tanya, Victor Romano, and Amanda Moras. 2007. "Through the Lenses of Gender, Race, and Class: Students' Perceptions of Childless/Childfree Individuals and Couples." *Sex Roles* 56: 415-428; Park, Kristin. 2002. "Stigma Management among the Voluntarily Childless." *Sociological Perspectives* 45: 21-45; Veevers, Jean E. 1973. "Voluntary Childlessness: A Neglected Area of Family Study." *The Family Coordinator* 22: 199-205.

3. Dykstra, Pearl A., and Gunhild O. Hagestad. 2007. "Road Less Taken: Developing a Nuanced View of Older Adults without Children." *Journal of Family Issues* 28(10): 1275-1310.

4. http://time.com/2814527/pope-francis-dogs-cats-pets/.

5. http://werenothavingababy.com/childfree/funnywoman-jen-kirkman-is-not-having-a-baby-i-can-barely-take-care-of-myself/.

6. Morell, Carolyn. 1994. *Unwomanly Conduct: The Challenges of Intentional Childlessness*. New York: Routledge.

7. Hank, Karsten, and Michael Wagner. 2013. "Parenthood, Marital Status, and Well-Being Later in Life: Evidence from SHARE." *Social Indicators Research* 114: 639-653.

8. Wenger, G. Clare. 2001. "Ageing without Children: Rural Wales." *Journal of Cross-Cultural Gerontology* 16(1): 79-109.

9. DePaulo, Bella. 2006. *Singled Out: How Singles Are Stereotyped, Stigmatized, and Ignored, and Still Live Happily Ever After*. New York: St. Martin's Press; Klinenberg, Eric. 2012. *Going Solo: The Extraordinary Rise and Surprising Appeal of Living Alone*. New York: Penguin; Traister, Rebecca. 2016. *All the Single Ladies: Unmarried Women and the Rise of an Independent Nation*. New York: Simon & Schuster.

10. https://www.youtube.com/watch?v=lyZysfafOAs.

11. DeLyser, Gail. 2012. "At Midlife, Intentionally Childfree Women and Their Experiences of Regret." *Clinical Social Work Journal* 40: 66-74.

12. Connidis, Ingrid Arnet, and Julie A. McMullin. 1999. "Permanent Childlessness: Perceived Advantages and Disadvantages among Older Persons." *Canadian Journal on Aging* 18(4): 447-465.

13. Jeffries, Sherryl, and Candace Konnert. 2002. "Regret and Psychological Well-Being among Voluntarily and Involuntarily Childless Women and Mothers." *International Journal of Aging and Human Development* 54(2): 89-106.

14. http://money.cnn.com/2015/11/25/news/economy/friendsgiving-on-the-rise/index.html.

15. Weston, Kath. 1991. *Families We Choose: Lesbians, Gays, Kinship*. New York: Columbia University Press.

16. Kendig, Hal, Pearl A. Dykstra, Ruben I. van Gaalen, and Tuula Melkas. 2007. "Health of

Aging Parents and Childless Individuals." *Journal of Family Issues* 28(11): 1457-1486.

17. Włodarczyk, Piotr, and Artur Ziółkowski. 2009. "Having Children and Physical Activity Level and Other Types of Pro-Health Behaviour of Women from the Perspective of the Theory of Planned Behaviour." *Baltic Journal of Health and Physical Activity* 1(2): 143-149.

18. Modig, Karin, Mats Talbäck, and Anders Ahlbom. 2017. "Payback Time? Influence of Having Children on Mortality in Old Age." *Journal of Epidemiology & Community Health* 71(5): 424-430.

19. 생활 습관과 수명에 관한 문제의 연구가 아이를 안 가진 사람과 못 가진 사람을 구분하지 않았다는 점을 지적해야 하겠다. 아이의 부재가 본인의 선택인지 아닌지에 따라 수명에 미치는 영향도 달라질 수 있을 것이다.

20. Nelson, Margaret K. 2013. "Fictive Kin, Families We Choose, and Voluntary Kin: What Does the Discourse Tell Us?" *Journal of Family Theory & Review* 5(4): 259-281; Roberto, Karen A., and Rosemary Blieszner. 2015. "Diverse Family Structures and the Care of Older Persons." *Canadian Journal on Aging* 34(3): 305-320; Weston, Kath. 1991. Op. cit.

21. Croghan, Catherine F., Rajean P. Moone, and Andrea M. Olson. 2014. "Friends, Family, and Caregiving among Midlife and Older Lesbian, Gay, Bisexual, and Transgender Adults." *Journal of Homosexuality* 61(1): 79-102.

22. Muraco, Anna, and Karen Fredriksen-Goldsen. 2011. "'That's What Friends Do': Informal Caregiving for Chronically Ill Midlife and Older Lesbian, Gay, and Bisexual Adults." *Journal of Social and Personal Relationships* 28(8): 1073-1092.

23. Dykstra, Pearl A., and Michael Wagner. 2007. "Pathways to Childlessness and Late-Life Outcomes." *Journal of Family Issues* 28(11): 1487-1517.

24. Connidis, Ingrid Arnet, and Julie A. McMullin. 1994. "Social Support in Older Age: Assessing the Impact of Marital and Parent Status." *Canadian Journal on Aging* 13(4): 510-527.

25. Wenger, Clare G., Pearl A. Dykstra, Tuula Melkas, and Kees C. P. M. Knipscheer. 2007. "Social Embeddedness and Late-Life Parenthood: Community Activity, Close Ties, and Support Networks." *Journal of Family Issues* 28(11): 1419-1456.

26. Klinenberg, Eric. 2012. Op. cit.

27. Cornwell, Benjamin, Edward Laumann, and L. Philip Shumm. 2008. "The Social Connectedness of Older Adults: A National Profile." *American Sociological Review* 73: 185-203.

28. Wenger, G. Clare. 2009. "Childlessness at the End of Life: Evidence from Rural Wales." *Ageing & Society* 29(8): 1243-1259.

29. "Grandparents Investing in Grandchildren: The MetLife Study on How Grandparents Share Their Time, Values, and Money." 2012. Report released by Generations United and MetLife Mature Market Institute.

30. Callan, Victor. 1982. "How Do Australians Value Children? A Review and Research Update

Using the Perceptions of Parents and Voluntarily Childless Adults." *The Australian & New Zealand Journal of Sociology* 18(3): 384-398.

31. Rauhala, Emily. 2018. "He Was One of Millions of Chinese Seniors Growing Old Alone. So He Put Himself Up for Adoption." *Washington Post*, May 1.

32. Hatton, Celia. 2013. "New China Law Says Children 'Must Visit Parents.'" BBC News, July 1.

33. Kim, Leland. 2012. "Loneliness Linked to Serious Health Problems and Death among Elderly." UCSF News Center, June 18.

34. http://www.apa.org/news/press/releases/2017/08/lonely-die.aspx.

35. Perissinotto, Carla M., Irena Stijacic Cenzer, and Kenneth E. Covinsky. 2012. "Loneliness in Older Persons: A Predictor of Functional Decline and Death." *Archives of Internal Medicine* 172(14): 1078-1083.

36. Courtin, Emilie, and Martin Knapp. 2017. "Social Isolation, Loneliness and Health in Old Age: A Scoping Review." *Health & Social Care in the Community* 25(3): 799-812.

37. Kitzmüller, Gabriele, Anne Clancy, Mojtaba Vaismoradi, Charlotte Wegener, and Terese Bondas. 2018. "'Trapped in an Empty Waiting Room'—The Existential Human Core of Loneliness in Old Age: A Meta-Synthesis." *Qualitative Health Research* 28(2): 213-230.

38. Klinenberg, Eric. 2012. Op. cit.

39. Callan, Victor. 1982. Op. cit.

40. http://www.pewsocialtrends.org/2015/05/21/4-caring-for-aging-parents/.

41. http://www.pewresearch.org/fact-tank/2015/11/18/5-facts-about-family-caregivers/.

42. Blake, Lucy. 2017. "Parents and Children Who Are Estranged in Adulthood: A Review and Discussion of the Literature." *Journal of Family Theory & Review* 9(4): 521-536.

43. Bland, Becca. 2014. "Stand Alone: The Prevalence of Family Estrangement." Report of Stand Alone, United Kingdom.

44. http://www.pewsocialtrends.org/2015/05/21/5-helping-adult-children/.

45. http://www.travelandleisure.com/parenting/mother-retirement-home-take-care-of-son.

46. Walsemann, Katrina M., and Jennifer A. Ailshire. 2017. "A New Midlife Crisis? An Examination of Parents Who Borrow to Pay for Their Children's College Education." Presented at Population Association of America Annual Meeting, Chicago.

47. Scholz, John Karl, and Ananth, Seshadri. 2007. "Children and Household Wealth." Michigan Retirement Research Center Research Paper No. WP 2007-158.

48. http://www.pewresearch.org/fact-tank/2013/02/11/most-say-adult-children-should-give-financial-help-to-parents-in-need/.

49. Klinenberg, Eric. 2012. Op. cit.

50. Connidis, Ingrid Arnet, and Julie A. McMullin. 1994. Op. cit.

51. Daatland, Svein Olav. 1990. "'What Are Families For?': On Family Solidarity and Preference for Help." *Ageing & Society* 10(1): 1-15.

52. Rubin-Terrado, Marilyn Ann. 1994. *Social Supports and Life Satisfaction of Older*

Childless Women and Mothers Living in Nursing Homes. Doctoral Dissertation in Human Development and Social Policy, Northwestern University.

53. Zhang, Zhenmei, and Mark D. Hayward. 2001. "Childlessness and the Psychological Well-Being of Older Persons." *Journal of Gerontology: Social Sciences* 56B(5): S311-S320.

54. Scholz, John Karl, and Ananth Seshadri. 2007. Op. cit.

55. Lugauer, Steven, Jinlan Ni, and Zhichao Yin. 2015. "Micro-Data Evidence on Family Size and Chinese Household Savings Rates." Working Paper Series, University of Notre Dame, Department of Economics; Plotnick, Robert D. 2009. "Childlessness and the Economic Well-Being of Older Americans." *Journal of Gerontology: Social Sciences* 64B(6): 767-776.

56. Blanchard, Janice. 2013-2014. "Aging in Community: The Communitarian Alternative to Aging in Place, Alone." *Journal of the American Society on Aging* 37(4): 6-13.

57. https://www.washingtonpost.com/local/a-new-generation-of-golden-girls-embrace-communal-living-as-they-get-older/2014/06/15/b3a67b30-edb3-11e3-9b2d-114aded544be_story.html?utm_term=.2bf4e17ff8ac; https://goldengirlsnetwork.com/.

58. http://www.cohousing.org/aging.

59. Coele, Michele. 2014. "Co-Housing and Intergenerational Exchange: Exchange of Housing Equity for Personal Care Assistance in Intentional Communities." *Working with Older People* 18(2): 75-81.

60. http://littlebrotherssf.org/.

61. "All in Together: Creating Places Where Young and Old Can Thrive." 2018. Report released by The Eisner Foundation and Generations United.

62. 미국 퇴직자협회에 따르면 2010년에는 여든 살에서 여든네 살까지의 여성 중 11.6퍼센트에게 자식이 없었다. 이 수치는 2030년까지 16퍼센트로 늘어날 것이라고 예상된다. Redfoot, Donald, Lynn Feinberg, and Ari Houser. 2013. "The Aging of the Baby Boom and the Growing Care Gap: A Look at Future Declines in the Availability of Family Caregivers." *Insight on the Issues* 85: 1-12.

63. Rodman, Margaret Critchlow. 2013. "Co-Caring in Senior Cohousing: A Canadian Model for Social Sustainability." *Social Sciences Directory* 2(4): 106-113.

64. https://www.realtor.com/news/trends/seniors-seeking-roommates/.

65. Zhang, Zhenmei, and Mark D. Hayward. 2001. Op. cit.

66. Cowan, Carolyn Pape et al. 1985. "Transitions to Parenthood: His, Hers, and Theirs." *Journal of Family Issues* 6(4): 451-481; Johnson, Matthew D. 2016. *Great Myths of Intimate Relationships: Dating, Sex, and Marriage*. West Sussex: Wiley-Blackwell; Karney, Benjamin R., and Thomas N. Bradbury. 1995. "The Longitudinal Course of Marital Quality and Stability: A Review of Theory, Method, and Research." *Psychological Bulletin* 118(1): 3-34; White, Lynn K., and Alan Booth. 1985. "The Transition to Parenthood and Marital Quality." *Journal of Family Issues* 6(4): 435-449.

67. Bures, Regina M., Tanya Koropeckyj-Cox, and Michael Lee. 2009. "Childlessness, Parenthood, and Depressive Symptoms among Middle-Aged and Older Adults." *Journal of*

Family Issues 30(5): 670-687.

68. Simon, Robin W., and Leda Nath. 2004. "Gender and Emotion in the United States: Do Men and Women Differ Significantly in Self-Reports of Feelings and Expressive Behavior?" *American Journal of Sociology* 109(5): 1137-1176.

69. Kahneman, Daniel, Alan B. Krueger, David A. Schkade, Norbert Schwartz, and Arthur A. Stone. 2004. "A Survey Method for Characterizing Daily Life Experience: The Day Reconstruction Method." *Science* 306: 1776-1780.

70. Twenge, Jean M., W. Keith Campbell, and Craig A. Foster. 2003. "Parenthood and Marital Satisfaction: A Meta-Analytic Review." *Journal of Marriage and Family* 65: 574-583.

71. Glass, Jennifer, Robin W. Simon, Matthew A. Andersson. 2016. "Parenthood and Happiness: Effects of Work-Family Reconciliation Policies in 22 OECD Countries." *American Journal of Sociology* 122(3): 886-929; Nugent, Colleen N., and Lindsey I. Black. 2016. "Sleep Duration, Quality of Sleep, and Use of Sleep Medication, by Sex and Family Type, 2013-2014." NCHS Data Brief, No. 230.

72. Simon, Robin W. 2008. "The Joys of Parenthood, Reconsidered." *Contexts* 7(2): 40-45.

73. Myrskylä, Mikko, and Rachel Margolis. 2012. "Happiness: Before and After Kids." Max Planck Institute for Demographic Research. Working Paper.

74. Nelson, S. Katherine, Kostadin Kushlev, Tammy English, Elizabeth W. Dunn, and Sonia Lyubomirsky. 2013. "In Defense of Parenthood: Children Are Associated with More Joy than Misery." *Psychological Science* 24(1): 3-10.

75. Bhargava, Saurabh, Karim S. Kassam, and George Loewenstein. 2014. "A Reassessment of the Defense of Parenthood." *Psychological Science* 25(1): 299-302.

76. Cheng, Sheung-Tak, Trista Wai Sze Chan, Geoff H. K. Li, and Edward M. F. Leung. 2014. "Childlessness and Subjective Well-Being in Chinese Widowed Persons." *Journals of Gerontology, Series B: Psychological Sciences and Social Sciences* 69(1): 48-52.

77. Evenson, Ranae J., and Robin W. Simon. 2005. "Clarifying the Relationship between Parenthood and Depression." *Journal of Health and Social Behavior* 46(4): 341-358.

78. Cetre, Stephanie, Andrew E. Clark, and Claudia Senik. 2016. "Happy People Have Children: Choice and Self-Selection into Parenthood." *European Journal of Population* 32: 445-473.

79. Margolis, Rachel, and Mikko Myrskylä. 2011. "A Global Perspective on Happiness and Fertility." Population and Development Review 37(1): 29-56.

80. Glass, Jennifer, Robin W. Simon, and Matthew A. Andersson. 2016. Op. cit.

81. McLanahan, Sara, and Julia Adams. 1987. "Parenthood and Psychological Well-Being." *Annual Review of Sociology* 13: 237-257.

82. Glenn, Norval D., and Sara McLanahan. 1981. "The Effects of Offspring on the Psychological Well-Being of Older Adults." *Journal of Marriage and Family* 43(2): 409-421.

83. Simon, Robin W. 2008. Op. cit.

84. Blackstone, Amy. 2014. "Doing Family without Having Kids." *Sociology Compass* 8: 52-62; DeOllos, Ione Y., and Carolyn A. Kapinus. 2002. "Aging Childless Individuals and Couples: Suggestions for New Directions in Research." *Sociological Inquiry* 72: 72-80; Houseknecht, Sharon K. 1987. "Voluntary Childlessness." *Handbook of Marriage and the Family,* edited by Marvin B. Sussman and Suzanne K. Steinmetz. New York: Plenum Press, pp. 369-395; Tomczak, Lisa M. 2012. *Childfree or Voluntarily Childless? The Lived Experience of Women Choosing Non-Motherhood.* Master's Thesis, Northern Arizona University. Ann Arbor: ProQuest; Veevers, Jean E. 1980. *Childless by Choice.* Toronto: Butterworths.

85. Cowan, Carolyn Pape et al. 1985. Op. cit..

86. Renne, Karen S. 1970. "Correlates of Dissatisfaction in Marriage." *Journal of Marriage and the Family* 32(1): 54-67.

87. Belsky, Jay, Graham B. Spanier, and Michael Rovine. 1983. "Stability and Change in Marriage across the Transition to Parenthood." *Journal of Marriage and Family* 45(3): 567-577.

88. Somers, Marsha D. 1993. "A Comparison of Voluntarily Childfree Adults and Parents." *Journal of Marriage and the Family* 55: 643-650.

89. Twenge, Jean M., W. Keith Campbell, and Craig A. Foster. 2003. Op. cit.

90. Chong, Alexandra, and Kristin D. Mickelson. 2016. "Perceived Fairness and Relationship Satisfaction during the Transition to Parenthood: The Mediating Role of Spousal Support." *Journal of Family Issues* 37(1): 3-28.

91. Burman, Bonnie, and Diane de Anda. 1986. "Parenthood and Nonparenthood: A Comparison of Intentional Families." *Lifestyles* 8: 69-84; Cowan, Carolyn Pape et al. 1985. Op. cit. ; Dew, Jeffrey, and W. Bradford Wilcox. 2011. "If Momma Ain't Happy: Explaining Declines in Marital Satisfaction among New Mothers." *Journal of Marriage and Family* 73(1): 1-12; Feldman, Harold. 1971. "The Effects of Children on the Family." *Family Issues of Employed Women in Europe and America,* edited by Andrée Michel. Leiden, The Netherlands: E. J. Brill, pp. 107-125; Houseknecht, Sharon K. 1979. "Childlessness and Marital Adjustment." *Journal of Marriage and the Family* 41(2): 259-265; White, Lynn K., and Alan Booth. 1985. "The Transition to Parenthood and Marital Quality." *Journal of Family Issues* 6(4): 435-449.

92. Zagura, Michelle. 2012. *Parental Status, Spousal Behaviors and Marital Satisfaction.* Master's Thesis, SUNY-Albany. Ann Arbor: ProQuest.

93. Hansen, Thomas. 2012. "Parenthood and Happiness: A Review of Folk Theories versus Empirical Evidence." *Social Indicators Research* 108: 29-64.

94. Angeles, Luis. 2010. "Children and Life Satisfaction." *Journal of Happiness Studies* 11: 523-538.

95. Bien, Agnieszka, Ewa Rzonca, Grazyna Iwanowicz-Palus, Urszula Lecyk, and Iwona Bojar. 2017. "Quality of Life and Satisfaction with Life of Women Who Are Childless by Choice." *Annals of Agricultural and Environmental Medicine* 24(2): 250-253; Dykstra,

Pearl A., and Michael Wagner. 2007. Op. cit. ; Koropeckyj-Cox, Tanya. 1998. "Loneliness and Depression in Middle and Old Age: Are the Childless More Vulnerable?" *Journal of Gerontology: Social Sciences* 53B(6): S303-S312.

96. Rubin-Terrado, Marilyn Ann. 1994. Op. cit.

97. Vikstrom, Josefin et al. 2011. "The Influences of Childlessness on the Psychological Well-Being and Social Network of the Oldest Old." *BMC Geriatrics* 11:78.

8장. 새로운 가족의 탄생

1. Healey, Jenna. 2016. "Rejecting Reproduction: The National Organization for Non-Parents and Childfree Activism in 1970s America." *Journal of Women's History* 28(1): 131-156.

2. Drut-Davis, Marcia. 2013. *Confessions of a Childfree Woman: A Life Spent Swimming against the Mainstream.* Amazon Digital Services.

3. http://www.childfreereflections.com/wp-content/uploads/2013/11/Marcia_Drut-Davis_Exclusive_Interview_NPR.mp3.

4. https://internationalchildfreeday.com/winner-announcement/.

5. http://werenothavingababy.com/childfree/childfree-1974-2013-marcia-drut-davis/.

6. http://werenothavingababy.com/childfree/childfree-choice-circumstance/.

7. https://nypost.com/2016/09/28/these-women-think-having-a-dog-car-or-job-is-the-same-as-having-a-kid/.

8. Leavesley, J. H. 1980. "Brief History of Vasectomy." *Family Planning Information Service* 1(5): 2-3.

9. Shih, Grace, David K. Turok, and Willie J. Parker. 2011. "Vasectomy: The Other (Better) Form of Sterilization." *Contraception* 83(4): 310-315.

10. Bartz, Deborah, and James Greenberg. 2008. "Sterilization in the United States." *Reviews in Obstetrics & Gynecology* 1(1): 23-32.

11. http://www.malehealthcenter.com/c_vasectomy.html.

12. https://www.brookings.edu/blog/social-mobility-memos/2016/10/14/whats-stopping-american-men-from-getting-vasectomies/.

13. United Nations, Department of Economic and Social Affairs, Population Division. 2015. *Trends in Contraceptive Use Worldwide 2015* (ST/ESA/SER.A/349); Joshi, Ritu, Suvarna Khadilkar, and Madhuri Patel. 2015. "Global Trends in Use of Long-Acting Reversible and Permanent Methods of Contraception: Seeking a Balance." *International Journal of Gynecology and Obstetrics* 131: S60-S63.

14. Shattuck, Dominick, Brian Perry, Catherine Packer, and Dawn Chin Quee. 2016. "A Review of 10 Years of Vasectomy Programming and Research in Low-Resource Settings." *Global Health: Science and Practice* 4(4): 647-660.

15. https://www.mayoclinic.org/tests-procedures/vasectomy/about/pac-20384580.

16. Amor, Cathy et al. 2008. "Men's Experiences of Vasectomy: A Grounded Theory Study." *Sexual and Relationship Therapy* 23(3): 235-245.

17. Terry, Gareth, and Virginia Braun. 2013. "'We Have Friends, for Example, and He Will *Not* Get a Vasectomy': Imagining the Self in Relation to Others When Talking about Sterilization." *Health Psychology* 32(1): 100–109.

18. Cragun, Ryan T., and J. E. Sumerau. 2017. "Losing Manhood Like a Man: A Collaborative Autoethnographic Examination of Masculinities and the Experience of a Vasectomy." *Men and Masculinities* 20(1): 98–116.

19. https://www.cnn.com/2014/11/07/health/world-vasectomy-day/index.html.

20. http://www.worldvasectomyday.org/what-is-wvd/.

21. https://www.devex.com/news/opinion-world-vasectomy-day-how-to-engage-men-in-family-planning-efforts-91537.

22. http://www.worldvasectomyday.org/what-is-wvd/.

23. United Nations, Department of Economic and Social Affairs, Population Division. 2015. Op. cit.

24. http://people.com/bodies/male-birth-control-study-ends-mood-swings/; https://www.theatlantic.com/health/archive/2016/11/the-different-stakes-of-male-and-female-birth-control/506120/; https://www.salon.com/2016/10/31/men-cant-handle-side-effects-from-hormonal-birth-control-that-women-deal-with-every-day/; https://broadly.vice.com/en_us/article/59mpgq/men-abandon-groundbreaking-study-on-male-birth-control-citing-mood-changes; https://www.cosmopolitan.com/health-fitness/a8038748/male-birth-control-study-stopped/.

25. Behre, Hermann M. et al. 2016. "Efficacy and Safety of an Injectable Combination Hormonal Contraceptive for Men." *Journal of Clinical Endocrinology & Metabolism* 101(12): 4779–4788.

26. Liao, Pamela Verma, and Janet Dollin. 2012. "Half a Century of the Oral Contraceptive Pill: Historical Review and View to the Future." *Canadian Family Physician* 58: e757–e760.

27. http://www.independent.co.uk/voices/male-contraceptive-injection-successful-trial-halted-a7384601.html.

28. https://www.endocrine.org/news-room/2018/dimethandrolone-undecanoate-shows-promise-as-a-male-birth-control-pill.

29. http://www.un.org/en/development/desa/population/publications/pdf/family/trendsContraceptiveUse2015Report.pdf.

30. Christopher, F. Scott. 1995. "Adolescent Pregnancy Prevention." *Family Relations* 44(4): 384–391; Kirby, Douglas B. 2008. "The Impact of Abstinence and Comprehensive Sex and STD/HIV Education Programs on Adolescent Behavior." *Sexuality Research & Social Policy* 5(3): 18–27.

31. Jozkowski, Kristen N., Brandon L. Crawford. 2016. "The Status of Reproductive and Sexual Health in Southern USA: Policy Recommendations for Improving Health Outcomes." *Sexuality Research and Social Policy* 13(3): 252–262.

32. Potera, Carol. 2008. "Comprehensive Sex Education Reduces Teen Pregnancies." *American*

Journal of Nursing 108(7): 18.

33. Marr, Chuck, and Bryann DaSilva. 2016. *Childless Adults Are Lone Group Taxed into Poverty*. Washington, DC: Center on Budget and Policy Priorities.

34. https://www.thebalance.com/state-inheritance-tax-chart-3505460.

35. https://static01.nyt.com/images/2016/07/10/business/10NOTMOM2/10NOTMOM2-blog427.jpg.

36. Saatchi & Saatchi. 2016. *Moms & Marketing*. http://saatchi.com/en-us/news/saatchi-saatchi-global-study-finds-more-than-half-of-moms-feel-advertisers-arent-speaking-to-them/.

37. Tugend, Alina. 2016. "Childless Women to Marketers: We Buy Things Too." *New York Times*, July 9.

38. Elder, Katie, and Jess Retrum. 2012. Framework for Isolation in Adults over 50. Report from AARP Foundation.

39. "All in Together: Creating Places Where Young and Old Can Thrive." 2018. Report released by The Eisner Foundation and Generations United.

40. Marks, Gene. 2017. "A Restaurant Sees a 50% Increase in Sales after Banning Children." *Inc.*, April 6.

41. Radl, Shirley Rogers. 1973. *Mother's Day Is Over*. New York: Charterhouse.

42. Donath, Orna. 2015. "Regretting Motherhood: A Sociopolitical Analysis." *Signs: Journal of Women in Culture and Society* 40(2): 343-367; Donath, Orna. 2017. *Regretting Motherhood: A Study*. Berkeley: North Atlantic Books.

43. Mackenzie, Jean. 2018. "The Mothers Who Regret Having Children." *BBC News*, April 3. ; Selinger-Morris, Samantha. 2016. "Scratching Beneath the Surface of Motherhood Regret." *ABC News(Australia)*, July 15. ; Marsh, Stefanie. 2017. "'It's the Breaking of a Taboo': The Parents Who Regret Having Children." *Guardian*, February 11. ; Treleaven, Sarah. 2016. "Inside the Growing Movement of Women Who Wish They'd Never Had Kids." *Marie Claire*, September 30.

44. Burns, Judith. 2018. "'It's Not Just Women Who Sometimes Regret Parenthood.'" *BBC News*, April 18.

45. Santoro, Alessia. 2018. "Mom Throws a 'Balls Voyage' Party for Her Husband's Vasectomy and LOL, We're Done." *Popsugar*, February 25.

46. http://werenothavingababy.com/wnhab-childfree-manifesto/.

옮긴이 신소희
서울대학교 국어국문과를 졸업하고 출판 편집자로 일해왔다. 현재는 다양한 분야의 책을 번역하고 있다. 그동안 옮긴 책으로 『야생의 위로』『내가 왜 계속 살아야 합니까』『플롯 강화』『피너츠 완전판』『여자 사전』『개와 고양이를 키웁니다』 등이 있다.

우리가 선택한 가족

초판 인쇄 2021년 8월 17일
초판 발행 2021년 8월 27일

지은이 에이미 블랙스톤 | **옮긴이** 신소희
기획·책임편집 임혜지 | **편집** 황수진 이희연
디자인 이현정 최미영 | **마케팅** 정민호 양서연 박지영 안남영
홍보 김희숙 함유지 김현지 이소정 이미희 박지원 | **저작권** 김지영 이영은
제작 강신은 김동욱 임현식 | **제작처** 한영문화사

펴낸곳 (주)문학동네 | **펴낸이** 염현숙
출판등록 1993년 10월 22일 제406-2003-000045호
주소 10881 경기도 파주시 회동길 210
전자우편 editor@munhak.com
대표전화 031) 955-8888 | **팩스** 031) 955-8855
문의전화 031) 955-2655(마케팅) 031) 955-2672(편집)
문학동네카페 http://cafe.naver.com/mhdn | **트위터** @munhakdongne
북클럽문학동네 http://bookclubmunhak.com

ISBN 978-89-546-8184-1 03330

www.munhak.com